徐佳咏 / 著

股权让与担保
法律研究

LEGAL RESEARCH
ON
THE EQUITY TRANSFERRING
GUARANTEE

人民法院出版社

图书在版编目（CIP）数据

股权让与担保法律研究/徐佳咏著. --北京：人

民法院出版社，2020.11

ISBN 978-7-5109-2971-7

Ⅰ.①股… Ⅱ.①徐… Ⅲ.①股权-让与-法律-研

究-中国②担保法-研究-中国 Ⅳ.①D923.24

中国版本图书馆 CIP 数据核字（2020）第 208350 号

股权让与担保法律研究

徐佳咏 著

责任编辑 张 奎 执行编辑 杨晓燕
出版发行 人民法院出版社
地 址 北京市东城区东交民巷 27 号（100745）
电 话 （010）67550673（责任编辑） 67550558（发行部查询）
　　　　 65223677（读者服务部）
网 址 http://www.courtbook.com.cn
E-mail courtpress@sohu.com
印 刷 汉印印刷有限责任公司
经 销 新华书店

开 本 787 毫米×1092 毫米 1/16
字 数 256 千字
印 张 18.75
版 次 2020 年 11 月第 1 版 2020 年 11 月第 1 次印刷
书 号 ISBN 978-7-5109-2971-7
定 价 78.00 元

序

伴随资本市场的日渐发达与完善，各类新型融资交易模式不断呈现。近些年来，在传统股权投融资方式基础上，在社会公司数量与规模较为发达的基础上，在股权价值为人们所普遍认知的基础上，在传统担保模式难以满足交易信用需求的基础上，以"股权让与担保"方式实现融资或者股权投资的交易形式不断增多，很有方兴未艾之势。

股权让与担保作为一种新型的资本交易模式，尽管满足了人们的融资需求，符合资本市场的普遍期待，甚至代表着相当的潮流，但也的确面临着诸多问题，而这其中最为要紧的便是我国法律上对此始终缺乏明文规定，即便民法典出台之后，对此规范依然空白。正因如此，股权让与担保交易引发了不少纠纷，面对这些纠纷的处理司法裁判尺度较难把握。股权让与担保，实际是一个相当综合性的复杂法律问题，不仅直接涉及公司法规范，也涉及物权法规范，还涉及合同法范畴等，如何结合公司法、物权法、合同法等相关法律制度及其精神架构好股权让与担保的制度规范，是当前法律界颇受关注的理论与实践问题。

徐佳咏博士有过法院工作的经历，对于司法实践遇到的问题有着真切的感悟。在我指导她攻读博士学位期间，对于民商法研习兴趣浓厚，并主动选择"股权让与担保"这一难题进行研究。据我所知，国内尚无博士以此为题进行过研究，因而研究资料并不丰富。徐佳咏博士从收集相关案例入手，从案例中发现问题、研究问题并提出解决问题的建议，同时，结合国外相关或类似理论与制度进行比较研究。由此，本篇博士论文研究不仅达到很高的理论水准，更有着十分突出的实践特色。甚至可以说，在当前股权让与担保尚无法律规范的情形下，本篇博士论文无疑可以作为相关纠纷裁处的重要参考文献，可以极大地推动相关司法裁判的统一。我相信，此篇研究论文对于构建与完善我国股权让与担保法律制度必将提供重要参考，必将作出重要贡献。作为她的指导老师，当此论文成书出版之际，我深感欣慰。

是为序。

赵旭东[*]

---

[*] 中国政法大学教授、博士生导师，中国法学会商法学研究会会长，长江学者。

内 容 摘 要

当前，中国法律制度框架下，让与担保总体尚属非典型担保范畴，股权让与担保亦不例外。尽管如此，股权让与担保交易不仅方兴未艾，甚至大有日渐活跃以至于蔓延发展之态势，围绕股权让与担保引发的争议与纠纷不断发生，相关司法裁判时常冲突，亟待构建相关法律制度加以规范。截至目前，国内以股权让与担保为视角的硕士研究论文为数不多，相关博士论文研究更是空白。本文以股权让与担保为研究主题，从引言到结束语共分六章，从一般到具体，从实践到理论，围绕股权让与担保设立、履行、终止全过程展开全面探讨，就股权让与担保对内与对外关系及其效力进行深入研究，以期为中国构建股权让与担保法律制度提出积极可行之建议。

第一章"股权让与担保基本范畴"，围绕股权让与担保基本法律特征、基本法律类型、基本价值与风险及其当前纠纷表现分四节展开论述。重点探讨了什么是股权让与担保及其法律特征的问题，对于股权让与担保的概念范畴应相对宽泛，因此不应将股权让与担保的法律特征作十分机械的界定，尤其结合进一步的类型分析，实际可以看出股权让与担保有着十分丰富的法律表现，至少当前将股权让与担保限定于实际变更过户这一主要类型并不完全妥当，那些预约性股权让与担保无疑亦应纳入规范之中。基于研究与了解的需要，本章对股权让与担保的基本价值乃至风险作了概括性的分析，同时对当前涉及股权让与担保的纠纷状况作了总结性论述。

第二章"股权让与担保制度渊源与比较",围绕股权让与担保制度渊源、性质以及相关比较分三节展开论述。重点围绕与让与担保有关的制度,就自罗马时代以来乃至两大法系以及当前国际发展趋势作了概括性介绍,其中还特别介绍了中华法系相关担保制度的基本演变历程。本章重点无疑是关于股权让与担保法律性质的探讨,沿袭所有权构成与担保权构成的基本研究思路,进一步对该类制度性质探讨需要考量的因素作了必要分析,并初步提出了"担保所有权"的基本构想。在此基础上进一步展开与相似制度的比较,实际是为人们了解股权让与担保提供更为宽阔的视野。

第三章"股权让与担保协议及其效力",围绕股权让与担保协议的构成要素、当前关于该类协议效力的裁判理念以及效力界定分三节展开论述。重点回答股权让与担保协议效力该如何看待的问题,其中特别指出股权让与担保并不违反物权法定原则、并不属于虚伪意思表示、并不属于规避法律之行为,并且认为特殊情形下排除该类协议效力的问题值得关注与进一步的探讨,而这与当前司法对此类问题的基本认识与判断趋势总体相符。

第四章"让与担保股权之行使与回购",围绕让与担保股权的行使与回购分两节展开论述。关于让与担保股权的行使,从行使与否的现实情形着手考察,并介绍了当前担保权人关于该类股权可否行使的不同主张,依据股权特性、意思自治、利益相关以及防止滥用的因素考察,提出了担保权人可以依约行使担保股权的基本主张。关于让与担保股权的回购,特别论述了"回购"究竟是权利还是义务的问题,提出了应为担保人基本权利的主张,并以此为基础进一步探讨担保人回购条件以及证明等问题,以便更好地把握担保人回购担保股权的实现问题。

第五章"让与担保股权处置与优先受偿",围绕让与担保股权处置和优先受偿分两节展开论述。关于让与担保股权处置的问题,在介绍归属、清算、拍卖、变卖与折价几种处置方式的基础上，重点提出了归属处置应当优先的主张，对传统所谓的"流质"观念提出了不同意见。关于担保权人优先受偿的问题，按照肯定的观点与主张对此进一步作了相关考量，并对担保权人优先受偿权的行使条件、行使范围乃至行使顺位与转让等亦作了必要论述。

第六章"股权让与担保与利益相关者"，该章实际是重点论述股权让与担保涉及的外部关系、外部效力的问题，按照对目标公司及其他股东之影响以及对其他债权人之影响分两节展开论述。重点就股权让与担保对于目标公司治理、资产处置以及其他股东优先受让权的影响进行分析，对担保人及担保权人的其他债权人之影响以及股权让与担保与破产的关系等亦作了基本论述。

全文二十五万余字，在结束语部分，基于"担保所有权"之构想，重点围绕"中国股权让与担保法律制度的构建"提出了基本路径乃至主要内容的设想，意在为中国股权让与担保法律制度的构建提供具体方案。股权让与担保制度涉及内外关系，相较于一般让与担保尤其是典型担保而言更是复杂。当前，在让与担保乃至股权让与担保均属非典型法律地位的情形下，借鉴典型担保相关制度裁处相关纠纷并无不可，但关键还是要尽快改变股权让与担保非典型法律地位，并结合股权让与担保的特点制定针对性法律规范，确保股权让与担保交易安全、可靠、高效。

ABSTRACT

At present, transferring guarantee still belongs to the category of atypical guarantee under the framework of the Chinese legal system, and equity transferring guarantee is no exception. In spite of this, the transactions of equity transferring guarantee are not only in the ascendant, but are becoming increasingly active and developing; but meanwhile, disputes and controversies caused by equity transferring guarantee continue to occur, and conflicts often occur in relevant judicial decisions, which is urgent to establish relevant legal system o regulate them. Up to now, there are only a few master's research papers in China from the perspective of equity transferring guarantee, and relevant doctoral research paper is blank. This paper takes equity transferring guarantee as the research theme, dividing into six chapters from the introduction to the conclusion, to fully discuss the problems during the entire process of the establishment, performance and termination of equity transferring guarantee, and to conduct in – depth research on the internal and external relations of equity transferring guarantee and their effectiveness from general to specific and from practice to theory, hoping to proposing positive and feasible suggestions for the establishment of a legal system for equity transferring guarantees in China.

The first chapter is "Basic Category of Equity Transferring Guarantee", which is divided into four sections: the basic legal characteristics, basic legal types, basic values and risks, and its current dispute performance of equity transferring guarantee, and mainly discussing the issue of equity transferring guarantee and its legal characteristics. The conceptual category of equity transferring guarantee should be relatively broad, so the legal characteristics of equity transferring guarantee should not be defined very mechanically. In particular, in combination with further type analysis, it can be seen that the equity transferring guarantee has a very rich legal performance; at least the current restrictions on the equity transferring guarantee are not completely appropriate, and those advance transferring guarantees should undoubtedly be included in the norm. Based on the need of research and understanding, this chapter makes a general analysis of the basic value and risk of equity transferring guarantee, and makes a summative discussion of the current disputes concerning equity transferring guarantee.

The second chapter is "Origins and Comparison of Equity Transferring Guarantee Systems", which is divided into three sections: the origins, natures, and relative comparison of equity transferring guarantee systems. It mainly gives general introduction to the two major legal systems since the Roman era and the current international development trends based on the system related to equity transferring guarantee. This chapter undoubtedly focuses on the discussion on the legal nature of equity transferring guarantee, further analyzes the factors that need to be considered in the discussion of the nature of this type of system based on the basic research ideas of the composition of ownership and the composition of guarantee rights, and initially proposes the basic idea of "guarantee ownership". Then, on this basis, it conducts comparison with other similar systems to provide a broader vision for people to understand the equity transferring guarantee.

The third chapter is "Agreement and Effectiveness of Equity Transferring Guarantee", which is divided into three sections: the constituent elements of the equity transferring guarantee agreement, the current judgment concept on the effectiveness of such agreements, and the definition of effectiveness. The focus of this chapter is to answer how to view the effectiveness of the equity transferring guarantee agreement, specifically pointing out that the equity transferring guarantee does not violate the principle of legality of right in rem, is not a misrepresentation, and is not an act to circumvent the law, and believes that the issue of excluding the validity of such agreements under special circumstances is worthy of attention and further discussion, which is generally in line with the basic understanding and judgment trend of judicature on these issues.

The fourth chapter is "Exercise and Repurchase of the Equity of Transferring Guarantee", which is divided into two sections: the exercise of the equity of transferring guarantee and the repurchase of the equity of transferring guarantee. In terms of the performance of the equity of transferring guarantee, it studies from the actual situation of exercise or not, introduces the different claims of the current guarantee rights holders regarding the exercise of this type of equity, and puts forward the basic claim that the guarantee rights holders can exercise the guarantee rights according to the characteristics of the equity, autonomy of will, interest relation and factors to prevent abuse. In terms of the repurchase of the equity of transferring guarantee, specifically discusses whether "repurchase" is a right or an obligation, puts forward the claim that it should be the basic rights of the guarantor, and further discusses the repurchase conditions and proof of the guarantor on this basis in order to better grasp the realization of the repurchase guarantee equity of the guarantor.

The fifth chapter is "Disposal and Priority of Compensation of the Equity of Transferring Guarantee", which is divided into two sections: the disposal of the equity of transferring guarantee, and the priority of compensation of the equity of transferring guarantee. In terms of the disposal of the equity of transferring guarantee, on the basis of introducing several disposal methods such as attribution, liquidation, auction, sale and conversion, it puts forward the proposition that attribution disposal should be given priority, and puts forward different opinions on the traditional concept of "transfer of mortgage ownership". In terms of the priority of compensation of the equity of transferring guarantee, it further examines and weighs it in accordance with the affirmative viewpoints and opinions, and also makes necessary discussion on the conditions of exercise, the scope of exercise, and even the order and transfer of the guarantor's priority of compensation.

The six chapter is "Equity Transferring Guarantee and Stakeholders", which focuses on the external relations and external effects of equity transferring guarantee. It is divided into two sections: the impact on the target company and other shareholders, and the impact on other creditors. It mainly analyzes the impact of equity transferring guarantee, on the governance of the target company, asset disposal and other shareholders' preferential transfer rights, and basically discusses the impact on the guarantor and other creditors of the guarantee rights holder and the relationship between equity transferring guarantee and bankruptcy.

The conclusion part, based on the concept of "guarantee ownership", puts forward the assumption of the basic path and main contents of "the construction of China's legal system of equity transferring guarantee", which is intended to provide a specific plan for the construction of China's legal system of equity transferring guarantee. The internal and external relations involved in the equity transferring guarantee system are more complicated than the general transferring guarantee, especially the typical guarantee. At present, under the situation that transferring guarantee and equity transferring guarantee are in an atypical legal status, it is not impossible to use the typical guarantee system to settle the relevant disputes, but the key is to change the atypical legal status of equity transferring guarantee as soon as possible, and combine the characteristics of equity transferring guarantee to formulate targeted legal specifications to ensure that the equity transferring guarantee transaction is safe, reliable and efficient.

目　　录

引　言

　　股权让与担保，无论是作为一种商业现象还是法律现象，在当今之中国均呈现出方兴未艾并大有蔓延发展之态势。这或许与中国大国之崛起密不可分，与中国市场经济的振兴密不可分，与中国公司制度乃至公司现象之繁荣发展密不可分，与中国以公司为主体的市场交易乃至信用日渐发达密不可分。尤其是股权让与担保在中国至今仍处于缺乏法律明文规定以至于仅仅属于"非典型担保"的非法律制度性安排下，能够得以自发地、茁壮地成长，这足可见其顽强的社会适应力。或许，正是社会发展之需要决定着一切。当法律学者们为包含股权让与担保在内的一切让与担保是否需要立法规范而争执不休时，当商人们、律师们绞尽脑汁地设计股权让与担保交易的不同协议框架与苛刻条文时，当司法面对股权让与担保纠纷猝不及防却难以源头化解时，股权让与担保现象正以人们始料未及的发展态势进入普遍的商业与法律领域。

　　股权让与担保，显然离不开各国公司制度的发展，因为只有公司之存在才有股权现象之可能，由此，其明显并非古老的制度现象。但是，股权让与担保所蕴含的制度理念与价值精神，更显然是伴随着一般让与担保制度发展而来，即所谓动产或不动产之上的物的让与担保乃股权让与担保形成与发展之根基所在。而就物之让与担保理念而言，人们以让渡物之所有权来担保某项交易的进行，这似乎有着更为久远的历史，几乎为人类担保理念的滥觞所在。由此，股权让与担保与所谓非股权之物权让与担保一样，又显然有着深远悠久的制度渊源。纵观古罗马时代以及我国古代时期，让渡所有权担保交易的现象即已存在。发展至近现代以来，大陆与英美两大法系之下让与担保的实践与制度探索更有直接的体现；尤其是伴随实践之需要，有关让与担保的司法案例大量地形成，以至于让与担保事实上等同于实现了规范化范畴的制度安排。发展至当代，让与担保之做法更为人们所普遍认同，让与担保之标的物范畴更加丰富与多样，其中包括股份在内的让与担保更使得让与担保制度随公司现象一样在社会铺展开来。让与担保制度更加日渐兴盛，股权让与担保制度同样日渐兴盛。

股权让与担保，既是股份价值利用多元化的体现，更是股份价值最大化的需要。股权作为一种既不同于物权又不同于债权的特殊权益形态，集合了诸多财产权益与人身权益于一身，乃当今社会不可或缺的最为主要的一种权益形态，无疑有着巨大的潜能价值。人们利用股权治理公司谋取盈利的同时，越来越注意到股权自身作为担保标的物的巨大信用市场与巨大信用价值。如何充分发挥好股权之信用价值，着力构建符合中国特色的包含股权让与担保在内的股权担保制度，弥补当前社会信用价值之不足，不断提升信用担保交易水平，保障社会交易更加安全，这是当前重大的社会课题，是公司法研究、担保法研究、物权法研究、合同法研究等必须共同关注而凝聚合力的课题，也是司法应对急需解决的课题。

股权让与担保，面临着复杂的法律关系，有着诸多急需解决的具体法律问题。就股权让与担保而言，人们首先要清楚地知道，在当前担保法律制度体系相对完备发达的情形下，在股权质押等一般股权担保已经为法律制度所设定的情形下，为何还要进一步将股权让与担保纳入法律规范之范畴，这也是股权让与担保与其他一般让与担保面临法律化、制度化均必须首要回答的问题。构建股权让与担保制度，更要构建好让与担保人与让与担保权人之间的权利义务关系，这是股权让与担保制度的核心所在。就此，双方协议如何达成，对双方协议效力如何看待，让渡股权归谁行使或如何行使，担保人怎样回购或是否必须回购，让渡股权可否比照或应否比照"流押""流质"进行处理，担保权人是否优先受偿或如何优先受偿等，这些都是把握股权让与担保人与股权让与担保权人之间法律关系必须弄清、弄准的法律问题。构建股权让与担保制度，也必须同时处理好涉及第三人利益保护的问题，即基于让渡股权而与担保人以及担保权人利益相关的其他人的利益保护问题。例如，与让渡股权利益相关的同一公司其他股东优先受让权的保护问题，让渡股权对股权所附着目标公司治理可能产生的影响问题，担保人的债权人以及担保权人的债权人针对担保股权所提出的权利主张或异议主张问题等。除此之外，在当前中国之法律制度框架与体系下要构建好股权让与担保制度，还必须借鉴当前世界相关担保制度的发展潮流与态势，设计好构建股权让与担保制度的具体路径与方法，以便将主要制度内容完善进入相关法律制度体系之中。

股权让与担保，无疑是实践特性十分鲜明的制度。研究股权让与担保，人们难免从理论着手，为此难免追根寻源，难免制度比较，难免关注理论学说，甚至难免咬文嚼字。纯理论研究固然重要，纯学说构建固然必要，但难免坠入理论完美、自我陶醉、虚无缥缈之境地，以至于与实践所需很有可能大大脱节。尤其就股权让与担保而言，就如此实践特性鲜明的制度进行研究，更应十分强调实践之见证、论证及其反思。为此，研究股权让与担保，必须切实贯彻从实践中来的实事求是的精神。尤其是研究中国的股权让与担保，更要密切关注中国的实践，充分考虑中国商人乃至商业的理念需要与特点，以此构建股权让与担保的商法特色。为此，近些年以来中国市场经济实践过程中，中国商人们为股权让与担保所付出的实践探索，中国律师们结合中国商人需要为股权让与担保付出的法律辛劳，中国法官们为股权让与担保付出的裁判努力，所有这些来自一线的基于中国股权让与担保而形成的理念与智慧，无疑是研究中国股权让与担保最好的素材，是构建中国股权让与担保制度最好的例证。只要我们确实能够去伪存真，确实能够发现实践中的矛盾与冲突，确实能够将实践与理论有机结合，并注重用实践作为检验理论学说的根本标准，相信定能科学化解股权让与担保理论之争、学说之争、观点之争，并就构建中国的股权让与担保制度最终达成理论与实践之完美共识。

股权让与担保，就当今之中国而言，绝非要不要构建的问题，而是应当如何构建、如何加快构建的问题。任何理论争鸣在现实的需要面前都是苍白无力的。包含股权让与担保在内的让与担保制度应否建立的问题，决不应再从单纯的所谓理论逻辑出发，而应当从实践需要出发，当实践已经为此作出努力探索并付出一定代价情形下，再一味地顾及所谓法律制度逻辑体系的严密性，显然是本本主义、形式主义，并非科学研究应有的态度。正是基于中国现实而又现实之法律需要，特此选择股权让与担保作为本人研究之课题，以期对中国股权让与担保法律制度的构建作出微薄之贡献。

第一章　股权让与担保基本范畴

　　股权让与担保系由一般让与担保制度理念演化而来，因而具有一般让与担保制度所具有的基本法律特征；同时，由于股权让与担保涉及以股权为标的担保的特殊性，由此又进一步引发该项制度自身特有的一些属性。如同一般让与担保制度的类型划分对于股权让与担保的类型划分具有借鉴意义一样，股权让与担保也有其特殊的一些类型。尤其是股权让与担保作为一项信用担保制度，其担保标的物特殊，其股权占有与利用之形态与方式特殊，其法律价值亦同样特殊。或许正因如此，决定了股权让与担保制度广阔的发展空间。而在展开有关股权让与担保深入研究与探讨之初，先行对该类担保涉及纠纷的现实表现有所了解同样是十分必要的，这将为我们设定与展开相关问题的研究提供基本的思考路径。

第一节　股权让与担保基本法律特征

　　对一项制度的研究多是从该项制度的定义与概念入手，因为定义与概念问题决定着人们对于该项制度的基本认知与判断。而就股权让与担保而言，由于其与一般让与担保制度十分密切的法律关系，或者说股权让与担保之理念与法律精神多来源于或孕育于一般让与担保制度之中，故有必要先就一般让与担保之定义与概念有所了解，在此基础上再进一步展开本文

5

对于股权让与担保基本范畴之探讨。

一、让与担保之一般定义

人们对于让与担保的总体认知差别不大，即一般认为，凡通过转让供作担保的财产以达成信用授受目的之担保交易，即以移转所有权担保某项交易的现象，总体可以归入让与担保的范畴，此亦所谓广义让与担保之范畴。[①] 但这只是基本的认知，也是概要而初步的定义，法学定义尤其是司法裁判之需要仍应更加严谨。关于让与担保之定义，依据担保标的物范畴、担保标的物是否需要移转、担保权人是否享有优先受偿权以及担保权人可否直接处置担保标的物等方面，国内与国外有着看似相似但却分歧较大之不同观点。

就国内学者而言，主要有以下几种观点：[②]

第一种，所谓让与担保是指债务人或第三人为担保债务人的债务，将担保标的物的权利移转于债权人，于债务清偿后，标的物应返还于债务人或第三人，在债务不履行时，担保权人可就该标的物优先受偿的权利，[③] 也被称为狭义的让与担保。[④] 这一定义，强调了担保人范围可以是债务人或第三人，强调了担保标的物应当移转于债权人，强调了债务清偿后担保标的物应当返还担保人，并强调了担保权人优先受偿的权利。其中，强调标的物权利移转的理念，即用于设定让与担保的标的物的权利由设定人移转于担保权人，实际就是所有权移转的观念，成为我国当前法学界乃至实务界认知让与担保范畴的核心理念所在。

---

① 梁慧星主编：《中国物权法草案建议稿》，社会科学文献出版社 2000 年版，第 777 页。
② 向逢春：《让与担保制度研究》，法律出版社 2014 年版，第 11 ~ 12 页。
③ 梁慧星：《中国民法典草案建议稿附理由·物权编》，法律出版社 2004 年版，第 416 页。相似的还有马俊驹、余延满：《民法原论》，法律出版社 2005 年版，第 477 页；王利明：《物权法研究》，中国人民大学出版社 2004 年版，第 575 页；于海湘、丁南主编：《物权法》，中山大学出版社 2007 年版，第 273 页。
④ 梁慧星主编：《中国物权法草案建议稿》，社会科学文献出版社 2000 年版，第 777 页。

第二种，所谓让与担保是指在通过转让可以作为担保标的物的财产权而达成信用授受目的的制度中，授信者（债权人）具有请求返还融资资本的权利，在受信者（债务人）未能返还时，得就该标的物优先受偿的一种特殊的物的担保制度。[①] 这一定义，与前一定义并无实质的差别，只是表述相对抽象、相对谨慎，它同样强调了担保标的物财产权的移转，并将债权人（往往也是担保权人）请求返还融资资本的权利以及优先受偿的权利同样作了强调。与此较为接近的定义如王泽鉴教授的观点：所谓让与担保，是指以担保债权为目的，而依信托约款，将标的物的所有权让与债权人，而于债务履行时，返还于债务人；如不履行时，则就该标的物受偿。[②] 该定义特别强调了所有权的让与，但没有强调优先受偿的问题。

第三种，所谓让与担保是指债务人或第三人为担保债务人的债务，将担保标的物整体权利（特别是所有权）附条件地移转给债权人，但不转移担保物的占有；在债务得到清偿后，标的物的整体权利返还给担保设定人，债务届期未受清偿时，债权人将基于约定直接取得该担保物所有权的一种担保方式。[③] 这一定义直接点明了担保标的物所有权的移转，但特别强调并不移转担保标的物的占有，并且强调担保权人可以基于约定直接取得担保物之所有权。很显然，这一定义与前面之定义，在有关让与担保概念内涵与外延方面有着很大的差异。

就德日有关让与担保之基本定义看，主要在担保标的物范畴以及是否完全移交占有等方面存在着较大差异。事实上，德国学界至今并未有一个能够准确概括让与担保所有特性与效力的概念界定，其只是基于让与担保之标的主要为动产和债权，而直接从让与担保的法律结构出发分类进行大

---

① 王闯：《让与担保法律制度研究》，法律出版社 2000 年版，第 20 页。转引自：［日］四宫和夫：《让渡担保》，日本评论社 1972 年版，第 522 页。

② 王泽鉴：《王泽鉴法学全集（8）》，中国政法大学出版社 2003 年版，第 334 页。

③ 马俊驹、陈本寒主编：《物权法》，复旦大学出版社 2007 年版，第 460 页、第 461 页。

致的概括说明。有学者认为，所谓担保让与，以前也常常译为"让与担保"，指的是动产的所有权人为了借贷而又必须保持对物的使用，从而将标的物所有权移转给出借人作为担保，而自己保留对物的占有使用的担保形式。① 据此，可以看出，在德国所谓的让与担保不仅多限于动产，而且所谓移交的所有权，实质并不移交其占有。总之，在德国，一般认为所谓为动产让与担保（担保性所有权让与）制度，就是债务人（或第三人）为了担保债权人对债务人享有的债权，而将属于他的动产之所有权转让给债权人。所有权转让总是通过物权合意以及占有改定的合意而进行的。这样一来，债务人可以在保留直接占有与用益的情况下，将完全所有权移转给债权人。为了担保而转移所有权的物，当变价条件成熟，被担保人有权对担保物进行变价而获得清偿。而在被担保债权被清偿后，担保物应当重新归属于债务人。② 而就日本学界而言，也并未对让与担保进行严格定义，日本让与担保标的范围广，并无德国之限制。让与担保主要是以债权的形式来授予信用，但也可能通过买卖的形式来授予信用。授予信用者按照约定条件可以请求返还货款，被授予信用者如果不按约定返还货款的话，授予信用者可以在标的物上行使权利来得到满足。让与担保可以分为让渡质押和让渡抵押，前者担保标的物的占有是转移至担保债权人（债权人），后者则仍保留在担保权设立人（债务人）手里。③ 从日本有关让与担保的一般理念可知，无论担保标的物的占有是否实际移转至债权人一方，均有可能属于让与担保之范畴。

二、股权让与担保之定义与基本法律特征

关于股权让与担保，目前少有针对性的准确定义。当人们论及股权让

---

① 孙宪忠：《德国当代物权法》，法律出版社 1997 年版，第 339 页。

② 向逢春：《让与担保制度研究》，法律出版社 2014 年版，第 10 页。

③ ［日］我妻荣：《新订担保物权法》，申政武、封涛、郑芙蓉译，中国法制出版社 2008 年版，第 539 ~ 541 页。类似的可参见［日］近江幸治：《担保物权法》，祝娅、王卫军、房兆融译，法律出版社 2000 年版，第 231 ~ 233 页。

与担保之时，要么就是在一般让与担保定义的基础上换用股权作为特定标的物加以重述，要么干脆不予定义表述，即完全套用一般让与担保之定义，但特别指明担保标的物限于"股权"而已。

例如，有人就股权让与担保定义如下：股权让与担保，是随着让与担保的产生而发展起来的新型融资担保模式，是债务人或第三人为担保债权人的债权，将股权的所有权附条件地转移给债权人，在债务得到清偿后将股权返还给担保设定人，在债务届期未能清偿时债权人就股权进行受偿的一种担保方式。[①] 再如，有人认为，股权让与担保的法律结构为担保人将享有的股权转让给债权人，当债务人不履行债务或不完全履行债务时，债权人就已取得的股权保障债权获得清偿。[②] 又如，有人指出："所谓股权让与担保与一般让与担保的差别，主要在于担保标的上的特殊性，即以股权为担保标的，亦正是因此担保标的之差异，使得股权担保涉及的问题更为复杂。"[③] 再如，有人类似地指出："与让与担保不同的是，股权让与担保中因股权的特性和公司这一主体的加入，使得问题的展开与分析更为复杂，因而，在让与担保未被法律明确规定之前，司法实践亟待统一股权让与担保的解释规则，以在裁判中定分止争。"[④]

很显然，由于股权让与担保与一般让与担保一样，不仅在我国而且在世界范围内，尚未获得法律之明文规定，由此严格意义而言尚不属于规范

---

① 李星：《我国有限责任公司股权让与担保效力认定问题研究》，河南大学 2018 年硕士学位论文。

② 蔡立东：《股权让与担保纠纷裁判逻辑的实证研究》，载《中国法学》2018 年第 6 期。

③ 虞政平：《公司法案例教学（第二版）》，人民法院出版社 2018 年版，第 1197 页。

④ 高圣平、曹明哲：《股权让与担保效力的解释论——基于裁判的分析与展开》，载《人民司法·应用》2018 年第 28 期。

意义上的法律范畴，即人们通常所谓的"非典型担保"范畴。① 正因如此，人们对其认识大多停留在模糊与概要之基础上。而又正因对于股权让与担保缺乏法律规范意义上的准确定义，以至于在我国的司法实践中，长期以来对于是否股权让与担保纠纷的性质认定上千差万别，更莫论基于股权让与担保之特殊法律理念进行裁处。股权让与担保纠纷正淹没在其他各类相关纠纷之中。例如，股权转让纠纷、股权回购纠纷、股权确认纠纷、股权担保纠纷、债权债务纠纷……股权让与担保理念与这些纠纷纠缠在一起，纷纷扰扰，是是非非，难辨真假，以至于至今不仅股权让与担保而且一般的让与担保均不属于法院裁判纠纷的正式案由。基于此，研究股权让与担保，构建股权让与担保法律制度，必须从相对统一股权让与担保的概念范畴着手。

拟对一类现象尤其是对一项法律制度作出定义，最为主要的是抓住该类现象之本质，并基于制度规范之外延与内涵需要，将一类本质相同而又亟须加以规范的行为现象尽最大可能地涵盖其中。这也就是说，定义过宽难免泥沙混同，定义过窄难顾现实之复杂，很有可能挂一漏万。最好的定义，既要照顾学术体系研究的需要，更要考虑司法实践据此定义即可比照认定并可作出准确判断之需要。

基于以上之考虑，笔者认为，所谓股权让与担保，系指以让渡股权所有权为债权提供担保的交易方式。就此简要定义，对于股权让与担保的法律特征可作以下基本之理解与把握。

其一，股权让与担保首先系基于担保之目的。其名称乃至定义中的

---

① 非典型担保系与典型担保相对应的概念。所谓典型担保，是指法律明文规定的，以担保债权实现为直接目的的担保形式，抵押权、质权和留置权均为典型担保；所谓非典型担保又有广义和狭义之分，狭义的非典型担保，是指在交易实务中自发产生，尔后为判例、学说所承认的担保债权实现的担保形式，让与担保即为其代表；广义非典型担保，又叫变态担保或不规则担保，是指法律将其放置于债权担保体系内，甚至于法律对于其未加规定，但内在地具有或兼具担保债权的功能，社会交易上将之用于债权担保的制度，如典权、让与担保、附条件买卖、买回、代理受领、抵销、融资租赁等均属此类。参见崔建远：《物权法（第三版）》，中国人民大学出版社2015年版，第430页。

"担保"二字，为股权让与担保现象框定了基本的法律适用框架，也是股权让与担保最为基本的担保目的特征。对此，人们总是会自觉或不自觉地加以忽视，认为理所当然无须多言。但是，必须特别加以强调的是，正因股权让与担保系出于担保之目的，因而对于股权让与担保法律问题的研究、制度构建乃至相关纠纷之处理，人们总体习惯于比照担保法律制度的精神加以把握。例如，担保行为涉及的主从合同关系属性、主债权债务关系与担保双重关系特点、担保物处置基本规则、优先受偿基本价值取向、甚至基于承担担保责任进行追偿等，股权让与担保均同样会加以涉及。正因如此，股权让与担保总体可以归属于法律担保的制度范畴。当前，司法裁断股权让与担保涉及的相关纠纷，事实上的确基本上是比照担保法律制度精神进行处理。

其二，股权让与担保系以"股权"为标的物之担保。由此，"股权"二字成为股权让与担保显著的标志。毫无疑问，股份作为一项财产，不但可以无保留地转让，也可以通过担保的方式处置，即所谓股份担保（security over shares）。[①] 而股权让与担保作为股份担保的一种特殊表现形式，基于其担保标的为股权的特殊性，成为其与一般担保、其他让与担保显而易见的区别所在，标的物的特殊性系股权让与担保最为基本的股权标的特征。正因为是以股权作为担保标的物，基于股权这一权利形态的特殊性，的确使得股权让与担保与一般担保、与其他标的物的让与担保均有着很大甚至实质的差别。对此，之后各有关问题的研究论述中均会有所涉及。总之，就是因为股权作为担保标的物的特殊性，使得股权让与担保变得更加特殊起来，以至于公司法的有关规范甚至具体公司章程对于股权让与担保之影响人们不得不加以考虑。由此，股权让与担保又进一步被纳入公司法研究的范畴加以考量。现实之中，诸多股权让与担保纠纷事实上也的确会依据公司法的相关规范加以裁处，而且这种裁判现象大有越来越多的增长

---

① Gower and J. B. Cronin, Clower's PrZncfpies of Modern Companyhw, L. C. B. Stevens& Sons, 1979, 5'hEdition, p464.

态势。所以，人们研究与构建股权让与担保制度也决不能对相关公司法规范予以忽视，股权让与担保亦同样可以归属于公司法范畴之中。

其三，股权让与担保系以"让与"股权所有权方式提供之担保。由此，"让与"二字受到关注，让与之对象或标的显然是股权之所有权。这进一步使得以公司股权为担保的内涵与外延得以压缩，即只有以让与、移转、让渡股权所有权的方式为债权提供担保的行为现象才可纳入股权让与担保范畴之中。基于此，任何非让渡股权所有权的现象均被排斥在股权让与担保范畴之外。如股权质押与抵押，即便也属于股权担保范畴，但因为并非涉及股权所有权之移转故应当被排除在外；而一般更为常见的股权转让，即便同属于移转股权所有权之范畴，但又因为并非基于担保之目的与价值追求同样也被排除在外。因此，让渡股权系股权让与担保的关键手段与实现方式，同时也成为股权让与担保最为基本的让渡方式特征。

三、关于股权让与担保基本法律特征之反思

不难发现，与前述关于让与担保的有关学术定义比较来看，本文关于股权让与担保的定义采取了最为简洁的表述。即"任何以让渡股权所有权之方式为债权提供担保之合意（协议）"即可构成股权让与担保，如由此情形而引发纠纷即可按股权让与担保性质依法裁处。之所以作相对简要的定义表述和相对简单的基本法律特征定位，其实正是为了最大限度将股权让与担保现象涵盖其中，同时也为商人、律师和法官运用掌握股权让与担保提供最为容易的把握。同理，对所谓股权让与担保基本法律特征之把握，应是指具备这些特征即可认定为股权让与担保的特征，这些特征系与其他担保或相关制度相区别的根本标志与显著特征。所以，基本特征设定太多，司法认定必然更加困难；设定更少，则认定起来更为简便并且准确。当然，所谓基本特征关键亦不在于多或少，而是在于准确把握其核心法律特点。基于此，本书关于股权让与担保定义与基本法律特征的把握

中，将一些非属于股权让与担保的内涵与外延进行了剔除，一些不应作为股权让与担保基本法律特征之所谓特征亦被剔除。

1. 关于基于融资需要或信用授信之前提特征

这显然并非股权让与担保基本特征所要强调，因为一切交易均有其相应之目的，股权让与担保交易同样有其相应之目的，但是否一定出于融资或授信之需要则未尝可知。例如，为第三人利益或帮助第三人交易而提供的股权让与担保，对提供股权担保人而言，由于是为他人利益提供股权作担保，故其直接的目的不一定就是基于融资或授信之需要，或许出于单纯的友谊，或许出于关联关系之必要，或许还有其他之前提或目的。总之，为何而担保、因何而担保，或者就担保权人而言，因何而接受股权让与担保，这均非股权让与担保法律范畴所必须考虑之事项，故当然不应纳入定义与内容之中，更不应纳入股权让与担保的基本特征加以把握。

2. 关于移交股权实际占有之占有特征

在前述关于让与担保之定义解说中，所谓移交标的物的权利于债权人，基本上都将实际移交所有权的占有作为重要特征加以强调，反过来，也有明确强调以不移交实际占有为让与担保特征的，即虽然约定以所有权担保但并不移交实际的占有。德国如此，日本的所谓让渡抵押亦如此，还有后文会进一步介绍的例如英国普通法与衡平法按揭形式上的差异即在于是否移交占有或所有权。对此，必须首先注意到，在我国绝大多数人看来，当前所谓的让与担保，包括股权让与担保在内，均应当是指将担保标的物的实际占有移交给担保权人的现象，否则，难以构成所谓的让与担保，这确是目前阶段较为普遍的一种认知。但是，也同样应当注意到，并不移交实际占有的让与担保不仅在两大法系均存在，在我国也同样存在，即便就股权让与担保而言亦有可能。如有案例表明，担保人与担保权人虽然约定以特定股权为特定债权提供担保，但并不移交股权占有，即并不实际办理股权的过户，而是约定一定条件下或特定时间过后再办理股权过户

手续。① 尤其是《最高人民法院关于审理民间借贷案件适用法律若干问题
的规定》（以下简称《民间借贷司法解释》）第二十四条之规定出台前后，
我国学术上出现了所谓"后让与担保"的概念。而所谓"后让与担保"实
质就是指并不事先移交占有或所有权的让与担保。有学者即指出，让与担
保与用商品房买卖合同设置的担保，其区别仅在于一个是先转移所有权，
一个是后转移所有权，同样都是担保物权，仅仅是所有权转移有先后之分
而已，在其他方面二者则基本相同，因此，用商品房买卖合同设置的担保
与让与担保最为近似，将其称之为"后让与担保"是恰当的。② 当然，也
有学者对于"后让与担保"的概念与理念提出质疑。③ 此后，随着《民间
借贷司法解释》第二十四条出台，④"后让与担保"概念至今在我国司法实
践影响甚广，那种并不事先移交所有权的"后让与担保"与事先移交所有
权的"先让与担保"理念，已经共同成为我国当下关于让与担保的整体认
识范畴。在这样的社会背景下，双方就以股权所有权进行担保已经达成明
显的合意，同时对不移交股权的实际占有也已达成明显的合意，这样的一
致意思表示无疑亦应属于股权让与担保之行为，显然形成股权让与担保法
律关系。但如果根据前述有关让与担保之定义，则很有可能被排斥在让与
担保之外。如在梁慧星教授主持起草的《中国物权法草案建议稿》中，便
曾拟特别规定："以权利设定让与担保权的，应以各种权利的转让方式完
成权利的移转；有权利凭证的，应当将该权利凭证交付让与担保权人占
有。"在有关该草案条文之进一步解释中还特别指出，以股票等证券设定

---

① 参见中国裁判文书网最高人民法院（2016）最高法民终435号李金喜与刘忠山及刘增、
张王民间借贷纠纷案民事判决书。

② 杨立新：《后让与担保：一个正在形成的习惯法担保物权》，载《中国法学》2013年第3期。

③ 董学立：《也论"后让与担保"——与杨立新教授商榷》，载《中国法学》2014年第3期。

④ 《民间借贷司法解释》第二十四条规定："当事人以签订买卖合同作为民间借贷合同的担
保，借款到期后借款人不能还款，出借人请求履行买卖合同的，人民法院应当按照民间借贷法律
关系审理，并向当事人释明变更诉讼请求。当事人拒绝变更的，人民法院裁定驳回起诉。按照民
间借贷法律关系审理作出的判决生效后，借款人不履行生效判决确定的金钱债务，出借人可以申
请拍卖买卖合同标的物，以偿还债务。就拍卖所得的价款与应偿还借款本息之间的差额，借款人
或者出借人有权主张返还或补偿。"

让与担保的，应将股票等证券本身交付于担保权人占有，并认为之所以如此拟定，依据是让与担保之本旨以及让与担保之法理。[①] 笔者认为，实际占有移交与否不应作为股权让与担保的基本特征加以强调，无论是否移交实际的占有，只要达成以股权所有权提供担保之合意，即属于股权让与担保之情形。依据这样的理解，实际是将当前实践中经常被援引的所谓"后让与担保"亦囊括进来，笔者则将这类担保称之为"预约型让与担保"，该类担保总体亦应属于让与担保研究范畴，亦应纳入让与担保的规范体系之中。当然，是否移交股权的实际占有对担保权人的实际权益影响如何，尤其与那些已经实际移交占有的股权让与担保权人的权益相比，是否在担保股权行使、处置乃至与利益相关者关系等方面应当有所差别，这在之后相关论述中会进一步论及。

3. 关于约定返还或回购的条件特征

必须承认，稍加谨慎的股权让与担保协议，自然应当将债权受偿后担保标的物的返还加以规定，或者就什么条件下，担保人可以将实际移交占有的担保标的物予以回购作出相关约定，这的确是一般之让与担保现象。但同时人们亦应当注意到，不少让与担保也包括股权让与担保实际并没有将返还或者回购问题进行约定，以至于是否返还或者是否回购产生争议。如此，没有就返还或回购进行约定但是就以股权所有权提供担保形成合意的协议，难道就不是股权让与担保行为吗？难道只有约定了股权返还或回购的担保才是股权让与担保吗？如此把握，现实之中，法官们就可能会将不少人对此加以疏忽的原本属于股权让与担保的纠纷排斥在外，以至于原本应当按照股权让与担保范畴处理的纠纷却按照其他之法律关系进行处理，以至很难准确作出公平之裁处。自然，有人会认为，以股权担保，只要债权债务结清，自然应当返还担保标的物，此乃让与担保应有之意。即便如此，笔者以为，亦不应当将此特征作为股权让与担保基本特征加以把

————————

[①] 梁慧星主编：《中国物权法草案建议稿》，社会科学文献出版社 2000 年版，第 779～780 页。

握，不应要求只有具备这样的特征才按让与担保进行处理。因为是否约定返还或回购，或是否必然返还与回购，均存在未可知情形，故同样不应将此概括为让与担保之定义与特征之中。

4. 关于约定担保股权归属于担保权人的归属特征

即通常所谓是否可以比照"流押"或"流质"进行处理的问题。很显然，这更不应当作为让与担保之定义内容加以规定，也不应作为让与担保的基本特征加以归纳，对于股权让与担保同样应当如此。当前关于让与担保之担保标的物是否可以比照"流押"或"流质"进行处理的问题争议很大，将此明确作为让与担保的基本特征显然并不合适。有关于此，本文之后还将专章阐述，在此不予赘述。

5. 关于担保权人优先受偿之变现特征

当前，让与担保情形下，担保权人究竟享有怎样的权益，是否可以比照一般担保权利之理念就担保标的物优先受偿，或以怎样的顺位优先受偿，这都是存有争议甚至争议很大的问题，尚未定论。尤其是并非每一让与担保对于担保权人的优先受偿问题均会作出妥当的安排，至少这种协议安排尚未成为普遍的现象。在理论与实践均存在相当不确定性的情形下，若将这一特征作为让与担保或股权让与担保的基本特征加以描述，显然并非妥当。

正是基于以上之考虑，本节对股权让与担保采取了最为简要的表述方式，以期当前情形下最为准确地符合股权让与担保之实际，以使股权让与担保获得最为广泛的认同与适用。

第二节　股权让与担保基本法律类型

对于社会科学的研究尤其是法律问题之研究，人们不仅总习惯于从定义与特征入手，也习惯于从分门别类开始。这不仅仅是一种传习下来的研究方式，更是满足社会认知与准确判断之需要。就股权让与担保的类型研究而言，既要知道该制度本身外部归属之总的类型范畴，更要分清其内部可以划分的具体类型，即依据更为具体的特征表现细分其具体类型，以便人们不仅对其归属总的法律范畴有所把握，同时针对其特殊特征进一步准确适用规范。

正如人们习惯所知，就股权让与担保外部所属类型而言，其总体属于"非典型担保"范畴。所谓"非典型担保"系相对于"典型担保"而言，而"典型"与否的区别标志实际在于是否获得法律明文规定的形式表现。那些已经为法律所规定因而视为人们普遍熟知的担保类型，如我国的抵押、质押、留置等即可属于典型担保范畴，而像让与担保等非获得法律明文规定的现实自发的担保方式，则通常被视为非典型担保范畴。股权让与担保由于在我国至今尚未获得法律之明文规定，由此被视为非典型担保模式。正因如此，正因缺乏法律之规定，正因股权让与担保总是依据当事人自愿的约定而采取或实施，故股权让与担保与其他一般让与担保一样，又被视为"约定担保"的一种方式，与"法定担保"类型对应。其实，在此应当指出的是，这种所谓典型与非典型担保之划分系源自国外学者研究所进行的划分，我们只是拿来主义加以运用而已。但人们应当注意到，这种表述在中国人的语境下容易产生误导。原本所谓典型，应当是具有代表性，或者是占据主流并被主要加以运用的意思；所谓非典型，即非具有代表性、仅仅处于补充境地之情形。如按中国文字的本意来理解与把握非典型担保，很有可能与实际不符。事实上，那些虽为法律所规定的典型担保，现实之中未必有未获法律规定的非典型担保运用得多、运用得普遍，至少就股权让与担保与股权质押或抵押相比较，股权让与担保正越来越受到关注，越来越被更加广泛的使用。

就股权让与担保内部类型所作划分，是本节在此要讨论之重点。对此，不仅要比照让与担保的一般类型进行研究，也要结合公司法的形态理论作出区分，更要结合现实之中人们就股权让与担保的习惯交易模式或约定方式进行把握。基于此，对于股权让与担保之类型可作以下基本类型之划分。

一、依据公司形态所作区分

依据企业法律形态基本原理，公司作为企业重要形态在不同国家有着各不相同的形态表现，并且企业与公司形态一旦形成即具有法定性、普遍性、稳定性等诸多特点，[①] 而这也正是股权让与担保依据公司形态可以作出区分之前提。就股权让与担保类型而言，首先按照公司形态进行区分，这是股权让与担保类型划分的基本价值所在。不同国家有不同的公司形态，即便形态相同的公司由于各国法律规定的具体差异，其股份所对应股权的具体权利内涵、权利行使方式、股权转让受限程度等均可能有所差别。以我国为例，公司形态主要分为两大类，分别是有限责任公司与股份有限公司，其中股份有限公司之中又有上市股份公司与非上市股份公司之分。很显然，对应我国不同的公司形态，股权让与担保首先可以区分为有限公司股权让与担保、非上市股份公司股权让与担保与上市股份公司股权让与担保三大类型。一般而言，有限责任公司相对封闭，其股权转让受到一定的限制；而股份有限公司则相对开放，其股权转让则更为自由；尤其是上市公司股份自由流通，除特殊情形外股权转让几乎不受任何限制，但上市公司大股东股权之转让又可能涉及信息披露等法律要求。不仅如此，各类形态公司股权具体内容、行使要求、变更方式等也存在着不少的差异。因此，不同形态公司下的股权让与担保所涉及的法律适用规范很可能有所不同，依据不同形态对股权让与担保进行区分，更便于人们有针对性地适应不同形态公司的相关法律规范对股权让与担保进行具体把握。

---

① 赵旭东：《企业法律形态论》，中国方正出版社 1996 年版，第 52~53 页。

二、依据股权性质所作区分

与依据公司形态区分股权让与担保的精神实质相似，在我国当前公司法律规范下，还可依据股份性质的不同就股权让与担保作出区分。在我国，不仅形态不同的公司其股权涉及法律规范不同，而且股权本身实际还存在着性质上区分。这种区分主要表现为国有股、民营股、外资股、法人股及自然人股等。正如人们所知，国有股乃国家或国有企业所持有之股份，其转让受到相应的限制，如需要评估与审批等。一旦将该类股份设定让与担保，或者将原本非国有股向国有企业让与担保尔后需要进行回购时，均可能涉及国有股权变动的法律监管。事实上，这样的纠纷与相关争执已经发生过。[①] 同理，随着我国改革开放以来，三资企业已具有很大的规模，而附着这些企业的外资股权变动与非外资的国内普通公司股权变动所涉及的变更程序与变更部门并不相同。不仅如此，尽管我国对外开放的程度在不断扩大，但依然有些投资领域是外资受限进入甚至禁止进入的，一旦将原本并不受限的股权向受限外资提供让与担保，其担保效力很有可能受到影响，至少担保权人难以直接接管担保股权。现实之中，由外资股让与担保引发的纠纷与相关争执亦有发生。再有，就是法人股与自然人股的区别，法人股转让需要体现法人的意志，因而涉及法定代表人甚至公司意思机构的决议文件等，而自然人所持股权的变动则简便得多。现实之中，这两种股权涉及的让与担保较为频繁地发生。除此之外，实际还有一种股权系与股东或投资者的相应证照资格挂钩，即没有相应资格便难以获得相应股权，我们可以把这类公司的股权称之为证照股。例如，律师事务所有限公司与会计师事务所有限公司的股份，即很可能涉及持有者身份与资格的问题。结合中国的实际，还有一些依法衡量并非股权但在一些商人

---

① 参见中国裁判文书网，最高人民法院（2013）民二终字第 33 号联大集团有限公司与安徽省高速公路控股集团有限公司股权转让纠纷案民事判决书。

或民众看来同样可以被称之为股权或可以比照股权对待的份额权益，如合伙份额、资管计划中的份额等。当今中国，不仅公司现象繁荣发达，而且合伙、资管计划等同样发达，像一些有限合伙、资管计划等其吸收资金之规模巨大，其份额权益同样巨大，这些份额同样有可能拿来进行担保，人们也一般将此准称为股权担保。因此，若结合现实从相对广义的角度按股权性质划分类型的话，实际也可以将这些"准股权"让与担保纳入研究与规范之视野。正是因为现实之中股份种类繁杂，股权性质多样，涉及法律规范存在差异，故按股权性质对股权让与担保进行类型区分十分之必要。

三、依据移交占有与否所作区分

就一般让与担保而言，是否实际移交担保标的物占有的问题，是区分让与担保类型的重要标准所在。如在德国，让与担保之所以兴起，即与不实际移交占有密切相关。"因为以动产担保债权必须设立质押，而设立质押的前提条件是将质押物的占有移转给债权人（《德国民法典》第1205条）。这样，设立质押权与继续占有使用发生了矛盾。但如果采用德国法律实践中创造的让与担保这一新的担保形式，即可解决这一问题。"[1] 这也就是说，原本在德国先有的动产质押制度，因为强调必须移交担保物的实际占有，致使无法满足担保人对于担保物的用益需求。而自发形成的让与担保做法因为并不需要移交担保物的实际占有，如此更能满足担保人在形式让渡担保物所有权的同时继续占有并利用担保物。让与担保正是基于并不移交实际占有这一独特优势赢得了早期兴起并日益发展的现实空间，并为司法案例所不断确认，最终形成如今的态势。当然，发展至今，在人们更为普遍的认知中，正好相反，所谓让与担保系以让渡担保标的物的所有权为基本特征，因而移交担保标的物之实际占有应系让与担保应有之意。即便如此，现实之中，并不移交实际占有并合意让渡所有权进行担保的现

---

① 孙宪忠：《德国当代物权法》，法律出版社1997年版，第340页。

象亦同样存在，即便股权让与担保亦不例外。如同我国当前股权让与担保现象下，让渡股权所有权并实际移交占有的情形确系股权让与担保的主流情形，但约定以股权所有权进行担保而并不实际移交占有，即并不办理股权过户或名义更换的情形同样存在。因此，基于是否移交股权的实际占有区分股权让与担保的类型，即移交占有型股权让与担保（先让与担保、占有型让与担保）与非移交占有型股权让与担保（后让与担保、预约型让与担保），[①] 十分必要。

四、依据登记与否所作区分

由于让与担保尚属于非典型担保范畴，故目前尚未有专门就股权让与担保进行登记的制度。但这并非意味着股权让与担保即不存在登记与否的问题。事实上，当前我国大量属于股权让与担保之情形多是按照所涉股权进行转让的相关规范进行必要的过户登记，并以过户登记作为主要的公示方式，同时以此取得对抗第三人的法律效力。依据登记与否对股权让与担保进行区分，其主要目的的确在于获得更强的法律保护，尤其是对抗第三人的法律效力。依据登记与否对股权让与担保进行区分，显然可以分为登记的股权让与担保与非登记的股权让与担保，经过登记的股权让与担保应视为获得公示之法律效力，比起非经登记的股权让与担保应当获得更好的法律保护，尤其在是否对抗第三人方面更应有所区别。并且，必须指出的是，今后股权让与担保登记与股权变更登记不应加以混同，股权让与担保登记，应当是指对股权设定让与担保的事实本身进行登记，并非指对担保股权进行变更登记。也就是说，股权让与担保登记并非必然发生股权名义更换的法律效果，除非当事人让与担保协议要求如此，否则，对担保事实进行登记与对股权名义更换进行登记自然应属不同性质的登记。同时，人

[①] 在一般让与担保类型区分中，存在"外部转移型与内外部同时转移型"的划分，这实质即是依据是否移交担保物的实际占有所作的区分。参见王闯：《让与担保法律制度研究》，法律出版社2000年版，第55页。

们还应注意的是，股权让与担保登记，并非如我国一般必须是工商部门或证券结算公司之外部登记，也完全可以是公司本身或内部进行的登记、备案或告知等，这要从登记的现状以及登记之成本等多方面进行考量。总之，我们在区分股权让与担保类型时，应当将是否登记的问题作为标准之一加以衡量。尽管如何登记尚需研究，登记与非登记之效力如何区分尚需探讨，但登记与否无疑是股权让与担保同样重要的类型标准。

五、依据担保股权行使所作区分

在现实的股权让与担保交易中，关于让渡股权具体如何行使的问题，协议各方往往会作出一定的安排，即通过协商方式明确让渡股权归谁行使、行使股权的具体内容或条件如何或股权行使的边界在哪等，当然也有可能不予约定。就此，以担保权人是否行使担保股权为主体标准，大体可以区分为无权型、受限型、完整型、未作明确型四种类型。所谓无权型股权让与担保，即让与担保协议明确约定虽以股权所有权进行担保，但无论股权过户或变更登记与否，担保权人均不行使任何股权，或者表述为担保权人不得对公司治理与经营进行任何过问或干预等类似情形。此类股权让与担保并不少见。所谓受限型股权让与担保，即让与担保协议明确约定担保权人可以行使部分股权，如监督公司经营，或对任何有损于公司股权价值的经营决策进行过问甚至否决等，但一般并不直接行使担保股权项下的表决权、利润分配权、知情权等。其中受限权利具体如何，双方尽可协商之。总之，此类股权让与担保下，担保权人既非完全无权又非完整有权。此类股权让与担保较为常见。所谓完整型股权让与担保，则显然是指协议各方明确约定赋予担保权人完整享有股权或事实获得股东身份的让与担保类型。此类股权让与担保虽非常态，但现实之中亦时有发生。所谓未作明确型股权让与担保，即对股权行使未作出安排，对此担保权人可依怎样的原则享有股权，值得探讨。此类股权让与担保亦不少见。当然，以上仅是结合股权让与担保协议围绕股权行使安排的现实约定模式所作的区分，至于担保权人是否可以或应当享有担保股权，或如何行使担保股权，本节之后还将专门予以探讨。

六、依据担保标的物处分方式所作区分

在一般让与担保类型中，依据担保权人针对担保标的物的受偿方式，即通常所谓债务人不履行债务时如何就担保标的物获得清偿的实现模式所作区分最为受到人们关注，而这又主要涉及担保权人在进行担保物处分过程中是否负有清算义务的核心问题。参考日本的判例和学说，依据该项标准具体视角之不同，可以作出不同的类型区分。如依据担保权人就担保标的物的受偿方式为角度，可将让与担保分为处分型和归属型。所谓处分型让与担保，是指担保权人在债务人不履行债务时，可以处分担保标的物并以其价金优先受偿，该类型也被称为处分权取得型。而所谓归属型让与担保，则指担保权人可以通过取得标的物的所有权来抵偿担保债权的形态。①与此相应，基于担保权人是否负有清算义务，又可将让与担保区分为流质型和清算型两种类型。所谓流质型让与担保是指让与担保权人在实行让与担保时，担保权人即终局地确定地取得担保标的物的所有权，债务人的债务也同时消灭；担保权人就标的物价额与债权额之间的差额不负有清算义务，即使标的物的价额超过被担保债权额，担保权人也无须将其差额返还给设定人。而所谓清算型让与担保是指担保权人在实行让与担保时，就标的物价额与债权额之间的差额负有清算义务，即标的物应当以估价或变卖的方式换价清偿，当标的物的价额超过被担保债权额时，担保权人应将该差额返还给设定人，如果担保物的价额不足以清偿债权时，担保权人仍然可以请求债务人偿还。有判例认为，在根据让与担保契约的具体内容无法确定当事人是采取清算型抑或是流质型时，应当推定清算型让与担保为原

---

① ［日］我妻荣：《新订担保物权法》，申政武、封涛、郑芙蓉译，中国法制出版社 2008 年版，第 598 页。

则型。① 比照该项标准就股权让与担保进行类型划分，为统一并简便起见，笔者认为，可以区分为归属型股权让与担保与清算型股权让与担保两种。所谓归属型股权让与担保，即债务人不能还债时担保股权即归属担保权人的协议模式。在该模式之下，只要债务人不能还债，担保权人即当然取得担保股权并免除对股权价值进行清算之义务。所谓清算型股权让与担保，即债务人不能还债情形时担保权人虽有权处分担保股权但必须对其价值进行清算的协议模式。在该模式之下，除非经过清算，否则担保权人并不当然取得担保股权。以上两种类型与模式，是否法律均应认可其效力，或是否应当区别对待，值得探讨。

七、依据第三人是否介入所作区分

在让与担保关系中，主要的当事人无疑是债权人与债务人，并且由债务人作为本人提供担保以及债权人作为本人接受担保，这显然是主要的形式。即一般而言，让与担保并不需要第三人之介入，主债权债务关系当事人与让与担保关系当事人完全重叠，股权让与担保亦如此。但是，现实之中，第三人介入让与担保，包括介入股权让与担保，与其他担保可以第三人介入一样，并非不可能，更非不可以。现实之中，之所以可能发生第三人介入担保关系之情形，显然是出于具体法律关系构造之需要。如债务人拟进行融资但又并无可供担保之物或相应股权，或债权人虽然可以受领担保物担保但考虑由第三方受领更有必要等，均无不可。现实之中，第三人以其持有的股权为债务人提供担保，或者债权人让第三人代为接受股权担保之情形，均不少见。如此，依据第三人是否介入的标准，即可将股权让与担保区分为债务人本人担保、第三人担保、债权人本人为担保权人、第三人为担保权人等多种类型。据此，在同一个股权让与担保法律关系下，既可能是债务人本人担保与债权人本人受担保两方主体模式；也可能是债

---

① 王闯：《让与担保法律制度研究》，法律出版社 2000 年版，第 55～58 页。

务人、加第三人担保、再加债权人受担保的正三方主体模式，或者债务人担保、加债权人、再加第三人受担保的反三方主体模式；当然，还可以有债务人、加第三人担保、再加债权人、还加第三人受担保的四方主体模式。随着第三人角色的介入，各自权利义务关系虽然总体可以按照权利方与义务方的原则进行处理，但如此让与担保关系下的处理，尤其是涉及诉讼程序的安排等必然变得更加复杂，人们对此必须充分予以关注。

第三节 股权让与担保基本价值与风险

尽管并非任何发生的社会现象均为合理，但任何社会现象的发生必然有其相应的社会基础，甚至恰恰代表着社会之所需与方向。股权让与担保作为一种信用交易模式得以自发形成并不断扩展，必然有其深厚的社会原因。在此，本节拟围绕股权让与担保之社会价值及其法律风险作简要之透视。

一、股权让与担保之社会价值

对于一般让与担保之社会价值，有学者已作过有关的归纳。例如，有人认为，让与担保能够扩大融资担保的可能性，可以实现设定人继续保留标的物之占有利益甚至阻却或消减交易第三人出现的可能性，并节约交易成本或制度成本等。[①] 股权让与担保与一般让与担保相比，其社会价值基本一致，但也有其特殊之处。依笔者来看，股权让与担保之社会价值主要表现为以下三方面。

1. 满足股权担保的社会愿望

当前，世界范围内，伴随市场经济的发展与需要，得益于有限责任、

[①] 王闯：《让与担保法律制度研究》，法律出版社 2000 年版，第 29～36 页。

资本流通乃至自由注册等基本公司制度的确立，公司现象空前繁荣。公司已无处不在，似乎渗透进社会的每一角落。而在民众的财富组合与构成之中，除了房地产等不动产以及类似车辆等必要的动产之外，以资本投资方式而持有相关公司股份无疑成为重要的财富表象形式，在家庭与个人的财富组合中股份常占据着相当的比重，甚至成为最为重要的财富表现方式。可以说，随着公司社会化、普遍化甚至泛滥化，公司股份同样社会化、普遍化甚至也泛滥化。正因股份作为一种财富形式在现代社会财富中的地位，当民众有融资需求与信用担保需求之时，难免、甚至必然会将眼光聚焦在股份这一特殊的但又主要的财富之上。由此，人们似乎自然而然地选择了以股权提供担保的交易方式，其中让渡股权所有权进行担保与让渡其他物之所有权进行担保一样，在人们看来均属于以财富进行担保，并无实质之不同，股权让与担保就此自发形成并日渐扩展。在股权让与担保自发形成与发展过程中，人们并不过分在意这种方式是否已为法律所规定，甚至人们普遍认为这种方式自应受到法律的维护。其实，任何法律制度的现象，哪个不是先有社会的实践而后才有法律之调整呢？社会需要就是法律之渊源，满足人们的社会愿望乃法律之根本所在。资本市场的原始功能是其经济功能，即通过资本市场解决企业资本融集问题，而资本市场的法律功能是辅助其经济功能的实现而存在的，是一种衍生次位功能，从来就不具有独立存在的意义。[①] 就股权让与担保而言，其首先是资本市场的一种衍生品，由此资本市场发展之需要也必然延伸至法律功能之满足与需要。所以说，股权让与担保能够结合现代人的股份财富形式有效满足人们融资与信用之需求与愿望，此乃其根本的社会价值所在，亦为其法律制度构建社会基础所在。

2. 扩大股权价值的社会利用

关于股份或股权之法律性质有着多种不同的法律学说，主要有所有权

---

① 蒋大兴：《公司法的观念与解释（1）》，法律出版社 2009 年版，第 183 页。

说、债权说、社员权说，① 也有主张为一种新型民事权利，② 或属于一种综合性权利。③ 在笔者看来，这些学说均有其道理。例如，就所有权说而言，股权来源并附着于公司，而公司又来源并附着于资本之组合，资本则由一切可以作为资本的金钱或等价财物所形成；故此，股权源于资本，并附着于一切可能的财物之上，系财物或财产所有权的转换形态。而在债权说看来，一切资本或财物组合于公司资本形态之后，即从原所有者手里分离出去并成为公司享有所有权的财产，股东仅是获得资本移转所对应的股份，并据此股份享有股东权利；如此，股份又如一种移转资本的债权凭证，股东据此可以向公司为相关法定主张，即所谓行使股东权利。在社员权说看来，公司不仅仅是资本的组合，更是一种事业追求的组织，资本仅仅是公司事业的财产基础而已，公司更是其成员的组合体；由此，股份不仅仅是财产权益，也是一种身份权益，甚至更为主要的是公司社员资格之权利。在新型民事权利说看来，股权不仅是一种私权，也是一种财产权，更是一种资本权，实际是一种综合性新型权利形态，是当前股东财产与公司财产分离、股东人格与公司人格彼此独立而演化出的一种新型法律权利。很显然，以上关于股份与股权法律性质的学说均无不当。笔者在此所要指出的是，无论学说如何定性股份与股权，在人们看来，股份与股权固然是一种身份与资格之凭证，但显然更为主要的是一种财产凭据，股份与股权不仅代表着财产权益，更是一种财富象征，是与公司密切相关的具有丰富法律权能的综合性权利与利益之体现。因此，股份与股权的财产性质、利益特性十分鲜明与突出。基于物权从归属到利用的基本发展理念与精神，对于股权价值的利用人们当然亦更加地注重。首先，人们当然是希望从公司经营事业中获得满足。其次，也可以转让股份及时变现，无论这种变现是获利还是亏损。再次，为什么不可以拿股权来进行担保呢？这样既不影响继

---

① 江平等：《论股权》，载《中国法学》1994 年第 1 期。
② 赵旭东主编：《商法学教程》，中国政法大学出版社 2004 年版，第 254 页。
③ 周友苏：《新公司论》，法律出版社 2006 年版，第 232 页。

续占有股权甚至还可继续治理公司，同时亦可以如股权转让一样提前获得信用变现。最后，股权既然可以担保，既然可以质押或抵押，那么以更为安全可靠、让人更为放心的让渡股权所有权的方式进行担保为何不可呢？股权让与担保无论是否移交实际的占有，甚至无论是否办理过户手续，大多数情形下，担保权人并不会据此实质影响担保人对于让渡股权的实际权利行使。即人们通常所谓的所有与占有之分离、占有与利用之分离，如此，每一股权均可能获得更多角度、更多方位、更多层次的价值利用，从而实现股权价值的最大化。而每一股权价值的最大化，即是资本价值的最大化，更是社会财富价值的最大化。股权让与担保即为实现股权价值利用的多元化与普遍化开辟了新的法律通道，进一步拓展了财尽其用、物尽其用的法律空间。

3. 拓展信用交易的社会空间

当前，市场经济十分繁荣，社会交易十分活跃，人们对信用交易提出了更高的社会需求。以往较为受关注的以不动产或动产等实体物之担保促成交易的做法日益不能满足社会信用交易的需要。尤其是伴随社会之发展，财富形式更加多样化，各类无形资产或各种财产权利同样成为重要甚至更为重要的财富形式。为满足人们信用交易的社会需要，传统有形物之外的其他财产权益用于信用担保的现象不断增多，其中当然也包括以股权为信用担保标的促成了大量的社会交易，尤其是在投融资领域。同时，传统的信用担保法律方式由于存在着相应的弊端也难以满足人们对于强化信用担保的法律需求。相对于传统担保而言，股权让与担保毕竟是以让渡股权所有权的承诺、登记、甚至实际过户为保障，显然极大地满足了人们预先获得受偿的心理需要。在担保权人看来，获得所有权的担保应当比获得他物权的担保更加有保障，而已经预先安排让渡所有权所进行的担保，则更有一种已经获得公平回报的心理满足。同样，即便对于提供担保人而言，已经凭借让渡股权或过户股权获得了实际的融资，且多数情形之下又并不实质上丧失股权之所有权，更不会因此失去对公司的治理或控制。即所谓"虽买非买"的心理感受，以原本静态之股权获得动态之融资，或者提前获得股权价值之还原，即便日后发生类似"流质"之情形，亦并非不公平。因此，股权让与担保与一般让与担保一样，似乎更加符合人们的"口味"，对于担保交易各方而言均无不公之处，而这正是让与担保可以兴起与发展的动力源泉所在。任何一个社会必须在更为频繁的交易中不断实现财富的活跃，并据此不断满足人们日益多样化的社会需求。当传统担保不能满足社会信用交易需要时，当传统担保方式之担保信用有所弱化时，当信用担保制度明显供给不足时，股权作为最为主要、最为普遍的财产用于担保，尤其是以让渡股权的方式提升担保之信用，必然极大地满足社会信用交易的需要，从而有效拓展社会信用交易的法律空间。由此，不仅进一步强化了债权的效力，对债权受偿提供了切实的保障，而且可以发挥加速社会资金的融通、促进经济繁荣的积极作用。①

二、股权让与担保之法律风险

任何事物与现象既有其正面价值，亦难免负面影响。就股权让与担保而言，正因其正面价值为社会所运用，故由此带来的负面影响亦不容忽视。与绝大多数社会交易的法律风险一样，股权让与担保的法律风险主要来自不诚信之行为，当然也包括自身法律结构可能存在的隐患。

1. 股价变化风险较大

所谓股价变化风险，是指股份价值变化大，且时常处在波动状态所引发的担保标的物价值风险。这与股权作为担保标的物的特点密不可分。众所周知，如果系以上市公司股份进行担保，股价分秒波动，而在一个相对较长的担保时期内，股价变化可能更大；尤其是，很多股价的波动其实与股份本身正当的价值并不相关，不少是由一些社会事件引发投资心态变化所带来的影响，较难事先予以把握。即便那些非上市公司，伴随公司之日

---

① 江平主编：《民法学》，中国政法大学出版社2000年版，第416页。

常经营与决策，公司资产实际也经常处在快速变化之状态，股权价值同样变化快、变化大。股权让与担保所可能面临的这一风险，当然是相比较于动产与不动产等担保而言。因为就一般物的担保而言，担保物价值变化相对稳定，波动性不会太大，且较为容易评估与把握，故担保价值风险亦相对较小。针对股权让与担保的这一法律风险，亟须担保权人慎重签约，并在设计股权让与担保权利义务法律关系时慎重权衡，对于担保权人为维护股权价值稳定所设定的相关权利应当加以维护。

2. 违约隐患风险较大

由于让与担保尚属于非典型担保，故存在不少潜在风险。就债权人而言，若担保标的物由担保人占有，一旦担保人有失诚信、擅自处分标的物，债权人即有丧失其债权担保的危险；而就设定人而言，其与债权人之间虽有约束条款，但若债权人有失诚信、擅自处分标的物，设定人将丧失对担保物的权利；至于债务人，因担保权人相对的优势地位，很可能迫使债务人就债务本利的偿还方式订立苛刻条款，从而有损于债务人之利益。尤其是因股价变化风险较大，带来股权让与担保之违约风险更是加大。例如，站在担保人一方而言，股价变小时，几乎不会很愿意实施让渡股权之回购；而当股价变大时，经常迫不及待地主张回购，甚至在原本自身已经无法还债情形下，或已经大大超过回购期限等情形下，基于股价之上升，以协议不公平、受欺诈或其他各种无端事由等主张撤销担保或宣告担保之无效或只要推翻担保或主张进行补偿与赔偿等。再如，站在担保权人一方而言，一旦股权价值变小，便会想方设法提前回收债权，或提前实行担保权，及时处分担保股权；而当股价一旦上升，又很可能不愿返还担保股权，即便债务人已经结清债务，或有足够能力还清债务，担保权人也会以各种理由阻碍回购或担保股权之返还，或者就是不愿意配合取消担保登记等。更有甚者，担保人可能通过所保留的对公司控制的权利，利用公司对外进行担保，或操控担保股权附着之目标公司实施增资，以诸如此类的方式等稀释担保股权价值，损害担保权人利益。反向而言，担保权人也有可能不讲诚信，利用让渡股权对股权附着公司实施增资或减资，使得担保股权价值人为发生变化，从而不利于担保人回购担保股权之进行。凡此种种，都是担保股权带来的"祸"，股权让与担保违约风险大，纠纷风险高。

3. 损害扩散风险较大

股权让与担保不仅对协议各方而言存在风险隐患，其实对关联公司、关联股东、关联债权人亦同样影响较大。尤其是因为让与担保目前尚属于非典型担保由此缺乏外在的公示方式，故在担保双方当事人一方擅自处分担保物时，将涉及第三人取得担保物的财产利益是否受法律保护问题，很可能对利益相关的第三人产生较大冲击。例如，有限责任公司股权让与担保情形下，可能与公司其他股东所享有的股份优先受让权产生冲突，冲击公司相对封闭之法律特性。股权让与担保也有可能对担保股东之债权人以及公司债权人之利益产生影响，很可能对他们债权的实现减损有效资产，甚至逃避法定出资责任。股权让与担保当然也可能对担保权人之债权人利益产生影响，尤其是对那些基于担保权人持有担保过户股权而产生信赖利益的其他债权人而言，一旦担保人主张回购或实现回购的话，两者利益必然发生冲突。因此，股权让与担保非同于一般物的担保，其所可能涉及的利益相关者主体更加多元，多方主体利益依据何种原则进行权衡，更需法律认真对待。否则，其所带来的利益冲击与不利影响必然更大。

总之，无论价值或风险，无论有利或不利，股权让与担保已属客观事实，且乃客观所需。作为一种新型担保交易模式，其是当前提升信用保障并化解市场风险，尤其是债权风险的重要手段。任何一项制度总是价值与风险、机遇与挑战并存，没有绝对的风险，更没有绝对的机遇。尤其是股权让与担保之风险实属瑕不掩瑜，它并不能从根本上否定让与担保存在的现实积极意义。我们可以通过相对科学的制度设计，扬长避短，尽最大可能实现其社会价值，尽最大可能避免其法律风险。

第四节　当前我国股权让与担保之纠纷表现

一项关于让与担保标的物的统计研究发现，在司法实践中，股权是较房屋等不动产之外应用最为广泛的担保标的物。[①] 的确，伴随股权让与担保之现实运用，随之而来的纠纷亦日渐增多。有数据统计初步表明，"截至 2018 年 2 月 2 日，以'让与担保'为关键词，进行全文检索，共获得案例 1596 个；再以'股权'为关键词，在上次检索的结果中再检索，共检索到案例 195 个，其中民事案例 191 个、执行案例 3 个、行政案例 1 个。"[②] 显然，这种统计方法与数量并不能反映当前我国股权让与担保纠纷的全貌。这是因为绝大多数股权让与担保纠纷目前并未按股权让与担保进行性质认定与裁处，大量股权让与担保纠纷依然掩盖在类似股权转让纠纷、股东资格确认纠纷、股权回购纠纷、民间借贷纠纷、合同纠纷等各类纠纷之中，真正由股权让与担保所引发之纠纷数量显然更大。笔者为研究股权让与担保之需要，直接以"股权让与担保"为关键词在中国裁判文书网搜索，并经逐案审阅筛查，截至 2019 年 5 月 30 日，共搜索到 60 余件基本属于或涉及股权让与担保之相关纠纷（详见附后参考文献）。下面的分析主要结合笔者收集的案例来展开。

一、股权让与担保纠纷当事人

就股权让与担保纠纷涉及的当事人来看，最为主要的是担保人与担保权人之间互为诉讼，而且担保人多为债务人，担保权人多为债权人，即债务人为担保人本人以及债权人为担保权人之间互为诉讼最为经常地发生。

[①]　姚辉、李付雷：《"理性他者"的依归——让与担保实践争议探源与启示》，载《中国人民大学学报》2018 年第 5 期。

[②]　蔡立东：《股权让与担保纠纷裁判逻辑的实证研究》，载《中国法学》2018 年第 6 期。

此类诉讼一般主从合同关系同时涉及，即债权债务主合同关系和股权让与担保从合同关系并存，司法审查案件事实相对复杂。进一步就此类当事人诉讼进行比对，由债务人或担保人为原告发起的诉讼相对多于担保权人为原告发起的诉讼，[①] 而且此类诉讼多数与主张担保股权的返还密切相关，有些担保主债务甚至尚未还清担保人仍然提起此类让渡股权返还之诉请。这一基本现象表明，当前股权让与担保下，股权价值总体处于看涨态势，债权人作为担保权人发起诉讼的热情不高，即便由担保权人发起的诉讼事实上也多是以担保股权的归属为诉请。再进一步观察此类诉讼当事人具体所在行业，可以看出，担保人多为房地产公司、矿产公司的股东等，即所谓担保股权多为近些年获得迅猛发展的房地产公司之股权或矿产公司之股权等，而债权人或担保权人则多为金融机构、投资基金或公司等。从以上股权让与担保涉及纠纷当事人的主要情形可以看出，人们采用或实施股权让与担保显然并不是盲目的，这些与房地产或矿产等挂钩的股权，正是这些年普遍看好、看涨亦事实增值上涨的股权，那些股权价值体现困难或上涨态势并不明确的股权一般尚难成为股权让与担保之标的。除此之外，由担保人的债权人或担保权人的债权人为原告发起的诉讼亦均有发生，但此类诉讼的数量在股权让与担保纠纷中并不十分之突出。

二、股权让与担保纠纷案由

就股权让与担保涉及的现实案由看，十分繁杂，多种多样，即便实质诉请相同时，具体案由亦并不相同。如担保人发起的实质为返还担保股权的纠纷，在设定具体案由时，即可能很不相同，至于和股权让与担保相关的案由则更可不同。有的以股权转让案由诉讼，并认为转让无效或可撤销，据此主张返还股权，或者认为解除转让之条件现已具备，故此原所转

[①] 据统计，在所收集的 71 个涉及股权让与担保纠纷案例中，有 39 个案例由担保人发起，占样本总数的 54.9%；有 29 个案例由债权人发起，占 40.8%；有 3 个案例由其他主体发起，占 4.3%。参见蔡立东：《股权让与担保纠纷裁判逻辑的实证研究》，载《中国法学》2018 年第 6 期。

让股权应予返还；有的以股权回购案由诉讼，认为合同所设定的股权回购条件已经具备故可回购；有的以合同案由或所谓其他合同案由发起诉讼，主张担保合同受到欺诈或对价不公等故应将股权返还；有的以公司决议无效或可撤销等为案由发起诉讼，认为当初公司决议同意担保人让渡股权进行担保并非公司有效决议，或损害了其他股东优先受让权；有的以担保权人滥用所获得的让渡股权、损害公司权益为案由，诉请担保权人赔偿关联公司由此所遭受的损失；等等。而就担保权人发起的实质围绕让渡股权归属或处分的案由来看，同样是多种多样。有的以借贷纠纷为案由，诉请还债的同时主张担保股权的归属或者变价受偿；有的以股权转让为案由，主张确认股权转让协议的效力或者诉请履行股权转让协议，以便担保股权归属担保权人；有的以股东资格确认纠纷为案由，诉请确认担保权人为担保股权附着之目标公司的股东；有的担保权人更以知情权为案由，针对担保股权附着之目标公司直接发起知情权诉讼，这实际隐含着希望间接确认担保权人股东身份之诉请等。以上案由仅仅是担保人与担保权人互为诉讼经常涉及的案由，若由关联第三人发起的诉讼，则案由更是多样。例如，担保人的债权人可能以合同无效为案由，诉请确认让与股权担保之合同无效；或者关联公司的债权人以出资责任为案由，诉请担保权人以股东身份补足出资，为公司债务承担连带责任。总之，原本属于股权让与担保关系下的纠纷，由于当前并无对应性案由设定，即股权让与担保并非法定案由，[①] 致使现实之中相关纠纷被以名目繁杂的案由进行着审理，由此不仅导致审理方向千差万别，而且裁判路径亦各不相同，裁判理念亦必然有所差别，裁判标准亦难以统一。

---

① 参见最高人民法院 2011 年 2 月 18 日下发的《关于修改〈民事案件案由规定〉的决定》（法〔2011〕41 号），其中有担保纠纷，甚至还有"股权质权纠纷"案由，但并无"让与担保"以及"股权让与担保"纠纷案由。

三、股权让与担保纠纷管辖

正因当事人以及案由等差异，由此引起涉及股权让与担保纠纷之管辖亦存在差异，甚至引发相关争议。这首先涉及股权让与担保关系的理解与把握问题。即让渡股权担保关系究竟是独立的法律关系，还是从属的法律关系？是否必须与主合同关系一并诉讼？甚至是否属于担保关系？或是可以按股权转让等单独法律关系进行审理？不同法律关系之主张与认定必然影响着司法之管辖发生变化。如认定股权让与担保系担保关系，且具有从属性，则主合同关于管辖之约定可能对担保关系产生约束，或应当以主合同关系来确定司法之管辖。而若不是主从合同并存诉讼即所谓主从合同分割诉讼情形下，由于认识与主张不同而引发的案由差异，也当然会影响着司法管辖之差异。如股权转让案由与股东资格确认或各具体股权权能行使之案由，司法管辖的原则与法律标准即各不相同，前者按合同关系实施一般司法管辖，而后者则可能按涉及公司关系适用特别之司法管辖。① 所以，股权让与担保纠纷完全可能因当事人诉请与主张的差异以及具体案由之差异而按不同的标准与原则进行着不同的司法管辖，并非单纯按照合同或比照担保法律关系进行管辖。另外，由于当事人选择乃至主张之不同，股权让与担保纠纷涉及的诉讼程序性质亦可能不同，据此亦必然带来管辖上的差异。目前，股权让与担保纠纷涉及的诉讼程序主要有民事诉讼、行政诉讼以及执行程序三种。例如，担保权人既可能面临公司债权人直接对其发起的追究出资责任的民事诉讼，也可能因为公司债权人执行公司未获满足后依执行程序追加其为被执行人，据此而陷入司法执行程序的纠缠之中；同时，担保权人又可能据此发起针对公司债权人的执行异议之诉，对执行

---

① 《民事诉讼法》第二十三条规定："因合同纠纷提起的诉讼，由被告住所地或者合同履行地人民法院管辖。"就涉及公司的纠纷第二十六条规定："因公司设立、确认股东资格、分配利润、解散等纠纷提起的诉讼，由公司住所地人民法院管辖。"

法院追加其承担补足出资责任之裁定提出异议。①

四、股权让与担保纠纷主要争议

有研究资料表明，股权让与担保纠纷中近 90% 的案件发生在担保人与担保权人之间。而在担保人与担保权人之间的这些纠纷中，"让与人诉讼请求主要表现为以下 4 种：请求确认让与人与受让人之间签订的股权转让合同无效（或撤销）；请求受让人返还经由股权转让协议转让的标的股权；请求目标公司协助办理股权转让的变更登记；请求受让人支付股权转让对价款。（见表一）

表一　股权让与担保纠纷诉求一览表②

案件的争议事由	案件数量	法院态度	
		支持	不支持
1. 担保人的主张	39	9	30
（1）返还已让与股权	29	3	26
（2）债权人支付股权转让款	4	0	4
（3）债务履行完毕，协助办理过户	3	3	0
（4）债权人违反约定行使股权无效	1	1	0
（5）借款合同未履行，股权让与协议无效	1	1	0
（6）政府机关准许债权人重新刻制公章的行为无效	1	1	0
2. 债权人的主张	31	25	6
（1）返还借款及利息	22	22	0
（2）让与担保实为股权质押，协助办理登记	1	0	1

---

① 如武汉市百富勤置业有限公司对申请执行人仙桃市新基业建材有限公司与被执行人湖北中亿房地产开发有限公司、武汉市百富勤置业有限公司买卖合同纠纷追加其为被执行人提出执行异议诉讼案。详见湖北省仙桃市人民法院（2016）鄂 9004 执异第 19 号执行裁定书。

② 参见蔡立东：《股权让与担保纠纷裁判逻辑的实证研究》，载《中国法学》2018 年第 6 期。

续表

案件的争议事由	案件数量	法院态度	
		支持	不支持
（3）就让与担保的股权优先受偿	3	1	2
（4）债务人破产时，主张申报债权	1	0	1
（5）确认股东资格	1	0	1
（6）协助办理股权变更登记	2	1	1
（7）由借款协议确定的法院管辖	1	1	0
3. 其他主体的主张	3	1	2
（1）债权人补足出资	2	0	2
（2）债务人返还投资款	1	1	0

相对地，受让人的诉讼请求主要表现在：请求让与人清偿基于双方借款合同等基础合同关系而产生的债权，并要求对标的股权优先受偿。[①] 有学者依据其掌握的案例就股权让与担保涉及的主要争议制作的相关表格更为直观。该类研究基本结论与笔者所掌握的案例资料总体相符。总体而言，股权让与担保引发纠纷所涉及的核心争议主要是：一是股权让与担保协议效力如何，由于缺乏法律之明文规定，此类协议效力总是面临着较大争议；二是股权让与担保协议关于担保股权归属或处分条款效力如何，尤其是担保权人可否比照"流押""流质"直接主张担保股权的归属；三是已经让渡过户的担保股权可否回购、如何回购以及回购条件与约定是否成就等；四是担保权人获得让渡股权是否有权行使或是否名义股东或真实股东之问题；五是担保权人对担保标的股权是否有权优先受偿的问题；六是股权让与担保涉第三人权益保护的问题等。目前，我国因股权让与担保涉及的纠纷主要是围绕着以上问题产生争议，而这正是本书设定股权让与担

[①] 高圣平、曹明哲：《股权让与担保效力的解释论——基于裁判的分析与展开》，载《人民司法·应用》2018 年第 28 期。

保研究主题的现实依据所在。由于对这些争议问题，我国目前尚缺乏法律之明文规定，以至于当前司法实践中具体法律适用较难统一，由此的确引发不少的裁判冲突。着力研究解决这些问题与争议，尽早予以法律之明确，乃构建我国股权让与担保制度的重点所在。

第二章　股权让与担保制度渊源与比较

股权让与担保制度是传统让与担保理念与公司股份制度相结合的产物，其基本理念无疑源自传统让与担保制度。当然，由于其担保标的物之特殊性，传统让与担保理念亦得以丰富与发展。同时，自让与担保交易模式形成以来，关于让与担保法律性质的探讨亦有不同主张。那么股权让与担保的性质如何，其与一般让与担保之性质是否相同，与相关或类似制度有何区别，均值得关注。

第一节　股权让与担保制度渊源

让与担保起源甚早，其源头甚至可以溯及距今约三千年的古罗马时代。发展至近代，各国在制定民法典时大多虽未规定让与担保制度，但其后随着各国社会经济之发展而涌现的对于融资担保的极大需求，促使各国采纳判例法的方式建立起了让与担保或其相似制度，在现代的德国、日本以及英美法系国家，让与担保已经成为一种重要的担保方式。[①] 进一步考察担保制度或担保理念的发展历史，可以发现这样一个基本轨迹，即先是

[①]　梁慧星主编：《中国物权法草案建议稿》，社会科学文献出版社 2000 年版，第776 页。

移转标的物所有权为担保的"所有质",后演变至仅移转标的物之占有但不移转所有权为担保的"占有质",再进化为标的物所有权与占有均不移转的"非占有质",直至近现代以来各种担保权利并存发展的模式。亦可谓所有权担保——他物权担保——所有权担保与他物权担保并存的发展模式。之所以如此基本之发展轨迹,与早期所有权理念先行发展而他物权理念逐渐盛行的物权体系观念有关,与后期担保信用需求发达乃至所有权担保价值回归总体有关,与人类信用担保强化并一体化需求有关。正是在这样的基本发展模式下,让与担保以移转标的物之所有权为条件,以实现其担保债务之清偿为目的,应为物的担保之最早形态。在此,由于直接关于股权让与担保的制度并不多见,不妨先就物的让与担保交易发展的基本历史轨迹作一简单之梳理。

一、罗马时代

让与担保作为物的担保的最早形态,最初源于罗马法上的信托质。古罗马的担保物权先后有三种形态,分别是信托质权(Fiducia)、物件质权(Pignus)、契据质权(Hypotheca),其中最初始的形态即为信托质权。虽然名为信托质权,这其中之"质权"并不能按现代之理解来把握,其实质和让与担保之理念最为接近。所谓"信托质权者,谓出质人将质物之所有权移转与质权人,以担保其债务之履行也。此项质物所有权之移转,则以曼企帕地荷买卖式或拟诉弃权方式行之。惟吾人于此所宜注意者,即质物之所有权虽移转与质权人,但事实上未必即移转占有。质权人于债权受清偿后,应将所有权重为移转出质人。此信托质一名所由来也。"[①] 罗马法中的这种质权和现在的质权不尽相同,现代民法中质权和我国的典当均以移转占有为已足,而不移转所有权。[②] 在此所谓信托质权模式下,一方将担

---

① 丘汉平:《罗马法》,中国方正出版社2004年版,第249~250页。
② 江平、米健:《罗马法基础》,中国政法大学出版社2004年版,第258页。

保标的物的所有权移转给债权人，在债务人清偿债务后，担保标的物的所有权重新移转于物主；而在债务人不清偿债务时债权人可将该标的物卖出以抵债，若有剩余款则归还物主；在设定信托质时，标的物的所有权虽移转于债权人，但事实上并不真正移转标的物之占有。很显然，所谓信托质权的以上基本理念，与我们现在所理解的物的让与担保理念十分相似，是我们已知最早的让与担保交易模式。伴随信托质权发展起来的同时，物件质权、契据质权等也不断发展起来。其中，所谓的"物件质权"，是为担保债权而取得债务人或第三人移交物件的占有权，是为狭义上的质权，系现代民法质权的原型。[①] 而所谓"契据质权"，又称抵押权，是债权人对债务人或第三人提供的担保物享有的权利，但该担保物并不转移占有，这也是它与物件质权的根本区别，[②] 由此也为后来他物权意义上的抵押担保提供了借鉴。总之，伴随各类质权的设立，正如《法学阶梯》所阐述，对债务人而言他因此可以较容易地借到钱，对债权人而言他的贷款因此也更为安全。[③] 发展至罗马帝国时期，信托质权随要式买卖的废弃而逐步走向衰落，至优士丁尼皇帝编纂法典时，质押和抵押即已完全取代了信托质权。

二、大陆法系

我们现在所谓的让与担保制度更为直接地来自大陆法系，而大陆法系让与担保制度则主要由德国沿袭罗马法与日耳曼法相关信托理念并经由判例、学说发展起来，之后传由日本不断发展并影响之我国。在日耳曼法之中，最初采用的担保形式亦为所有质，即将不动产为附条件的让与，用以担保债权，尔后才有不动产之占有质以及不动产与动产之非占有质。日耳曼法的动产担保制度为德国让与担保的直接根源所在。在德国，从十八世纪到十九世纪，动产担保被统一成占有质，即需要移交占有的担保，非移

---

① 江平、米健：《罗马法基础》，中国政法大学出版社2004年版，第258页。
② 江平、米健：《罗马法基础》，中国政法大学出版社2004年版，第260页。
③ 江平、米健：《罗马法基础》，中国政法大学出版社2004年版，第346页。

交占有的动产抵押因为信用不佳而受到禁止。同时，因为不动产移交所有权的复杂性，故不动产的让与担保亦未获得承认。正是在这样的背景之下，以"买卖方式"加"占有改定"的动产让与担保在现实中应运而生，并逐步获得司法效力之承认。但起初因无规定，认为这实质是动产抵押行为，买卖仅仅是虚伪意思表示，真意在于担保，且担保又不移交占有，既然实质如同动产抵押，则违反法律，因而无效。但随着经济的迅猛发展，生活中不转移占有的动产担保还是时有发生，为了不明显违反法律，当事人便通过买卖行为来实现担保目的。即缔结附买回权的买卖契约，并允许卖方利用租赁或借贷的名义，以占有改定的方式继续占有并使用该动产。这种做法最初因规避法律而被宣告无效，直至十九世纪八十年代帝国法院初步承认"为担保目的之买卖"的权利转移型担保为有效。发展至 1904 年至 1906 年间，法院判决进一步否定了让与担保的买卖性，并不再使用"为担保目的之买卖"的用语，而是从"为担保目的之单纯让与"的角度肯定信托之让与，并明确肯定了让与担保当事人之间存在债权债务关系，所有权担保的理念总体形成。这种担保所有权的作用与以往的质权完全一样，但并不要求给予债权人任何直接的占有（实际为占有改定）；曾经有人反对这一制度，认为以这种方法利用所有权，构成对不放弃占有即不得设立质权这一原则的规避；但是，法院很快打消了这种顾忌，现在，担保所有权已得到人们的完全接受。① 现实生活中大量出现的让与担保的案件及法院判决的逐渐认可，对德国立法带来冲击，以至于在德国民法典之后有关立法中也出现了以让与担保有效性为前提的条文规定。除以上外，德国学界在确立让与担保有效性的发展历程中亦功不可没。Kohler 和 Rigelsberger 的学说普遍地扩展了让与担保的法律行为认识，他们以罗马法上的信托（Fiducia）作为让与担保的理论基础并加以发展，从而解决了虚伪表示性以及脱法行为性问题。尤其是 Rigelsberger，认为所有权等权利虽然通

---

① ［德］罗伯特·霍恩、海因·科茨、汉斯·G·莱塞：《德国民商法导论》，中国大百科全书出版社 1996 年版，第 204～205 页。

过信托行为而完全转移给受托人，但是受托人受到"不能在信托目的之外利用标的物的权利"的债权约束，即让与担保＝所有权转移＋债权的约束。这种绝对的所有权转移说奠定了德国让与担保理论之基础。① 在此必须予以强调并指出的是，直至现在，德国的让与担保仅仅限于以动产为担保标的，并不存在以不动产为标的之让与担保现象。

在日本，让与担保也是基于交易之需要，最终发展成为一种物的非典型担保方式。在明治以来数量庞大的判例中，明确地提出让与担保的判例就超过 700 件，相关论文也多达 300 余篇。② 与德国一样，日本早期的判例亦不承认让与担保，判例均认为让与担保乃虚伪表示，因此认定其无效；后来在判例理论和各种学说的逐渐认可下，让与担保制度才得以确立。但与德国有所不同的是，日本的让与担保标的并不限于动产，无论动产还是不动产均可设定让与担保。尤其是日本对于股权担保制度有着直接的许可，基于股权处分的相对便捷性，股权让与担保与股权质押成为日本较为常见的两种股份担保方式。就股权质押而言，现行《日本公司法》第146 条至第 154 条专门作了数条规定。③ 具体而言，可以分为略式质与登记质两种，前者凭合意及股票交付即可，后者还须将质权人的姓名、住所记载或者记录于公司的股东名册，同时还要在股票上记载或记录质权人姓名。而股权让与担保，在日本则是指将作为担保标的物的股份转让给担保权人，当债务人按约清偿债务时，该股份返还给担保人的制度。一般而言，股权让与担保只要在当事人之间形成合意并交付股票，让与担保即可成立，而且如果对于究竟是设定让与担保还是略式质发生争议的话，那么从交易习惯或者有利于担保权人的立场出发，应推定为设定股权让与担保。④ 这主要是因为，设定股权让与担保的情况下，担保权人可以径行出

① 罗贤勇：《按揭制度与让与担保制度比较研究》，江西财经大学 2006 年硕士学位论文。

② ［日］田高宽贵：《担保法体系的新发展》，日本劲草房 1996 年版，第 120 页。

③ 吴建斌编译：《日本公司法》，法律出版社 2017 年版，第 67～70 页。

④ 吴建斌：《最新日本公司法》，中国人民大学出版社 2003 年版，第 108～109 页。

售担保股权，而无须经过拍卖就能实现其担保权，同时也不受《日本民法典》第349条的禁止流质合同规定的限制。[①]

至于法国之情形，《法国民法典》担保卷在规定不移转占有的有体动产质押（即动产抵押）之外，同时也规定了让与担保。[②] 在法国，有一种名为"被用于担保的所有权"制度，通常包括所有权保留、融资租赁、专门行业债权清单的转让等主要方式。所有权担保作用在法国现代社会的加强是基于物的担保在企业司法裁判重整程序中的削弱，即为有利于企业的拯救，企业债权人的权利受到限制，即便在设定了担保情形时亦同样如此；但如果债权人系为债务人占有的财产的所有人，则其可以避免这种强制性的"牺牲"，因为在法律上属于债权人的财产并非"破产"的债务人财产之一部分，由此所有权担保的特殊作用得以很大的发展。[③] 与此同时，在法国还有一种"托管财产所有权"制度，它是财产托管制度的产物，系指根据一项法律行为，财产所有人（托管人）将有形或无形财产的所有权临时地、完全信赖地转移给另一人（托管受托人或管理人），后者在对财产进行约定的使用之后负责将之重又转归托管人或特定的第三人所有，该等情形下，托管受托人对托管财产享有的所有权为"托管财产所有权"。在法国有关法学词典中，财产托管也被分为三种：一是以担保为目的的财产托管；二是以赠与为目的的财产托管；三是以经营管理为目的的财产托管。[④] 基于法国以上"被用于担保的所有权"以及"托管财产所有权"等相关制度，实际均为让与担保交易提供了相应的制度约束与遵循。当然，更为值得关注的是韩国。韩国于1983年制定了《关于假登记担保等的法律》，不仅调整假登记担保，也调整让与担保和卖渡担保，从而使韩国成

---

① 王书江：《日本民法典》，中国人民公安大学出版社1999年版，第60页。
② 参见叶朋：《法国信托法近年来的修改及对我国的启示》，载《安徽大学学报（哲学社会科学版）》2014年第1期。
③ 尹田：《法国物权法》，法律出版社1998年版，第454～455页。
④ 尹田：《法国物权法》，法律出版社1998年版，第323～325页。

为世界首个将让与担保成文化国家。[1]

三、英美法系

英美法系担保制度同样将担保分为人的担保（personal security）与物的担保（real security）两大类，[2] 其中物的担保又基本可以分为三种类型：其一，mortgage 即由债权人取得对担保物的所有权而不依赖于对物的占有的担保；其二，pledge 和 lien 即债权人不享有对于担保物的所有权但依赖于对物的占有的担保，实际分别犹如大陆法系的质押与留置；其三，Charge 即所谓财产负担，实际是一种既不依赖取得对物的所有权也不依赖于对物的占有的财产担保形式。按照布莱克法律词典的解释，mortgage 与 pledge 的首要区别在于，前者通常所有权发生移转，而后者则依然占有担保物。[3] 很显然，英美的 mortgage，即我国香港特别行政区通常所译的"按揭"，与大陆法系的让与担保理念十分接近。mortgage over shares，即所谓"股份按揭"乃对应股权让与担保作为值得关注的形式。对于 mortgage 的定义，Lindley 法官在 Santley v. Wilde 案中曾作过经典的定义。Lindiey 法官认为："mortgage 是土地或动产（chattel）为了担保给定的债务之履行或其他义务的解除而进行的转移或让渡。Mortgage 的基本意思是：该种担保可以此类债务或义务清偿或履行而解除，即使存在其他相反的规定。在我看来，这就是它的法律。"[4] 在英美法传统中，mortgage 理念下的不动产让与

---

① 高圣平：《物权法与担保法对比分析与适用》，人民法院出版社 2010 年版，第 69 页。

② 许明月：《抵押权制度研究》，北京图书馆博士论文库馆藏，第 28 页。

③ Bryan A. Garner（Editor in Chief）："BLACK'S LAW DICTIONARY"（Seventh Edition），P1027. ——"The chief distinction between a mortgage and a pledge is that by a mortgage the general title is transferred to the mortgagee, subject to be revested by performance of the condition. While by a pledge the pledgor retains the general title in himself, and parts with the possession for a special purpose. By a mortgage the title is transferred; by a pledge, the possession." Leonard A. Jones, A Treatise on the Law of Mortgages §4, at 5 – 6（5th ed. 1908）.

④ E. L. G. Tyler, Fisher and Lightwood's law of Mortgage, P. 4, note（h）. 参见王闯：《让与担保法律制度研究》，法律出版社 2000 年版，第 100 ~ 102 页。

担保最为历史悠久。通过在土地上设质的担保，在五世纪盎格鲁—撒克逊时代就已经存在，不过当时这种通过让渡土地权利来担保债务的方式还较为简单。此后，经过普通法乃至衡平法之发展，对基于土地之上的让与担保制度不断改进，并随着进一步的历史发展，为最大可能地物尽其用，英国在1925年颁布《财产法》。该法对物的担保制度作出两项令人瞩目的变革：第一，引进大陆法中的登记制度，规定除将权利证书进行提存外，所有让与担保的设定均需登记；第二，废除债权人的赎回权取消请求权，对担保权的实行采取变价主义和清算主义，即在债务人不履行债务时，债权人只能申请对担保物拍卖或通过其他方式对担保物进行变价，只有在担保物不能实现变价时，法院才将担保物判与债权人。① 此后，作为一种不动产担保形式的让与担保，后来逐渐被适用于动产，即动产按揭（mortgage of chattels）。按照《牛津法律大辞典》的解释，在我国常被翻译为"抵押"或"按揭"的"mortgage"，在英格兰法中，系指为保证履行债务而将财产交给另一方，作为偿付债务的个人契约的补充，又被称之为"死抵押""死典权"，因为多数情况下，如果抵押人没有根据规定赎回抵押物，抵押物即被受押人没收；实践中，包括股权在内的任何财产均可用作抵押，且抵押人享有衡平法上赎回权，或者在任何时候，只要他支付了本金、利息和费用，即不受偿还时效已过的限制，在衡平法上有权赎回已抵押的财物；当然受押人可以通过提起取消抵押品赎回权的诉讼来取得对抵押物的绝对所有权，甚至还可以通过完全移转或再抵押的方式转让抵押物。② 结合股份按揭而言，英国法股份按揭主要分为两种类型，一为普通法股份按揭（legal mortgage of shares，又称法定按揭），另一为衡平法股份按揭（equitable mortgage of shares，又称衡平按揭）。两者区别主要在于：

① A. james casner/W. Barton Leach, cases and Text on Property, Little Brown and company, 1984, p. 747.

② ［英］戴维·M·沃克：《牛津法律大辞典》，北京社会与科技发展研究所组织翻译，光明日报出版社1989年版，第620~621页。

如果是普通法股份按揭，则视为按揭人向按揭权人同时转让了该等股份的法定所有权和衡平所有权，这意味着无论是普通法还是衡平法都把按揭权人认定为该等股份的所有权人，按揭权人对该等股份的所有权仅屈从于债务人如期清偿债务后的赎回权；但如果是衡平法按揭，则按揭人仅向按揭权人转让了该等股份的衡平所有权，按揭权人虽享有衡平法上认可的权利，即他可以通过完成一定的程序使自己取代按揭人成为该等股份的所有人，但在他完成这些程序之前，按揭权人的权利仅仅是衡平的，而普通法仍认为按揭人是该等股份的所有权人。[1] 至于两者权利的优先顺位问题，作为一项原则，善意的证券（包括有价证券）的法定按揭权人的权利优于在先的衡平权益，诸如在先的衡平担保或信托受益人的权益，除非在法定按揭权人设置其担保时，他获得关于存在在先衡平权益的事实通知或推定通知。[2]

就美国法上的物权担保制度而言，其与英国法基本相同。但特别需要指出的是，美国于1952年颁布了《统一商法典》，该法典在二十世纪六十年代得到美国几乎所有各州立法机构的采纳。该法关于担保权益的规定其最大特点是将以前的留置、质押、动产让与担保、应收账债等各类担保形式统一按"担保权益（secured interests）"对待，如此使得传统以来依据担保形式差异而分别设定不同担保权利的做法被打破。为此，美国《统一商法典》第九篇就"担保交易"作了专篇共计六章的详细规定，其中第9.202条特别规定："无论担保物的所有权由受担保方持有还是由债务人持有，本篇有关权利和义务的条款均同样适用。"而就担保物的范畴而言，则指一切设有担保权益的财产等，[3] 这实际是将大陆法系广义范围的各类担保方式诸如让与担保、质押、抵押均涵盖其中，至于以股权为标的之担保自然亦在其中，该法典不少条文精神均值得借鉴。随着该法典为绝大多

---

① 任昭宇：《论英国法的股份担保制度》，对外经贸大学2019年硕士学位论文。
② Stephen Barc and Nicholas Bower, supra note28, p195.
③ 《美国统一商法典》，潘琪译，法律出版社2018年版，第504、535页。

数州所采用，动产担保制度在全美基本实现统一。但不动产担保仍然适用英国法体系，其发展轨迹与英国亦大致相同。由此立法并经后续发展，让与担保权利转移的痕迹在美国绝大多数州中已经基本消失。①

四、中华法系

尽管我国古代总体属于以农业为主的社会发展模式，但并非没有物质或商业交易，而有交易，即同样有伴随交易衍生的信用担保制度，并且类似于人们现在所理解的让与担保理念，在中国封建时代亦同样存在，尤其是典权制度最为接近。例如，在《秦简》中所规定的债务担保，是确保债务清偿的保障行为；以物担保，即债务人或第三人将所有物作为债务的担保；具体说来，或者将动产交付债权人占有，或者以不动产作保；秦时更多的是以由经手人或第三人进行担保。② 两汉时期，"贴卖"现象出现，它用以表示向债权人一方提供某种质押物的情形，即所谓"贴，以物质钱也"，从物权的角度来看，贴卖可以被视为一种附有买回条件之买卖。此后，三国两晋南北朝以来，"贴"与"质"二字几乎互用。发展至隋唐时代，在贴卖基础之上，典权制度日渐发展起来，并成为我国特有的一项民事权利。其特点是出典方将土地房屋之类的不动产转移给典权人以获得一笔远低于卖价的典价，典权人获得该项不动产的全部占有、使用、收益权及将其转典的处分权，出典人只保留在约定的若干年后以原典价赎回该项不动产的收赎权。③ 由于出典契约形式的日益成熟，除了土地房屋之外，有时甚至人身也会成为出典的标的，以至于典身契约对以后的"典雇"产生直接的影响。在典权形成的同时，类似于现代不动产抵押的"指质"制

---

① 参见王闯：《让与担保法律制度研究》，法律出版社 2000 年版，第 102～112 页。
② 张晋藩总主编、徐世虹主编：《中国法制史（第二卷 战国 秦汉）》，法律出版社 1998 年版，第 100 页。
③ 张晋藩总主编、陈鹏生主编：《中国法制史（第四卷 隋唐）》，法律出版社 1998 年版，第 504 页。

度亦一并得到发展。所谓指质，即仅指定债权的抵押物而暂不实际转移抵押物的占有的做法。① 发展至元代，在以往"典"的基础上，"当"的理念又发展起来。所谓当，是指当主支付当价，占有出当人的动产，并可就当物卖得价金优先接受清偿的动产质权，而此处所谓的动产通常包括金银、珍珠、衣服等。出当人有回赎当物的权利，这从"过期不赎，当主即可出卖"的反面推得。这一点与典正相反，即当之回赎须在约定期限内随时进行，逾期即不得回赎；而典之回赎须在约定期限之后进行，一般不得在典限内随时回赎，并且典限一般由当事人约定，而当限一般是法律规定。② 由此，中国传统担保制度下不动产以典为主、动产以当为主的模式基本形成。发展至明清，典权从传统的典卖不分的含混状况中进一步独立出来，即典可赎，而卖不可赎；前者系作价交易，后者系等价交换。并且，典权人"不得托故不肯放赎"，而回赎只是出典人的权利并非义务。③

中华人民共和国成立后，1995 年专门制定《担保法》，对质押、抵押等担保制度作了规定，但并未规定让与担保。后在 2005 年，即《物权法》制定过程中，曾有关于是否将让与担保纳入立法之争论。代表性观点有两派：一是以梁慧星教授为代表，主张在《物权法》中规定让与担保；另一是以王利明教授为代表，反对将让与担保纳入担保物权制度。梁慧星教授认为："我国民法立法和实务本无所谓让与担保。近年来，许多地方在房屋分期付款买卖中推行所谓'按揭'担保，这种担保方式系由我国香港引入，而我国香港所实行的所谓'按揭'担保，来源于英国法上的制度，相当于大陆法系国家如德国、日本的让与担保。而德国、日本等国迄今并未在立法上规定让与担保，只是作为判例法上的制度而认可其效力，学说上

---

① 张晋藩总主编、陈鹏生主编：《中国法制史（第四卷 隋唐）》，法律出版社 1998 年版，第 511~512 页。

② 张晋藩总主编、韩玉林主编：《中国法制史（第六卷 元）》，法律出版社 1998 年版，第 565~568 页。

③ 张晋藩总主编、怀效锋等主编：《中国法制史（第七卷 明）》，法律出版社 1998 年版，第 227 页；张晋藩总主编、怀效锋等主编：《中国法制史（第八卷 清）》，法律出版社 1998 年版，第 436 页。

称为非典型担保。因此，中国物权法上是否规定让与担保，颇费斟酌。考虑到许多地方已在房屋分期付款买卖中采用所谓'按揭'担保，所发生纠纷因缺乏法律规则而难于裁决，因此有在物权法上规定的必要。如果物权法不作规定，将造成法律与实践脱节，且实践得不到法律的规范引导，也于维护经济秩序和法律秩序不利。因此，决定增加关于让与担保的规定。"① 与之相对，王利明教授则认为："让与担保的情形比较复杂，在不同让与担保中，权利人的权利效力有所不同。就日本法上规定的让与担保来看，弱性让与担保，债权人优先受偿时应为结算，更具有担保物权的特性。但让与担保毕竟缺乏公示性，债务人在清偿债务后，向债权人请求返还标的物的请求权只是基于债权的请求权，而非基于其所有权的物权请求权。因此，在物权法中可不规定让与担保。"②

学术上的争论也最终影响到 2007 年《物权法》对于让与担保制度的最终取舍，对于是否规定让与担保仍有较大分歧。有的认为，在物权法中规定让与担保可以为当事人提供更多的担保选择方式，有利于融资，也有利于交易。有的认为，不应规定让与担保制度，主要理由为：一是让与担保是早期的担保形式，随着经济发展的需要，出现了抵押和质押担保，我国立法已规定了动产抵押和质押制度，让与担保的社会功能可以通过这些制度替代，不必设立让与担保制度；二是以动产设立让与担保，其公示问题难以解决，有可能损害第三人的利益；三是在设立让与担保时，债务人与债权人之间可能存在共同欺诈行为，债务人有可能利用这种方式逃避债务等。当然，还有的认为，大陆法系国家的民法典通常只规定基本的、普遍的担保物权，新出现的或特殊的担保方式规定于民事特别法中。而让与担保并不属于基本的担保物权；而且，随着社会经济的不断发展，各种特殊的、非典型的担保形式将不断出现，将变动性和开放性较大的担保方式规定在物权法中，难以应付不断变动带来的修改难题。因此，我国《物权

---

① 梁慧星：《中国民法典草案建议稿附理由·物权编》，法律出版社 2004 年版，第 416 页。
② 王利明：《中国物权法草案建议稿及说明》，中国法制出版社 2001 年版，第 419 页。

法》最终没有规定让与担保制度，但有关解释说明中特别指出，今后随着社会经济的不断发展，人们需要使用让与担保这种方式的，可以先进行实践交易探索和完善，积累经验，将来以制定民事特别法的方式专门进行规范为妥当。① 从《物权法》出台至今十余年，正因《物权法》未将让与担保纳入，以至于让与担保至今在我国仍属于非典型担保的范畴。伴随当初的立法取舍发展至今，尽管关于让与担保是否应当入法的争议从未停止过，但大量的商业实践表明，包含股权在内的各类让与担保现象不断活跃并日益拓展，让与担保的确亟待法律加以规范。

至于我国台湾地区，也曾出现相当于德国、日本判例法上让与担保的案例形态，即"债务人以所负担之债务额作为标的物之买卖价金而与债权人订立买卖契约，但不转移占有与买受人（即债权人），只约明债务人可以在一定期间内备款买回"的事例。这种契约类型在形式上虽然名为买卖契约，但却附有买回契约，甚至附有租赁契约，其实质上究竟是何种契约？以及其是否为合法之"让与担保"？对此，我国台湾地区"最高法院"的立场经历了抵押权说、买卖说、变相担保说、信托让与担保说等大致四种学说发展阶段，这种"阶段性的发展"堪称我国台湾地区的"让与担保之发展史"。② 以信托让与担保说为例，该说认为，让与担保的设定人和债权人之间一般约定有信托条款，以限制债权人行使担保物的所有权，债权人唯能在担保债权受偿的范围内行使所有权，因此让与担保又被称为"信托的让与担保"。③ 总之，我国台湾地区判例与学说所表现出来的让与担保理念发展进程几乎与德国、日本判例和学说的演进历程大致相同，可见我国台湾地区受大陆法系让与担保理念之影响，其实质是沿袭德国、日本判

---

① 胡康生主编：《中华人民共和国物权法释义》，法律出版社 2007 年版，第 367～368 页。

② 吕荣海、杨盘江：《契约类型·信托行为》，我国台湾地区蔚理法律出版社 1989 年版，第 168 页。

③ 史尚宽：《物权法论》，我国台湾地区荣泰印书馆 1979 年版，第 382 页；谢在全：《民法物权论（下册）》，中国政法大学出版社 1991 年版，第 442 页；转引自梁慧星主编：《中国物权法研究（下册）》，法律出版社 1998 年版，第 1061 页。

例学说见解之结果。

至于我国香港，其让与担保制度基本是承继英国法上的 Mortgage，被称为按揭制度。香港的按揭制度与前述英国法的 mortgage 制度大致相同。① 按揭可以是普通法按揭或衡平法按揭，普通法按揭是把担保物的所有权转予受按揭人，按揭人留有赎回权，担保物的普通法所有权构成绝对转移；衡平法按揭是在衡平法允许的程度上，把担保物的受益权转予受按揭人，按揭人亦留有赎回权。② 很显然，香港所谓普通法按揭，或者来源于英美法系下的普通法按揭，其实质和让与担保极为类似。除此之外，香港现行担保制度下，还允许所有权保留、融资租赁等广义上所有权担保，同时更有关于股份作为按揭担保物的相关规定。

至于我国澳门，虽然《澳门民法典》对抵押、质押、留置等均作规定，但对让与担保却未作规定，只是该法典规定"不论是否让与债权，质权均得转让"，由此使得我国澳门担保物权的附随性得以减弱。③ 在《澳门商法典》第三卷第十七编有关担保合同第二章中，专门有关于"信托让与担保"之内容规定，其中如第九百一十七条即规定："信托让与担保将被让与动产之可解除之所有权及占有移转予债权人，该移转得附随或不附随被让与动产之实际交付，而债务人转为该动产之持有人及受寄人，并须承担法律所规定之责任即负担。"④ 由该条规定人们不难感受其中动产让与担保乃至占有改定等大陆法系有关于让与担保的一些基本特征与法律精神。

五、担保物权之国际发展

随着现代金融市场的发展，除了不动产担保外，商业需求更进一步促

---

① 王闯：《让与担保法律制度研究》，法律出版社 2000 年版，第 112~119 页。
② 何美欢：《香港担保法（上册）》，北京大学出版社 1997 年版，第 181~182 页。
③ 蒋学跃：《澳门民法物权制度对我国制定物权法的启示》，载《广西社会科学》2004 年第 9 期。
④ 中国政法大学澳门研究中心、澳门政府法律翻译办公室编：《澳门商法典》，中国政法大学出版社 1999 年版，第 256 页。

进了非占有性动产担保物权法律体制的形成，而这其中当然也包括各类标的物让与担保理念之发展。世界各国在建立各类不论是有形的还是无形的、现有还是未来资产的非占有性担保物权法律体制过程中，选择了不同的模式，大致可分为"统一化模式"与"修补型模式"两大类型。

1. 美国、加拿大统一化模式

随着美国1952年《统一商法典》出台，改变了其各州担保交易法律彼此不一致的局面。此后针对《统一商法典》第九编"担保交易编"先后于1972年、1998年进行了两次全面修改。截至2001年12月31日，美国50个州均通过了该编。各国在改革相关担保制度时，该编备受关注，其以综合性的单一担保物权替代多种传统形式担保权益（如质押和抵押）的特色，不断影响到国际担保领域的发展。加拿大即是率先效仿美国《统一商法典》第九编的国家，其动产登记系统在二十世纪五十年代建立，是一个集中统一中央电子化系统，简单便捷。特别值得一提的是其大陆法域的魁北克省，1994年《魁北克民法典》的第六卷（优先权与担保物权）既较好地吸收了《美国统一商法典》中的立法方法，又相对保留了传统大陆法系的权利类型化方法，是大陆法和英美法相融合的较好范例。如《魁北克民法典》第2660条规定："担保物权是在动产或不动产上所设定的担保债务履行的物权。它赋予债权人以追及力，不管该财产落入谁之手，债权人均可占有之，或以之折价抵偿，或出卖之，或使之被出卖，并就其变价款按本法规定的顺序享有优先受偿权。"① 再如新西兰，于2000年即彻底改革了其建立在英国法基础上的担保物权法体制，转而采用佐以现代公示系统的统一担保物权法律机制。

2. 欧洲发达国家修补型模式

欧洲发达国家在扩大担保物范围的过程中，大部分没有建立涵盖所有有形与无形财产的综合性单一担保物权，而是选择保留其传统的占有性担

---

① 高圣平：《动产抵押制度研究》，中国工商出版社2004年版，第7页。

保物权架构，并另行增加了各种新型的特定非占有性担保物权种类。如英国，在欧洲发达国家中其担保交易法律体系最为灵活、运行最为成功，尤其是十九世纪中期创立的浮动担保概念。但浮动担保与美国《统一商法典》中综合性单一担保物权概念相比，在对抗效力、价值实现、优先权保障、担保适用范围等方面均存在局限。近年来，英国法律委员会曾发表白皮书，呼吁废除浮动担保制度，建议采纳一套与美国担保制度更加相近的制度。再如德国，如前所述，其法庭早已认可了保留所有权的融资方式（包括以担保为目的的让与担保）的有效性和可执行性，但其在是否公示以及对担保物范畴描述上均明显不足。德国模式曾得到一些其法律体系源于德国民法典的国家，如奥地利、日本以及一些中东欧国家，如保加利亚、匈牙利和斯洛伐克的效仿。但近年来这些国家的担保体制改革使其逐渐脱离了德国模式。至于法国，根据不同商业领域的特定需求，通过一系列立法设立了十几种担保物权，且每种新的担保物权都有其特定的规则，其中就有所有权保留和让与担保之类型。

很显然，北美统一化模式相对于欧洲修补型担保物权机制有着诸多优点：担保物权概念统一化，公示性备案系统一体化，优先权原则明确，执行简便。这些优点在国际上已被公认为尤其适用于那些寻求改革其担保法律体制的新兴和转型中的金融市场。在过去 10 年中，许多中欧和东欧国家的担保法改革都接受了北美模式的基本原则。这些国家包括阿尔巴尼亚、斯洛伐克、匈牙利、保加利亚、罗马尼亚、黑山、立陶宛和拉脱维亚。而在亚洲，越南实行的改革以及其他许多国家的立法改革草案也选择了同样的途径。所有这些国家达成的普遍共识是担保交易法需要建立在一套单独的法律框架之下，能够系统性地解决有关担保物权的设立、有效成立和执行中可能出现的问题。近年来，包括欧洲复兴开发银行（EBRD）、美洲国家组织（OAS）和联合国国际贸易法委员会（UNCITRAL）等在内的地区性和国际性组织都相继制定了担保交易示范法和立法指南，旨在帮助其成员国制定简便高效的现代担保交易法律机制。尽管这些示范法和指南与北美的统一化模式之间仍存在明显的差异，但它们都接受了综合性的单一担保物权这一根本性原则，并承认北美模式中有关担保物权设立、有效成立和执行的基本原则，应通用于任何行之有效的现代担保法律体系。[①]

第二节　股权让与担保之性质探讨

对一项制度法律性质的探讨同样是法学研究的习惯所在，或许这样的探讨意在为该项制度如何融入相关法律制度体系作铺垫，当然也是为该项制度的法律设计提供基本范畴，并为相关当事人权利与义务之设计提供基本框架。关于股权让与担保的性质问题，直接的理论学说并不多见，其主要涵盖于人们关于一般让与担保的性质探讨之中。由于让与担保在法律构造上较其他担保方式更加具有复杂性或模糊性，进而带来对其法律性质的认识存在着不同观点，主要表现为所有权构成说与担保权构成说两大类。

一、所有权构成说

该说认为，让与担保是以所有权的让渡来担保债权，故所有权应完全移转给让与担保权人。但也有人认为，让与担保权人对于担保人负有在担保目的以外不行使其所有权的义务，亦即担保权人所取得的所有权受债权的约束。根据德国"信托转让"理论，让与担保权人在处分标的物情况下，第三人能有效地取得其所有权，从而得出担保人不能就担保物进行追及的结论。这种学说观点有利于维护担保权人（债权人）利益，却对担保人（债务人）的利益保护较弱。具体而言，所有权构成说又包括两种更具体的学说，即相对所有权构成说与绝对所有权构成说。相对所有权构成说

---

① 中国人民银行研究局等：《中国动产担保物权与信贷市场发展》，中信出版社 2006 年版，第 25～29 页。

之"相对"，是指所有权之移转在内外部关系中的不同表现，即在相对于第三人的外部关系上，应认为所有权发生移转，而相对于当事人即担保人与担保权人之间的内部关系上，所有权并不移转。绝对所有权构成说之"绝对"，则是指所有权被完全地转移给担保权人。让与担保被视为是通过信托行为转移所有权的结果，但担保权人作为受托人受到"不能在信托目的之外利用标的物"的债权性约束。故该说所主张的让与担保之法律构成亦可归纳为"所有权让渡＋债权约束"之基本模式。在德国，让与担保制度从确立起至今，所谓的绝对所有权转移构成说在学界一直占据通说地位。实务部门始终坚持在设立让与担保时，所有权被确定地移转于被担保人，因而法院也以该说作为裁判让与担保案件的理论依据。至于相对所有权构成说作为一种学术观点，并不占据主流，仅在讨论让与担保的历史渊源及其发展时才会有所提及。① 而在日本，让与担保制度在曲折发展中，相对所有权构成说与绝对的所有权构成说先后均被学术界和实务部门所采纳，在一段时期中都有过"辉煌"经历。相对所有权构成说被认为可为信托人在受托人破产情形下的取回权提供理论根据，并曾在日本学界研究中和实务界利用上占据过统治地位。日本学者认为，在一个所有权上承认内部主体和外部主体是违反法理的，在法律上不应当承认相对的所有权转移说这种所谓的"半吞半吐"的转移。由此，在日本学界日渐强烈的反对下，相对的所有权构成说逐渐势微，并过渡至绝对所有权构成说。②

二、担保权构成说

该说认为，让与担保系为担保债权受偿的目的而设立，故其应为构成担保权。根据这个观点，因让与担保只不过是一种担保的设定，故担保物

---

① 向逢春：《让与担保制度研究》，法律出版社 2014 年版，第 15 页。

② 王闯：《让与担保法律制度研究》，法律出版社 2000 年版，第 71 ~ 99 页、第 152 ~ 159 页；陈本寒：《担保物权法比较》，武汉大学出版社 2003 年版，第 364 ~ 371 页；马俊驹、陈本寒主编：《物权法》，复旦大学出版社 2007 年版，第 463 ~ 467 页。

的所有权仍归属于担保人。此为日本通说。但在如何理解让与担保是一种担保权的构造上，在日本又存在不同学说观点。（1）授权说。即认为让与担保的实质并不是所有权移转给担保权人，只不过是以存在所有权移转的外观为前提，给担保权人授予在担保目的范围内对担保标的物的管理或处分权限。（2）二段物权变动说（又称担保人保留权说）。即认为让与担保的设定，发生二段物权变动，其一是观念上的，即标的物的所有权移转担保权人；其二则是标的物担保价值以外部分应返还担保人，担保权人所保有者，实际仅为担保债权所能享有之部分而已，其他均为担保人所保留。（3）期待权说（附解除条件说）。即认为让与担保设定后，担保权人所取得的仅是对所有权的一种期待权，待债务人按期不履行债务时才实际取得担保物之所有权（条件成就）；反之，对担保人而言，待债务清偿之后对所有权得以回复期待权（条件解除），因而在债务履行期届满前，双方当事人均不得擅自处分标的物。（4）抵押权说（质押权说）。即认为让与担保标的物为动产时，担保的设定乃是对该标的物设定抵押权即为动产抵押权（质押权），在标的物为不动产时亦可作同样解释。担保权构造学说未被德国学界所广泛接纳而仅处于少数说的地位，并未撼动绝对所有权构成说在德国之通说地位。而在日本，在经历了所有权构成说之后，以该国《国税征收法》的公布为契机，实务界逐渐放弃以所有权归属构造为前提的前述区分形态，转而注重让与担保之实质目的及社会作用，完成了由所有权构成向担保权构成的转变，并在德国学说的影响下，形成以上授权说、二段物权变动说、期待权说、抵押权说等。[①]

三、所有权构成说与担保权构成说之争

伴随国际上有关让与担保性质学说的争论与发展，国内学者对于我国构建让与担保制度究竟应当采纳何种学说亦同样存有争论，而且主要分歧

---

① 向逢春：《让与担保制度研究》，法律出版社 2014 年版，第 16 页。

亦同样表现为关于所有权构成说与担保权构成说的坚持与反对之争。

1. 关于所有权构成说之坚持与反对

在坚持所有权构成学说者看来：所有权构成说能更好地把握让与担保通过让与标的物所有权提供担保的实质，可谓名实相符。让与担保被称之为"手段超过目的"之担保，即所谓"让与"之手段超过"担保"之目的，但这并非指担保物的价值超过债权额，而是指担保权人对担保标的物所享有的权利过度或者说更高、更强。原本就一般担保物权而言，其担保手段仅是享有优先受偿权，并不能限制标的物所有权人对其权利的处分，其实质不过是担保标的物上之负担不因对标的物之处分而改变，即担保权附随于标的物之上。让与担保则不同，它是担保人将所有权让渡给担保权人，使担保权人有了限制担保人处分担保标的物之权利。本来从担保目的出发，仅需优先受偿权已足，但担保人却将最强之权利即所有权让与担保权人，故此才有所谓"手段超过目的"之让与担保。并且，手段和目的在让与担保全过程中之不同阶段所起的作用实际也是有所不同的，即让与担保中所有权让与作为手段，其实际效力只能持续至目的达到时为止。就担保过程而言，即并非担保终局之情形下，所有权应具有完全的对外效力，担保权人对标的物所为之处分行为均应视为有权处分，而担保人所为之处分行为则应为无权处分，以此凸显手段即所有权让与的作用；就担保实行而言，即在担保终局情形下，当债权到期未受清偿或担保提供人破产等情形时，担保本质发挥作用，目的优先，应对担保标的物进行清算，担保权人此时仅享有优先受偿权。此即所谓担保过程体现让与之手段，而担保实行则凸显担保之目的。所以，在以所有权构成说为基础理论的让与担保中，担保权人被让与的所有权的消极权能应是首位的，它用来保护担保权人的利益，并防御来自担保人和第三人的侵害；而所有权的积极权能，如处分权等，则因担保权人以不占有标的物为常态，其处分实际上是受限的，限制程度和最终结果与债权届期清偿与否紧密相关。所有权构成说，实际就是以求得经济目的之公平为基点，在过程中强调形式和实行时注重实质的一种信托理论，以此实现所有权之相对化。①

反对所有权构成学说者则认为：从以德日为代表的大陆国家关于让与担保法律构成的发展趋势看，即体现了从所有权构成向担保权构成的转变。这种转变趋势，如果从让与担保中"让与"和"担保"两个因素相互冲突的视角予以考察的话，则该趋势可谓是"担保"因素逐渐战胜"让与"因素的发展结果，或者说是担保实质对法律形式的胜利。作为让与担保理论展开之发端，所有权构成说因能兼顾让与担保制度发生的历史起源而使让与担保不至于和信托行为的历史关系产生脱节，加之具有简洁明快的"所有权绝对转移 + 债权的约束"之构成，因而成为德国学界及判例之通说，并且也曾经被日本奉为通说。但是，该法律构成极其偏重让与担保所有权转移之法律形式即"让与"的因素，而过于轻视让与担保之实质因素即担保性，从而使担保人的地位极其微弱。所以，除非该说能够在理论上强化让与担保人的地位，否则其理论必将因不适应让与担保制度发展之趋势而被淘汰出局。尤其是从当事人的真实意思来看，让与担保亦当然不是真正的转移标的物之所有权，而是要设定这样一种担保物权：既能够满足其融资且不暴露经济状态的渴求，又能够回避典型担保物权的设定所须例行之公示程序及其实行所须履行的强制程序，以节约交易之成本。②

2. 关于担保权构成说之坚持与反对

在坚持担保权构成学说者看来：让与担保经过长达百年之发展，历经学说之争论与判例实务的洗礼，目前已经为德国、日本等国判例和学说所承认，尤其在实务上已经被确定为担保权。有鉴于此，坚持担保权构成学说者认为，虽然让与担保采取转移所有权的外观形式，但由于其并非真正地转移标的物的完全所有权，所以也就没有必要将它作为所有权人的权利来对待，而应当将让与担保权限制物权化以完善其法律构成，即直接将让

---

① 向逢春：《让与担保制度研究》，法律出版社 2014 年版，第 29 ~ 30 页。
② 王闯：《让与担保法律制度研究》，法律出版社 2000 年版，第 185 ~ 188 页。

与担保确定为担保物权制度之一种，将让与担保权确定为一种与抵押权或质权相并列的约定担保物权，而没有必要将其视为质权或抵押权。通过其限制物权化的法律构成（清算义务是该构成的必然要求）来消除当事人之间的暴利行为，以保障让与担保当事人在内部关系中的权益平衡。在此前提下，吸纳担保权构成学说所主张的让与担保公示方法，并结合美国《统一商法典》的登记制度，致力于设计既可实现公示机能又能满足当事人节约制度成本和防止暴露经济状态之要求的适当的公示制度，同时设计合理的让与担保权实行程序以节约交易成本，以期创设比较妥当的我国大陆让与担保制度。①

　　反对担保权构成学说者则认为：担保权构成说事实上完全忽略了让与所有权之形式，已经名不副实。让与担保中"让与"的含义应是指既存的、确定的标的之权利在不同主体间发生变动。如果变为"设定让与担保权"就是指使尚未存在的担保权利从无到有地产生，而不是用既存确定的标的之权利通过在主体间的变动实现担保功能，这与让与担保的权利让与形式已经相去甚远，与其说"为担保而让与所有权"，还不如直接说"在某物或某权利上为某人设定了担保权"。在此构成下，非典型担保的让与担保与典型担保物权实际上已无甚分别，等同于有处分权人在相应之物或权利上直接设定了一个定限担保权，有无让与所有权的名义根本上就无所谓，被设定之权利谓之担保权即可。此担保权与不动产抵押权、动产抵押权或不动产质、动产质在设立、实行、效力上已无实质差别，形式上也无明显区别，仅是表述上有所不同，但所起的作用相同。抵押、质押的目的是担保，让与担保的目的也是为了担保，三者的差别就在于采用手段的不同，但都是为了一个目的。若强行将手段统一化，则不用另起他名，只需以设立"担保"作为类名称即可，无须再作分类、再进行法定。前二者是因担保而"设立担保权"，让与担保是因担保而"让与所有权"。若将所有

---

① 王闯：《让与担保法律制度研究》，法律出版社 2000 年版，第 188～189 页。

权实质化为担保权，就混淆了担保权（定限物权）与所有权（完全物权）
的区别。如此就模糊了不同种类间的担保物权概念，在此基础上，几乎可
以认为已经能将各类担保物权统一为一种担保权了。这种担保权，是以物
或权利的价值为担保，在债权未受清偿时，债权人可就该物或权利价值优
先受偿。这种将抵押权、质权等典型担保物权的上位概念用于概括让与担
保性质的做法是不妥当的。如果将日本法上的"让与担保"这四个字以
"抵押"替换之，人们会看到，其效力前后并无变化。也就是说，与其说
让与担保的功能被动产抵押表现，毋宁说两者就是一回事。强调担保实质
而忽视形式、割裂让与担保设立手段与担保目的之间的紧密联系，这事实
上就将非典型让与担保典型化了。正如日本学者米仓明所认为：让与担保
标的物的所有权仍然归属于设定人，让与担保的实质是动产抵押。[①] 由此，
日本的担保权构成学说实质等于否定了让与担保作为一种独立的担保制度
所存在的必要性，其作用完全可被其他担保制度所取代。[②]

四、股权让与担保性质探讨应予考量之因素

实质而论，纯理论探讨、纯逻辑的推演让与担保之法律性质虽有一定
法律意义，但对于现实指导的意义与价值并不大。以我国目前司法实践为
例，对于一般物的让与担保尤其是对于股权让与担保，并非机械地按照所
有权构成说或担保权构成说来进行处理。以股权让与担保为例，如前文所
言，目前现实之中，由于相关法律制度的缺乏，对于此类纠纷的案由尚不
存在，因而真正法律意义上的所谓股权让与担保之法律性质尚缺乏探讨之
基础。尤其是目前遇到股权让与担保纠纷时，对于已经实施让渡股权的，
多比照股权转让进行处理，如此所谓的担保权人实质已经被视为获得完整
所有权，当然也有按担保权性质处理的，因此赋予担保权人对于担保股份

---

① ［日］米仓明：《让渡担保之研究》，第44页以下。转引自王闯：《让与担保法律制度研
究》，法律出版社2000年版，第188～189页。

② 向逢春：《让与担保制度研究》，法律出版社2014年版，第30～31页。

以优先受偿权；而对于尚未过户移转股权的，即便认定让与担保有效，所谓担保权人可能连一般担保人可以享有的优先受偿权亦难以获得，甚至仅仅是按普通合同权利，即所谓债权性质的权利进行处理。所以，究竟让与担保，尤其是作为本节主题研究的股权让与担保之法律性质何如，的确尚难一概而论。笔者以为，就此应当充分考量以下因素。

1. 法律性质分析之角度

无论是一般让与担保还是股权让与担保，把握其法律性质首先要把握好分析的角度，即究竟是站在哪一方的角度来得出这一现象之法律性质。就让与担保而言，至少有担保人与担保权人两方，当然也可能涉及各自对应的第三方。很显然，按通常分析之习惯，或比照抵押权、质押权等典型担保权进行分析，显然都是站在担保权人一方把握或定位其获得权利之性质。据此，让与担保、股权让与担保亦不例外。这是分析与把握所谓让与担保法律构造尤其是法律性质必须明确的基本前提。否则，若是站在担保人一方分析与定位其所可能享有权利之性质，结论或许正好相反。例如，按所谓期待权理论解释让与担保现象，因为期待必附条件，故站在担保权人角度所期待的尽管是所有权性质之获得，但法律条件之性质当为成就之条件；而站在担保人角度所期待的尽管也可以是所有权性质的回归，但法律条件性质当为解除之条件。如此，同一种学说下，所面临的法律条件性质实质并不相同，由此期待权理论下依然可能引发成就条件说或者解除条件说等分歧。同理，所谓授权说、担保人保留权说等，实际均存在着分析前提与角度的问题。即谁对谁的授权、谁对谁的保留，或者是站在担保权人角度看，被授予的应是什么权利，对方除保留以外所给予的应是何种权利等。总之，探讨某一法律现象之法律性质，分析与把握的角度十分关键，这是展开定性分析的基础所在，不然就会争论不休并且还永无结论。分析与把握股权让与担保之法律性质当以担保权人为视角，这一点是基础与前提，必须予以明确。

2. 当事人之基本合意

分析某一法律关系的法律性质，该法律关系之下当事人的基本法律合意应是把握与判断的重要标准。而所谓基本法律合意，应是指相同法律关系之下当事人最为基本之相同意愿，或最为基本的一致意思表示内涵。就让与担保而言，担保人与担保权人的基本合意应是以让渡担保标的物的所有权为信用对价以保障相关交易之进行，这是每一让与担保法律关系下均必然存在的基本合意。因此，担保权构成说所谓的授权之说显然并非双方之基本合意，或即便以授权而论，亦应当是担保权人已被授予或将被授予担保标的物之所有权，绝非是一般性质之担保权。同理，让与担保之下当事人之基本合意，显然亦非抵押权或质押权，否则，在多数国家法律体系已经设定抵押与质押法律制度的背景下，为何还要另辟蹊径、硬造新词、非叫什么"让与担保"呢，而且显然是以让渡所有权为其核心坚持或基本之合意？因此，所谓的抵押权说、质押权说，只要按当事人的基本合意即可看出亦非如此，亦难成立。同样，所谓的担保人（设定人）保留权说，或所谓二段物权变动说，要按当事人的基本合意，尤其是站在担保权人所期待的基本合意来判断，亦绝非形式上的所有权，而是要么已经获得真正意义上的所有权，要么将要获得所有权；所谓一定要补差价，或将超担保对价剩余的另一部分价值返还担保人的意思，并非此类担保当事人之基本合意。或只可能是担保人一方之意愿，或即便某一特定让与担保就此所谓两段物权变动达成合意，亦非每一次让与担保均必然如此相同地达成基本合意。因此，该类学说亦不能作为让与担保性质把握与分析之判断标准。

3. 法律已然或应然之规定

人们对某一法律现象之性质探讨，实质与其所了解的已有相关法律规定分不开，至少与他所愿望或所追求的应然法律制度构建分不开。例如，在德国，所有权构成说之所以不为人们所采用，是因为该国让与担保现象之起因即在于规避动产不得设定抵押之已有法律禁令。如此，不仅一开始让与担保被认为规避法律而无效，而且即便普遍被认定有效之后亦只能限定于动产让与担保之范畴；同时，正因为此类所谓让与担保实质系弥补或替代动产之抵押，且通过占有改定的方式实质多不移转动产之实际占有，故关于让与担保法律性质之所有权构成学说很难为该国普遍接受。在这样的法律制度背景下，人们实质只能将让与担保视为动产抵押之替代，故所谓抵押权说、质押权说均可以为人们所认同，甚至其他担保权构成说亦可以为大家所接受，但所有权构成说因与该国以上法律制度的背景并不相符，最终只能被抛弃。同样，例如在日本，由于让与担保不仅适用于动产，也适用于不动产，并且没有动产不得抵押之相关法律禁令，尤其是抵押与质押制度已经并行设立，且担保权可以通过当事人之合意即可设立，故让与担保性质向着一种新的担保权利认知的方向发展并不难以理解，担保权构成说占据主流显然有其相应的法律制度背景。

不仅如此，人们对于让与担保法律性质的分析与把握，某种程度上自觉或不自觉地与其所构想的让与担保应然制度架构分不开。由于现实之中让与担保基本属于非典型担保方式，故难以从法律规定出发分析与把握其法律性质，股权让与担保亦如此。但这并不妨碍人们从各自应然的制度设计与价值追求出发定位或展望其法律性质，由此，不同的制度设计与价值追求自然会影响到让与担保制度法律性质的不同期待与把握。例如，如果人们普遍主张按照不得"流押"或"流质"的精神限定担保权人对于担保标的物处分的话，则无形之中即是将让与担保权人之担保权利比照一般担保权的性质进行构想，并且这样的构成实质依然受到已有法律规定之影响。再如，我国当前司法实践中，多数认为并主张股权让与担保情形下，担保权人并非真正意义上的股东，或仅仅是名义股东，由此即认为担保权人对担保股权不能享有真正意义上的所有权，如此认定与处理显然是受到担保权性质的理念影响。

可以设想，如果今后将要构建的股权让与担保制度下，担保权人并非不可行使担保股权，或者担保权人并非不可行使类似"流押""流质"等权利，或者可以就担保标的物直接主张归属，或者股权让与担保无须登记与公示亦同样有效，担保权人均可主张担保标的物之直接归属，甚至可以对非善意取得担保股权的第三人提出有效抗辩或主张取回权等，或如《美国统一商法典》一样建立统一的担保权益制度，从而改变我们参照大陆法系而来的对于所有权构成或担保权构成的一贯理论认知或法律制度认同等，即如果将来应然之法律对于股权让与担保或一般让与担保的制度设计作出与当前一般担保理念或所有权理念并不相同之规范时，则对让与担保、包括股权让与担保法律性质之探讨必然会发生相应之变化。或许现有的所有权构成说以及担保权构成说均难以反映将来让与担保法律性质之全貌，因为显然更应依照将来确定的法律制度才能最终准确定位其真正的或现实的法律性质。所以，任何脱离具体法律规定、包括可能的法律制度设计而探讨某一法律现象性质的做法，除了可以锻炼或提升法律逻辑思维外，更多只能是纸上谈兵，难有定论。

基于以上因素之考量，关于股权让与担保的法律特性，本节的基本主张是，就担保权人而言，股权让与担保应属担保权与所有权相结合的一种新型综合权利形态，本节将此称之为"担保所有权"。该担保所有权基于担保目的之特性，首先当然具有担保权益的基本特性，后面论及的担保股权处置、优先受偿等即是其担保权特性的基本体现；与此同时，基于所有权让渡之特性又具有所有权的基本特征，如对于担保股权之占有与行使、更为广泛的收益、可以归属处分、目标公司配合其权利行使以及担保人破产情形下的取回等；但是，该所有权又的确要受到担保人回购权的限制，其利用、受益与处分等均显然要受到相关合同的制约，因而其所有权权能受到限制的特性亦较为明显。关于股权让与担保的法律特性问题，涉及股权让与担保各相关问题的具体把握与判断，本节之后各专题将分别展开相关探讨。

第三节　股权让与担保制度比较

为进一步增强对股权让与担保的认识与辨别，很有必要就其与相关制度尤其是容易混淆的制度进行比较。事实上，除了理论探讨不时将股权让与担保和相关制度混淆外，司法实践中，人们更是经常将其与相关、相似制度予以混淆，以至于难以正确处理相关案件，其中最为主要的是将股权让与担保按相似案件性质混同对待，致使股权让与担保难以按其自身特点获得公平处理。

一、与股权质押与股权抵押之比较

股权让与担保作为以股权为标的之信用担保方式，首先应当与股权质押与抵押区分开来。纯理论而言，股权似乎既可抵押，亦可质押，也可让与担保；但现实而言，尤其依据我国相关法律制度，股权作为一种权利形态，通常只能质押而不能抵押，至于是否可以让与担保则还有待今后相关立法之完善。而本书只是以股权让与担保为研究主题并追求相关立法对其认可与完善。

一般而言，所谓股权质押（Pledge of Stock Rights），是指出质人以其所拥有的股权作为质押标的物而设立的质押。① 按照目前世界上大多数国家有关担保的法律制度的规定，质押以其标的物为标准，可分为动产质押和权利质押。股权质押就属于权利质押的一种。因设立股权质押而使债权人取得对质押股权的担保物权，为股权质押。对在股权上设立担保物权，许多国家的法律都有规定。如《法国商事公司法》第 46 条、《德国有限责任公司法》第 33 条均涉及对股份质押的规定。比较典型的是日本法律的

---

① 林建伟：《股权质押制度研究》，法律出版社 2005 年版，第 25 页。

有关规定。如《日本有限公司法》第 32 条规定："得以份额为质权的标的。"《日本商法》第 207 条又规定："以股份作为质权标的的，须交付股票。"① 可见，日本的公司法对以有限责任公司股东所拥有的股权和股份有限责任公司股东所拥有的股权为质权标的而设立股权质押分别作了比较明确的规定。在我国，尽管权利亦可作为抵押之标的，但股权并不在列。依据物权担保法等规定，我国的权利抵押仅限于土地使用权以及随附于此基础上的草原使用权、水面使用权、滩涂使用权、荒地使用权，因而可以作为抵押标的之权利范围较窄；与权利抵押不同，可以设定为权利质押的标的显然更广，如汇票、支票、本票；债券、存款单；仓单、提单；依法可以转让的基金份额、股权；依法可以转让的注册商标专用权、专利权、著作权等知识产权中的财产权；应收账款；法律、行政法规规定可以出质的其他权利。② 很显然，符合质押条件的权利范围远远大于可以抵押的权利范围。

股权作为一种权利形态，仅在允许质押范畴，不在允许抵押范畴，这实质是由股权作为一种权利的特殊性质决定的。一般认为，抵押基本特征是不移交占有的他物权担保方式，而不动产难以移交占有，故抵押一般适用于不动产范畴，即便可以允许权利抵押，亦是附着于不动产的使用权等权利形态才被允许；而质押总体属于移交占有性质的担保方式，动产多适合移交占有，故质押一般适用于动产范畴。但是，股权作为一种权利，究竟属于动产还是不动产，尽管历史上以及公司法理论上有争论，但在当前人们的一般认识中多将其比照动产看待与处理。即便如此，股权作为一种无形化的财产形态，对其移交占有与一般动产亦不相同，即并非实际变更股权的占有主体，而是多以公示登记的方式限制股权的变动，具体可见我

① 林建伟：《股权质押制度研究》，法律出版社 2005 年版，第 31 页。
② 《物权法》第二百二十三条规定："债务人或者第三人有权处分的下列权利可以出质：（一）汇票、支票、本票；（二）债券、存款单；（三）仓单、提单；（四）可以转让的基金份额、股权；（五）可以转让的注册商标专用权、专利权、著作权等知识产权中的财产权；（六）应收账款；（七）法律、行政法规规定可以出质的其他财产权利。"

国相关之规定。① 或许正是因为股权质押只能移交占有而且仅仅是形式上移交占有之不足，一种以股权所有权可以变动因而被人们普遍认为具有更大信用担保价值的所谓股权让与担保方式应运而生。股权让与担保与股权质押最大的不同即在于可以变更股权之所有权，对公司而言即可以发生股东之变动，而股权质押从一开始便不可能，即便"流质"亦被禁止。甚至，还可从税收角度进一步比较，股权质押因并不涉及股权的转让，故一般免于征收有价证券交易税，但股权让与担保则很可能缴纳交易税，② 而这或许是股权让与担保交易对价多约定较低、极低、甚至仅为1元之原因所在。当然，两者的差别还可以表现为破产程序适用时对质押股权与让与担保股权能否取回等差别上。所以，即便股权质押和股权让与担保同属于以股权为标的之担保方式，但以所有权变动为担保与以移交占有或限制所有权变动为担保，这是两者根本之不同所在。

二、与股权转让与股权回购之比较

现实之中，股权让与担保因具有股权转让与股权回购的组合因素或相关特征，经常与股权转让以及股权回购混同起来。如本书之前即曾指出，司法实践之中，将原本属于股权让与担保性质之纠纷按股权转让或股权回购处理的比比皆是，以至于股权让与担保纠纷几乎淹没在股权转让或股权回购之纠纷范畴之中，甚至不少人认为，所谓股权让与担保与股权转让并无实质之不同，与股权回购亦无实质之差异。

---

① 如我国《担保法》第七十八条规定："以依法可以转让的股票出质的，出质人与质权人应当订立书面合同，并向证券登记机构办理出质登记。质押合同自登记之日起生效。股票出质后，不得转让，但经出质人与质权人协商同意的可以转让。出质人转让股票所得的价款应当向质权人提前清偿所担保的债权或者向与质权人约定的第三人提存。以有限责任公司的股份出质的，适用公司法股份转让的有关规定。质押合同自股份出质记载于股东名册之日起生效。"再如《最高人民法院关于适用〈中华人民共和国担保法〉若干问题的解释》第一百零三条规定："……以上市公司的股份出质的，质押合同自股份出质向证券登记机构办理出质登记之日起生效。以非上市公司的股份出质的，质押合同自股份出质记载于股东名册之日起生效。"

② 林建伟：《股权质押制度研究》，法律出版社2005年版，第49页。

事实上，股权转让与股权回购原本属于既相关联但又并不相同的股权交易方式，而它们和股权让与担保虽然也确有关联但本质上更不相同。就股权转让而言，实质系指以股权为交易标的之买卖，即一股东将其所持公司之股权转让给他人之行为；而所谓股权回购，则显然是指转让人保留一定回购条件的股权转让交易。很显然，股权转让与股权回购尽管同属于股权买卖的交易方式，但两者依然有着较为明显的差异。首先，从交易条件或形式上区分，并非所有股权转让都附着股权回购之条件，甚至绝大多数股权转让只是单纯的股权买卖交易，转让人并不设定任何的回购条件，以至于没有回购约定的股权转让与存在着回购条件的股权转让属于界限分明的、不同的、两类股权交易方式。其次，从交易关联进行区分，股权回购的本质是股权之买回，因而，股权回购既可以附着在同一次股权转让交易中同时设定，即与股权转让存在关联之同次交易，这也是人们通常所谓的股权回购；但也可以在股权转让之后另行单独成约，即形式上并无关联之不同次交易，或所谓两次单独的股权转让，这同样为人们所认同。由此，股权回购与股权转让既可连为一体，亦可分割实施。再次，从交易次数进行区分，尽管它们都是股权之买卖与交易，但如果并联实施，股权回购属于保留一定期限、一定价格或其他特定条件的股权转让，而如果分割实施，股权回购则属于另行对价合约的股权转让。据此将两者区别开来的话，股权转让一般限于同一股权的单次交易，而股权回购实质存在着同一股权的两次交易，并且两次交易的方向恰好相反。尽管存在着以上之差异，但股权转让与股权回购本质上均属于股权交易与买卖之现象。

而股权让与担保则不同，其本质并非股权之买卖，而是以股权之所有权提供担保。担保与买卖在意思表示上的差别无需赘述，由此股权让与担保和股权转让及股权回购均存在本质之区别。但是，它们又的确存在着十分密切的关联。首先，就与股权转让的关联而言，股权转让经常作为股权让与担保的实施方式而并存于同一协议之中。尽管股权让与担保可以不移交股权之实际占有，但现实之中移交占有的股权让与担保更占多数。正因如此，为了实施股权让与担保的合约意图，股权让与担保不仅经常会约定具体的移交股权所有权的条件，也会一并实施担保股权之转让，由此保障担保权人不仅实际占有担保股权，而且法律上获得担保股权之所有权，如此，股权转让和股权让与担保相互交织并几乎以混同的方式同时约定并履行，致使无论从协议内容还是实际履行来看均是难分彼此。进一步而言，即便股权让与担保并不约定移交或并不事先移交股权之所有权，但若债务人不能还债时，担保人应当移转担保股权之所有权则为常态之约定，如此亦可能发生所谓事后担保股权之转让。其次，就与股权回购的关联而言，当依据股权让与担保约定而事先转让并过户担保股权之情形下，以还清债务为主要条件的股权返还则成为通常约定之内容或不言而喻的做法。尽管在担保权人看来，这是担保股权之返还，但在担保人看来，则带有担保股权回购之性质，即以债务人还清债务的方式回赎、回购股权。在担保人看来，所谓股权让与担保和股权回购并无不同，同样属于先转让股权，由此获得一笔融资，然后再还清债务，如同支付一笔回购款，从而将担保股权转回，与股权回购两次股权交易的形式与路径几乎一样。的确，仅仅从形式上判断，股权让与担保和股权转让高度混合，与股权回购亦极为重叠，但从实质看，在股权让与担保模式下，无论是股权转让还是股权回购均只是手段而已，是履行股权让与担保可能采取的手段与路径，毕竟不能代替股权让与担保本身，手段、路径与目的之关系不容混同。以担保为目的之股权转让与单纯以买卖为目的的股权转让，包括股权回购，均有着实质之不同。

三、与股权代持与股权信托之比较

股权让与担保因为可能移交股权之占有并据此转让过户股权而使得担保权人持有担保股权，由此围绕同一担保股权在担保人与担保权人之间形成所谓的名实分离情形。这一特征，使得股权让与担保和股权代持乃至股权信托又较为容易混淆，因为股权代持也好，股权信托也罢，也同样有着同一股权名实分离之外表形式，仅仅以同一股权名实分离的共同特征来看，三者之间亦是难分彼此。

　　一般而言，所谓股权代持，系指围绕公司股权发生的出资人与持股人名实分离的情形。公司股权的出资人与持股人一致，此为公司股权持有的正常情形，而股权代持则为股权持有的非正常之情形。① 就股权代持和股权让与担保进行比较，可以发现，股权代持最为主要的争论是以谁为股东的问题，而这和股权让与担保之下担保权人是否为名义股东还是真实股东，或是否可享有股权的问题几乎重叠，并且目前现实之中也主要是比照股权代持的学说来处理股权让与担保情形下的相关争议。当前理论界有关于股权代持情形下股东身份认定的问题比较流行的观点主要有形式说和实质说两种。形式说认为，从保护交易安全的角度出发，应仅将名义出资人视为公司股东；而实质说则认为，从当事人意思自治角度出发，只要没有触及法律的禁止性规定或公共道德、公序良俗，交易当事人的真实意思应尽量予以满足和保护，不能简单地凭登记或公示片面地违背交易者的真实愿望，故仍应将实际出资人认定为股东。以《韩国商法》第 332 条第 2 款以及《香港公司条例》第 2 条、第 28A 条、第 128 条等相关规定来看，总体倾向于实质说。② 而《最高人民法院关于适用〈中华人民共和国公司法〉若干问题的规定（三）》［以下简称《公司法解释（三）》］第二十四条之规定则实际是将形式说与实质说进行折中，并附着"公司其他股东半数以

---

① 徐佳咏：《上市公司股权代持及其纠纷处理》，载《中国政法大学学报》2019 年第 3 期。

② 如《韩国商法》第 332 条第 2 款规定："经他人承诺而以其名义认购股份者，承担与他人连带缴纳的责任。"《香港公司条例》第 2 条、第 28A 条、第 128 条同时提及了"代名人"的概念，该条例第 168 条中对代名人持有股份进行了肯定："由代名人代表受让人公司持有或收购的股份；或（如受让人公司是某个公司集团的成员）由同一公司集团的成员公司持有或收购的股份，或由代名人代表该成员公司持有或收购的股份，均须视为由受让人公司所持有或收购……"分别参见吴日焕译：《韩国商法》，中国政法大学出版社 1999 年版，第 68 页；王淑文、许崇德、肖蔚云、回沪明主编：《最新香港民商法（公司法卷）》，人民法院出版社 1997 年版，第 345 页。

上同意"的条件来确立代持股权的最终法律归属。^① 就股权让与担保和股权代持进行比较，还可以发现，两者所涉及的法律关系层次亦基本相同。如股权代持基本或主要涉及以下三种法律关系：一是实际股东与名义股东之间的法律关系，二是实际股东、名义股东与公司之间的法律关系，三是实际股东、名义股东与公司外第三人之间的关系，股权让与担保同样涉及类似以上之三层法律关系。司法实践之中，关于股权代持纠纷下按怎样的精神与原则处理这三层法律关系的理念，亦同样折射到股权让与担保纠纷之处理之中。当前，关于股权代持总体尚缺乏完备的立法规范，而关于让与担保亦更是缺乏基本之法律规则，股权代持作为一种股权处理方式无疑将继续存在下去，而股权让与担保作为一种股权担保方式同样将继续并扩大使用下去，即使关于它们的操作结果在现阶段仍存在未知数，即使关于它们的争议和诉讼案件仍在继续。

如果说股权代持还带有一定模糊性的话，则股权信托是一个较早为人们所熟知并被很多信托投资公司应用的概念。所谓股权信托，是指委托人将其持有的某公司的股权移交给受托人，或委托人将其合法所有的资金交给受托人，由受托人以自己的名义，按照委托人的意愿将该资金定向投资于某公司，受托人因持有某公司的股份而取得的收益，归属于委托人指定的受益人。基本的股权信托关系主要有两种：一是股权管理信托，即委托人把自己合法拥有的公司股权转移给受托人管理和处分，其核心内容是股票表决权和处分权的委托管理。典型的管理型股权信托结构之一有如美国公司法中所定义的表决权信托。所谓表决权信托就是委托人通过表决权信

---

① 《公司法解释（三）》第二十四条规定："有限责任公司的实际出资人与名义出资人订立合同，约定由实际出资人出资并享有投资权益，以名义出资人为名义股东，实际出资人与名义股东对该合同效力发生争议的，如无合同法第五十二条规定的情形，人民法院应当认定该合同有效。前款规定的实际出资人与名义股东因投资权益的归属发生争议，实际出资人以其实际履行了出资义务为由向名义股东主张权利的，人民法院应予支持。名义股东以公司股东名册记载、公司登记机关登记为由否认实际出资人权利的，人民法院不予支持。实际出资人未经公司其他股东半数以上同意，请求公司变更股东、签发出资证明书、记载于股东名册、记载于公司章程并办理公司登记机关登记的，人民法院不予支持。"

托协议把股票过户给信托机构，而信托机构则发给委托人受益凭证，该受益凭证可以转让。在表决权信托中，信托机构把股票红利以及其他期间收益都转手给受益凭证持有人，信托机构的功能只是按照表决权信托协议中的相关规定来行使表决权和股票的处分权。二是股权投资信托，即委托人先把自己合法拥有的资金信托给受托人，然后由受托人使用信托资金投资公司股权并进行管理和处分。股权投资信托就是业界所说的信托机构是"受人之托，代人理财"，其核心目标是投资回报。委托人设立投资理财型股权信托的目的是通过投资股票而实现合适的风险收益目标。委托人之所以选择股权信托的方式来进行理财，是因为委托人看中作为受托人的信托机构具备的专家理财能力。最为典型的投资理财型股权信托就是契约型股权证券投资基金。契约型股权证券投资基金是在《信托法》基础上，通过引入证券投资基金立法来对其信托关系结构和操作结构进行标准化，而形成的一种标准化的大宗信托产品。虽然股权信托与股权代持都是委托人将股权委托给名义持有人持有，但股权代持相对于股权信托的概念外延显然要宽泛许多。如股权信托关注的是股权的收益，而股权代持则更多关注股权持有方式的隐蔽；股权信托注重信托人的具体管理运作，而股权代持多注重股权的归属；股权信托可操作的空间受到很多限制，严格受到信托法律责任与法律义务的约束，而股权代持方式多种多样，操作更加灵活，关于股权代持各方之权利义务多由双方在具体协议中作出安排。

　　总体而言，股权信托虽然也具有类似股权代持的外在表现形式，正因如此，从最为广义的角度而言，股权让与担保、股权信托均可视为股权代持的一种形式，因为它们形式上均可以归入股权名实分离之情形。但严格区分，股权信托仅仅是具有股权代持的外表，其主观上所追求的系一种商业利益下的信托交易安排，或者说借助于信托人的行为获得股权发展之利益，因而受到信托法律之严格规制。而股权代持更多是自发的且并非一定以商业谋利为价值追求，并且主要意图更在于相对地隐蔽，因而多带有规避之阴影，且常常受到法律之质疑。至于股权让与担保，则显然是各方真实并可公开甚至必须公开的股权担保交易，而且如果协议约定由担保权人持有担保股权，其真实意图亦并非严格意义上的代持，更不是信托，而是占有并控制担保股权，并以此占有与控制来担保主交易的正常履行。这种意识表示乃至持有股权主观目的或价值追求上的差别，当为三者本质之差别所在。

四、与明股实债与以股抵债之比较

股权让与担保与明股实债极为相似，它们同属于股权所有人以股融资的一种现象，以至于人们经常将股权让与担保即视为明股实债。股权让与担保更是时常和以股抵债发生交集，尤其是担保权人就担保股权变现处分之时，人们经常比照以股抵债的理念进行处理。那么，何为明股实债？何为以股抵债？如何将股权让与担保和它们区分开来？

所谓"明股实债"，又称"名股实债"，其实并非公司法上的传统术语或法定术语，究其实质是指名为股权转让实为以股融资借债的交易现象。就此简要定义不难看出，其和股权让与担保理念十分之接近，甚至可以说它就是股权让与担保的另一俗称。① 进一步而言，两者更有不少相同之处：首先，两者都有着借贷的实质。尽管明股实债究竟属于股权投资还是债权投资，性质颇有争论，但通常理解，明股实债作为一种创新型投资方式，按照字面意思理解即为"表面是股权投资，实质上是债权投资"。其与传统的纯粹股权投资或债券投资的区别在于这种投资方式虽然形式上是以股权的方式投资于被投资企业，但本质上却具有刚性兑付的保本约定。而就

---

① 按照我国基金业协会 2017 年 2 月 14 日发布的《证券期货经营机构私募资产管理计划备案管理规范第 4 号——私募资产管理计划投资房地产开发企业、项目》中，对名股实债作了初步定义：名股实债，是指投资回报不与被投资企业的经营业绩挂钩，不是根据企业的投资收益或亏损进行分配，而是向投资者提供保本保收益承诺，根据约定定期向投资者支付固定收益，并在满足特定条件后由被投资企业赎回股权或者偿还本息的投资方式，常见形式包括回购、第三方收购、对赌、定期分红等。

股权让与担保而言，之所以提供股权担保，实质亦在于获得融资，对担保权人所对应的债权人而言其意也是债权投资，对于担保人所对应的债务人而言其意也是获得借贷资本，所谓按让与担保转让股权或按股权投资转让股权，在双方看来并无实质之不同。其次，两者都有着基本相同的特点。明股实债除名义上持股而实质上放债特征外，一般还具有投资方要求固定的资金回报并且投资方不参与具体经营管理和分红的主要特点。而股权让与担保情形下，这些特点同样具备或可能。最后，两者均有着基本相同的法律结构。就明股实债交易最为基本的法律结构而言，主要是资本如何以股权方式进入公司并又如何退出公司从而实现资本增值的一个过程，即资本借助股权名义进、出公司实现借贷目的之过程。因此，明股实债通常会就资金通道、入股目标公司、回购股权、股权约束性安排等方面进行交易层次的设计与架构。而股权让与担保也经常会有类似的法律架构。尽管如此，股权让与担保和明股实债依然有着诸多的不同：首先，是否转让股权或让渡股权之目的不同。股权让与担保情形下可以不实际移转股权，而明股实债这一点显然不可能。即便股权让与担保情形下转让过户担保股权，也是以担保之真实目的让渡，而明股实债则是以投资股权的名义或虚假目的而让渡，尽管明股实债也可能确有让渡投资股权而提供担保之意，但并非双方明显真实之合意表示，或至少是被明股实债掩盖起来的意思表示。其次，两者所适用的范围不同。股权让与担保适用范围更加广泛，一切公司之股权均可作为担保标的，一切需要保障的债权均可由股权担保，而股权担保之目的亦不限于获得融资，并且第三人也可以作为股权所有人或担保权人介入让与担保交易之中，致使股权让与担保之法律结构可能更为复杂。而明股实债以融资为直接目的，股权为换得融资的直接对价，所谓第三人以股权帮助债务人获得融资的说法原则上并不存在，所谓投资人并不直接对应获得股权之情形亦难以想象。最后，两者主从性质亦不相同。股权让与担保情形下，基于让渡股权之目的而转让股权多为从属性交易，而明股实债情形下的股权转让即为主合同性质之直接交易。总之，由于当前两者均属法律尚不明确制度形态，对于两者之比较尚缺乏具体的法律衡量，但两种法律形态依然不容混同。①

至于"以股抵债"，从一般意义理解，即所谓以股权抵偿债务的交易现象，其实质也是股权买卖交易的一种方式，只是因为债务发生在前、以股抵债在后而具有一定的特殊性。通常情形下，股权让与担保也可能会发生以担保股权抵偿担保债权之情形，但正常情形下并非必然发生，即便发生亦应按股权让与担保特殊规制进行处理。股权让与担保情形下的"以股抵债"与通常而言的单独交易的"以股抵债"其规则应当有所不同。一般而言，因以股抵债多是比照股权转让的法律精神进行处理，由于之前已就股权让与担保和股权转让进行过比较，如此即不难理解其和股权让与担保之不同所在。尤其还需指出的是，在当前中国语境或相关法规下，"以股抵债"实质有着特别的含义，如此使得以股抵债和股权让与担保则更为不同。严格地说，所谓"以股抵债"，是指上市公司在其控股股东缺乏现金清偿能力的情况下，以控股股东"侵占"的资金作为对价，冲减控股股东持有的上市公司股份，被冲减的股份依法注销的一种制度安排。② 所以，当前我国所谓的以股抵债有其特定适用对象与特定适用目的、特定价值追求。就以股抵债之目的而言，只能是为了纠正、解决控股股东侵占上市公司资金问题。所以，其不同于上市公司控制权转让或者一般股权转让，而是应当考虑纠正侵占过错的特殊性，充分体现保护社会公众投资者及其利益相关者合法权益的原则。因此，任何"以股赖债""以股逃债"，或者"高价套现"的企图，都是与以股抵债之目的相悖的，均属非法。如果控股股东没有侵占上市公司的资金，则虽然其因正常的关联交易而对上市公司有所负债，或者控股股东虽然侵占了上市公司的资金，但能及时归还

---

① 虞政平：《公司案例教学》，人民法院出版社 2018 年版，第 570～587 页。
② 薛智胜：《以股抵债需要法律规则》，载《法学杂志》2005 年第 3 期。

的，均不适用以股抵债。① 同时，以股抵债的关键就在于回购，而回购的关键则在于定价。只要定价合理，就可以避免"以股逃债""以股赖债"，就是公平的。当然，以股抵债亦必然涉及相关法律程序的履行及其完备等问题。

---

① 中国证券监督管理委员会《关于规范上市公司与关联方资金往来及上市公司对外担保若干问题的通知》（证监发〔2003〕56 号）其中即有规定："上市公司被关联方占用的资金，原则上应当以现金清偿。在符合现行法律法规的条件下，可以探索金融创新的方式进行清偿，但需按法定程序报有关部门批准。"据此，上市公司以股抵债并非当然违法之行为，关键是需要进行相关报批。

第三章 股权让与担保协议及其效力

　　股权让与担保协议，是构建股权让与担保法律关系之基石，是衡量与把握协议各方权利义务之依据，是处理相关纠纷之出发点与落脚点。当前，由于股权让与担保尚无直接的法律规范加以调整，致使股权让与担保协议之达成尚处于自发模式状态，尤其是关于股权让与担保协议效力之争论始终不断，裁判理念与标准更不统一。那么，究竟应当如何正确看待股权让与担保协议之效力？或许，任何绝对有效或无效之观点均可能有失偏颇，而原则有效、例外无效的总体效力模式，更为符合当前我国股权让与担保之实践情形与需要。对任何一个新兴法律现象给予相对宽松与适度的法律谅解，以便给商业实践的探索留有相对甚至充足的法律空间，这是现代商业繁荣发展对法律乃至司法提出的必然要求，更是近现代以来意思自治与契约自由的法律精神与价值追求之根本体现。

第一节 股权让与担保之协议

　　就协议本身而言，股权让与担保协议与一般协议之形式、签约主体、主要条款与内容等并无实质之差别。但基于股权让与担保的特性，其协议亦必然有着自身的特点。为对股权让与担保法律制度设计有基本把握，必须从股权让与担保协议出发。股权让与担保之协议主体如何？协议形式如何？协议内容如何？

一、协议当事人

就股权让与担保协议而言，最主要的当事人自然是担保人与担保权人。在股权让与担保情形或语境下，所谓担保人，自然应是以其所持股权提供担保之人；所谓担保权人，自然应是接受股权所有权为担保之人。

1. 股权让与担保人

就担保人而言，通常即为主合同债务人，即主合同债务人以其自己所持有的股权为自己的债务提供让与担保，这是实践中最为常见的情形。但如本书关于股权让与担保之类型划分中即已指出，股权让与担保人也完全可能是主合同债务人以外的其他人，即所谓第三人以其所持股权为债务人提供担保的亦不少见。有些情形下，所谓的第三人并非只是单个之主体，有可能是多个持有股权之人共同为某一债务人提供股权之让与担保。如某一公司拟获得融资，其公司部分甚至全体股东即可能均参与到股权让与担保人之阵容之中。但不管如何，担保人均必须也应当是持有股权并愿意以其所持股权为某债务、某负担、某交易提供担保之人，任何并不持有股权之人均不可能成为股权让与之担保人。有些特殊情形下，将要获得股权之人以其将要获得的股权提供让与担保，对此人们会有不同之看法。因为，通常而言，应是已经存在并实际持有的股权才可作为股权让与担保之标的，不然何以让与？这种理念实际与股权让与担保必须现实让渡并实际过户股权的理念相对应。然而，现实之中，一些正在筹建并的确准备投资获得的股权，甚至就是以主合同所获得的融资去投资组建公司或购买特定公司股权，这种明显可以期待的即将获得的股权未必不可作为股权让与担保之标的，因此，担保人亦可以是将要获得股权之人。

还须指出的是，所谓担保人持有股权应当并不区分是名义持有还是实际持有或是信托持有等，原则上只要股权对应登记在担保人名下即可。至于担保人所持股权是否为其法律上真正所有，这原则上不应当影响担保人之身份及其提供担保之法律效力，除非担保权人对此明知并构成法律意义上的非善意取得。这样的处理也是商事交易外观主义的必然要求。不然，类似的商事交易显然无法进行，或者一开始即需充分的尽职调查并由此最大限度地投入，这种为了极个别或少数情形即普遍加大制度成本并制造法律障碍的立法方式或司法理念，均不可取。

2. 股权让与担保权人

就担保权人而言，通常即为主合同债权人，这与担保人即为主合同债务人相呼应。同样，担保权人也可以不是主合同债权人，但一定是债权人指定受益或代为行使担保权益之人。作为股权让与的担保权人应当注意的是，那些受限或不得持有担保股权之人，应不得成为担保权人。实践之中，不少主合同债权人也正是基于这样的考虑，将其本人不得享有的担保股权指定他人代为持有。这种转嫁持有担保股权的做法，效力经常受到质疑。甚至，有些特定行业公司单一股东持股比例受到法律或规章的限制，担保权人原则上亦应受此限。总体而言，尽管担保人可以持有股权，但并不等于任何人均可接受股权之让与担保，或者可以无限制地接受股权让与担保，诸多关于股权转让的限制规定必然延伸至担保权人的范畴把握上。而这也正是股权让与担保和其他股权担保之区别所在，或许股权质押对此因素之考虑并不明显。而且，担保权人与主合同债权人可能分离之原因，还可能是主债权人拟以担保股权再行为其自身担保因而直接将担保股权指令过户让渡给他的债权人，即所谓债权人之债权人模式，又称股权让与担保的再让与或转让与情形，这种交易安排现实之中未必不可。但值得注意的是，若担保权人采取与主合同债权人分离的模式来构造，不管是代持担保股权还是再让与担保股权，无论是同一份协议作此安排，还是第三人作为担保权人与担保人另行单独签订股权让与担保协议之情形，均不意味着该债权人与担保权人两者所对应之权利与义务应当分离开来，原则上两者权利义务应当一体化对待与处理。现实之中，债务人还清债务，而债权人却以自己不是担保权人因而没有义务返还股权的辩称，或是法院受理案件人为区分立案并分案审理等做法，均不应当。

二、协议形式

在文字尚未普及的时代，一项交易可能采取的形式更为人们所看重，而当文字逐渐普及之后，以书面拟定协议的方式即为人们普遍采用。即便如此，一些特定之交易需要公证、需要登记、需要公示等做法依然至今为人们所遵从。或许，这不仅是保护交易当事人合法权益的最佳手段与方式，也是防范他人受到侵害或交易利益被侵害的有效举措。股权让与担保应当以怎样的形式展现值得探讨。

1. 是否书面

就股权让与担保协议的现实表现形式来看，因此类交易金额一般不小，故总体采用书面形式。至于股权让与担保协议是与主合同合为一体形成或是另行单独形成，即所谓合体签署模式或并列签署模式，均无不可。就股权让与担保引发之纠纷来看，主合同就股权让与担保达成协议同时又另行签订股权转让协议的做法更为常见，只是股权转让协议之中有些会注明系为主合同担保而签订，而有些则并不对此予以注明。正是这种并列协议而又不予注明担保意图与担保对象的签署方式，使得股权让与担保和股权转让很有可能混同起来，一旦引发纠纷，各方当事人往往各取所需、各执一词，以至于不就并列协议内容一并审查、关联对价一并衡量、前后事实因果发生等一并进行审视的话，很难作出股权让与担保关系之完整判断。所以，为慎重起见，合体签署十分必要，即便为让渡过户担保股权之必要而签署单独的股权转让协议，亦应当注明系为担保而转让，或在主合同就股权转让合同的单独签署作出专门安排与备注，从而使得股权转让并非成为独立之法律关系，而仅仅是执行股权让与担保之法律安排而已，是股权让与担保的履行行为，并非独立交易之行为。现实之中，这样一种现象尽管并不多见但也并非不可能，即口头达成股权让与担保之协议但并无书面之记载，只是股权转让与过户事实发生且并无实际支付对价之要求或主张，如此是否成立股权让与担保之法律关系？应当看到，当前法律或司法理念，只要可以证明、可以证实，即只要股权让与担保之合意确实存在，并有实际发生的股权过户可以佐证，笔者认为，并非不可。这也就是说，股权让与担保甚至连书面形式亦可以不予法律所要求。因为，所谓书面形式之要求关键在于证实法律关系的事实存在，并同时赋予协议当事人之间以履行或抗辩之依据。如果当事人之间并无异议，且又实际履行了，更不抗辩，是否书面形式并非法律之必然要求。当然，一旦当事人存有争议，在只有股权转让协议与事实，且又并无相关证据可以证实如此股权转让系出于股权让与担保之目的，那么很有可能仅按股权转让之法律进行处理，这无疑进一步提醒债权人或担保权人尽可能采用书面形式明确股权让与担保法律关系之重要。

2. 是否批准

就股权让与担保外在或附着的形式而言，人们亦必然关心该类协议是否应当获得批准或怎样批准的问题。就股权让与担保协议签署及其履行的实践情形来看，多数均会提交担保人持有股权附属之公司进行决议表决，并且一般是由公司股东会按多数决予以通过。很显然，当前我国股权让与担保之所以多数会提交公司股东会表决通过，首先，是因为满足公司法对有限公司的股东赋予法定优先受让权的需要。[①] 由于多数股权让与担保所提供的担保股权的性质为一般有限责任公司之股权，所以如不提交公司经其他股东表决认可，很有可能事后受到其他股东优先受让权质疑。没有提交公司决议而事后被公司其他股东提起诉讼所引发的股权让与担保纠纷并不少见。其次，股权让与担保协议之所以提交所在公司股东会予以表决，

---

① 《公司法》第七十一条规定："股东向股东以外的人转让股权，应当经其他股东过半数同意。股东应就其股权转让事项书面通知其他股东征求同意，其他股东自接到书面通知之日起满三十日未答复的，视为同意转让。其他股东半数以上不同意转让的，不同意的股东应当购买该转让的股权；不购买的，视为同意转让。经股东同意转让的股权，在同等条件下，其他股东有优先购买权。两个以上股东主张行使优先购买权的，协商确定各自的购买比例；协商不成的，按照转让时各自的出资比例行使优先购买权。"

也是为了使股权让与担保行为获得公司之认可与准许，如此即应视为公司这一主体对担保人以股权担保之事实表示认同，由此公司即不得再行抗辩。最后，由公司对股权让与担保进行表决，也可能为担保权人行使担保股权留有余地，至少以此表明公司对担保权人的预先接纳，从而为一旦处分担保股权并由担保权人得以归属预留法律空间。总之，就一般有限公司之股权实施让与担保提交所在公司股东会予以批准应为当前公司法律制度下较为稳妥的方式。但也应看到，那些不是有限责任公司形态的股份公司，尤其是上市公司，将他们公司的股权进行让与担保是否需要公司批准并不明确。现实之中，就上市公司而言，如果涉及该公司前十大股东或特定持股比例变化等事实变更的，是需要作出信息披露的，[①] 至于股权让与担保是否需要进行披露，则要看是否需要实际变更股权之所有人，如果需要则当然应当予以披露，否则披露并非必要。还应特别指出的是，在笔者看来，是否提交公司决议批准，并非股权让与担保必经之程序或所谓外在形式之必然法定要求。笔者认为，即便不经过公司决议批准，亦不应影响股权让与担保协议本身之效力，或者如不经过公司决议批准，仅是股权让与担保履行或实现之时可能遇到其他股东乃至公司本身之阻碍，故所谓公司批准的程序或形式要求，仅是使得股权让与担保协议获得对内对抗之效力，是股权让与担保协议获得对抗效力的要件，并非协议本身生效之要件。据此，因为获得公司决议批准即可以对抗参与表决的公司其他股东，并可以对抗公司本身。这种对抗效力，仅仅使得被对抗主体不得就股权让与担保提出异议，或即便提出异议亦不能获得支持。正因如此，那些没有参与公司决议表决的其他股东，或虽然参与但提出异议的其他股东，对股权让与担保依然享有法定的优先受让的对抗权利。

---

① 中国证券监督管理委员会自 2002 年 12 月 1 日起施行的《上市公司股东持股变动信息披露管理办法》第十五条即规定："投资者持有、控制一个上市公司已发行的股份达到百分之五时，应当按照本办法规定履行信息披露义务，在该事实发生之日起三个工作日内提交持股变动报告书。在上述规定的期限内，该投资者不得再行买卖该上市公司的股票。"

3. 是否登记

股权让与担保协议是否应当登记的问题更是值得关注与讨论的问题。现实之中,多数股权让与担保协议签署后,不仅如上所述提交公司决议批准,而且也报请工商部门办理股权变更登记,这当然也是就一般有限公司而言。至于一般股份有限公司,除非发起人所持股权用来让与担保,否则并不需要变更登记。但是以上市公司股权提供让与担保时,如果过户则一般是到专门的证券登记机构办理变更,在我国即为证券登记结算公司。以外资性质股权提供让与担保时,目前还需到外贸部门办理备案手续,而以前则需审批才可。① 在笔者看来,尽管现实之中股权让与担保经常如上进行登记与备案,但就股权让与担保协议本身而言,其效力之获得亦非必须经过登记或备案。所有这些登记或备案,无疑仅是使得股权让与担保获得公示之法律效力,而这种公示效力的最大特点即是所谓的对外对抗之效力。所谓对外对抗之效力,即以此公示达到向全社会公示之效果,此处之对外系指当事人及其公司乃至其他股东以外的任何社会第三人,由此公示原则上使得社会上任意第三人在登记公示之后围绕担保股权之交易均不得具有优先于担保权人之效力。当然,股权让与担保实施之前尤其是公示之前,已经对担保股权享有合同或法定权益之人可以主张相应的权利。因此,不经过登记或备案,并非股权让与担保协议当然即为无效,这一点必须区分开来。即便认为股权让与担保需要登记,亦并非必须外部登记或备案,而是可以采取内部登记或备案的方式。所谓内部登记与备案,是指在公司内部予以登记与备案之方式。而且,股权让与担保一旦经过公司决议批准即应视为获得公司登记与备案,如果未经公司决议则只需将让与担保之股权数量、担保期间、担保权人或者可否行使之股权内容等主要事项登

---

① 1997 年 5 月对外贸易经济合作部、国家工商行政管理局联合下发的《外商投资企业投资者股权变更的若干规定》第十三条即曾规定:"依照《担保法》的规定,出质股权转移为质权人或其他受益人所有的,企业除应向审批机关报送第九条(一)、(二)、(三)、(五)项规定的文件外,还应同时报送质权人或其他受益人获得原投资者股权的有效证明文件。审批机关根据上述文件和本规定第十二条所述文件以及有关法律、法规的规定进行审核。"

记或备案即可，并非必须得全部协议报备公司。毕竟股权让与担保协议可能涉及交易当事人更多的商业秘密，或者公司并不需要知道的交易事项。总之，所谓股权让与担保之公示要求仅是确保股权让与担保获得对外对抗之效力，并且所谓公示的方式亦不仅仅是外部工商登记或有关政府部门之备案。就制度成本而言，设定内部登记并准许查阅的公示模式或许更为经济并同样有效。而且，笔者始终认为，即便不登记，无论是外部登记或内部登记，均不得影响股权让与担保协议之效力，由此给那些并不实际移交股权的让与担保留出有效之法律空间。既然股权让与担保可以不实际移交担保股权，为何还要必须批准、必须公示呢？当事人完全可以放弃一切对内、对外之对抗权益，仅凭股权让与担保协议而彼此对抗约束、诚信履行，有何不可？有何不妥？毕竟绝大多数的股权让与担保并不会涉及第三人之利益，如控制公司100%股权之人将该100%股权提供让与担保，即不存在所谓的内部其他股东之异议问题，如果该100%控股股东让与担保之前并未在该股权之上设定任何之法律负担，设定之后双方亦均诚实守约，约定担保之后虽未过户但主债权债务正常结清，为何还要必须过户让渡担保股权呢？难道就因为是股权让与担保必须每一担保股权均发生实际的让渡过户与移转吗？如此，是否在法律制度的设计上过于刻板？

三、协议条款

任何缺乏必要或主要条款之协议，一般认为并不成立，更难获得法律之承认与效力维护。即便是所谓的"事实合同（可证明合同）"[①]亦同样应当证明主要交易条款之存在。所谓主要条款，显然是代表某项交易必备之条款。就股权让与担保协议而言，即谁以什么公司股权之所有权为谁担

---

① 《最高人民法院关于适用〈中华人民共和国合同法〉若干问题的解释（二）》第二条规定："当事人未以书面形式或者口头形式订立合同，但从双方从事的民事行为能够推定双方有订立合同意愿的，人民法院可以认定是以合同法第十条第一款中的'其他形式'订立的合同。但法律另有规定的除外。"

保之问题，此乃基本之交易条款，否则很难认定股权让与担保交易之存在。现实之中，股权让与担保协议之所以并不被认定为该类交易，除了当前法律上对此未加规定外，更为主要的是当事人此类相关协议中连让渡股权用于担保之基本交易目的都表述不清或故意隐藏，以至于当然可能与股权转让等协议加以混淆。因此，股权让与担保协议的主要条款应当明确。如前所言，股权让与担保协议可以与主合同合体签署，亦可单独签署，而如果是双方合意需要办理担保股权变更过户的话，按照目前我国公司法律制度的要求，还需单独的股权转让协议，如此不同的协议签署方式对于股权让与担保协议条款之影响显然不同。一旦法律对股权让与担保明确加以规定，以至于股权让与担保不再需要以股权转让的形式加以掩盖或替代履行，如此股权让与担保协议之主要条款无论是单独签署还是与主合同合体签署，一般均应具备以下主要之条款。

首位的条款，除当事人条款外，应是担保条款，即担保人以何等股权为什么交易向担保权人担保意图之条款。此处的担保股权应是具体的、明确的，包括具体的股权比例均必须清晰。即便是以即将形成的股权担保亦应当是协议之后必然发生的明确股权。这是因为担保人可能拥有多个公司的股权，因而所谓担保人以其所享有的公司股权让渡担保，一旦不特别约定哪家公司的股权即可引发争议。同样，以多少比例股权让渡担保的问题也必须明确，因为现实之中担保人以其部分股权让渡担保的情形并不少见，如不明确很可能导致担保过度情形的发生。不仅如此，在担保条款之中，还应当载明为何担保以及向谁担保的问题。否则，一旦被债权人与债务人有多个交易发生的话，很可能使得担保对象与目标发生争议。当然，股权让与担保是否可以设定最高额担保问题亦值得探讨。本文认为，以特定股权为一段时期内债权人与债务人连续发生的最高额度金额提供股权让与担保，并无不可，其与最高额保证或最高额抵押之法律精神并无实质之差异。当然，这更需要法律明确之后方可承认此类担保交易之模式。总之，担保条款当为股权让与担保最为基本、最为主要之协议条款，无论股权让与担保协议是单独签署还是与主合同合体签署，均为必备之条款。

　　除了担保条款外，结合实践之中此类协议较为常见的条款情形，还有以下条款经常出现：一是是否移交担保股权占有之条款，即是否实际让渡担保股权之约定，这类条款还可能涉及过户价格的虚拟约定以及实际过户费用等更为具体的约定。这一条款很重要，甚至有人认为若无此类条款，即如果并不实际移交股权而变更过户的话，则难以认定为股权之让与担保，由此该类条款即为必备之条款。但笔者并不如此认为。在笔者看来，如前所述，股权让与担保并非必须实际让渡股权之担保，故此类条款虽当前现实之中经常出现，但亦并非必要或主要之条款。即便无此类条款，一旦发生争议亦可按照股权让与担保之总体法律精神进行处理。二是关于担保股权行使之条款。即担保权人是否有权行使担保股权，或者什么情形下可以行使，甚至可以完全行使等，双方均可能对此作出约定。三是关于担保股权返还之条款。即在什么条件下担保股权应当返还担保人之约定。这类条款当然是在担保股权让渡过户的前提下才可能形成。担保人对此条款十分看重，此类条款一旦约定不明或缺乏可操作性，则经常使得担保人期盼担保股权返还的愿望落空。四是关于担保股权实行之条款，亦可称之为担保股权处分之条款。即担保权人可以怎样的方式实现其担保股权，尤其是债务人不能还清债务情形下，担保权人可否处分担保股权甚至可以行使归属权等问题之约定。即便约定可以清算变现担保股权，清算的时间节点股价评估的时间节点甚至评估所应采用的标准等均可细致约定。这些对担保权人均十分之重要。目前，无论司法对此作怎样的理念裁处，实践之中担保权人对此均会在协议之中特别强调。五是协议相关条款。如保证与承诺条款，即担保人保证或承诺提供让渡担保股权之真实、合法或并无其他利益相关者等，保证并承诺配合办理必要或可能的担保股权让渡全部法律手续等。再如，协议生效条款。法律对任何协议的生效条件作了一般之规定，如股权让与担保协议拟作出与一般协议生效不一样之安排，如必须过户让渡担保股权后协议才生效等，亦未尝不可。

第二节 股权让与担保协议效力之裁判理念

与国外总体发展情形相类似，我国司法对于包含股权让与担保在内的各类让与担保协议之效力，总体也经历了从不承认到承认、从无效到有效的基本演变过程。但至今相关理论学说以及司法实践之中，对此仍是各持主张，尚未完全统一，不仅关于一般物的让与担保协议效力存在争论，而且以股权为标的之让与担保协议效力尤其争议较大，相关司法裁判尺度正待统一之中。

一、无效与有效之争

具体而言，关于股权让与担保协议效力之裁判理念主要表现为无效说与有效说两者之争。

1. 无效说

所谓无效说，即对股权让与担保协议约定有效性予以否定，认为该类合同当为无效。主张无效的学说与理由概括起来主要有以下三方面：一是虚伪表示说。该说认为，让与担保是当事人通谋的虚伪意思表示，应当无效。引申至股权让与担保而言，认为亦属当事人相互通谋的虚伪意思表示，有违民法意思表示真实原则，亦应认定为无效。因为股权让与担保设定人将担保股权的整体权利移转给债权人，仅具形式上的意义，其实质上并没有移转担保股权整体权利的意思，目的是担保债务的清偿，故构成双方通谋而为虚伪移转股权所有权的意思表示。这种见解，在德国普通法时代和日本明治末年曾比较流行，[①] 在我国当前司法实践乃至有关研究文章之中仍有一定影响。二是脱法行为说，又称新型担保物权说。该说认为，

---

① 梁慧星主编：《中国物权法研究（下册）》，法律出版社 1998 年版，第 1060 页。

让与担保为法律没有规定的一种新型物权，系脱法行为，违反物权法定主义的明文规定，应属无效。[1] 由于我国法律条文中没有正面回应或提及让与担保，更没有明文规定让与担保合法有效，尤其是现行《物权法》第五条和第一百七十二条确定的"物权法定原则"和让与担保做法存在一定的抵触。所以，在司法实践中，对于股权让与担保之协议，认为股权让与担保作为一种非典型担保，属于法律没有规定的新型物权，其设立有违物权法定原则，实质是一种脱法行为，有违法律禁止性规定，应属无效。三是规避说。该说实际是脱法行为说另一种更为具体的表现，其特别针对的是让与担保规避流质禁止条款而可能引发的效力质疑。在该说看来，包含股权让与担保在内的所谓让与担保协议，实质均包含有流质条款，因而显然是利用迂回手段规避现行物权法关于不得流押、流质之禁止性规定，因而亦属无效。

相关案例，如亿仁投资集团有限公司（以下简称亿仁集团公司）、深圳市亿仁控股有限公司（以下简称深圳亿仁公司）与北京安鼎信用担保有限公司（以下简称安鼎公司）、曹建华、浙江禾盛实业有限公司、第三人浙江匠心投资管理有限公司股权转让合同纠纷一案，[2] 该案一审判决即认为：综合相关事实和理由，可以认定亿仁集团公司和深圳亿仁公司与曹建华和安鼎公司分别签订的两份《股权转让合同》虽表现为股权转让的书面形式，但并不具有转让股权的真实意思表示。亿仁集团公司和深圳亿仁公司将其持有的珠海亿仁公司的股权分别转让给曹建华和安鼎公司，其真实意思实际是为安鼎公司向无锡亿仁医院发放的 6000 万元委托贷款提供担保。亿仁集团公司和深圳亿仁公司的股权本意用于担保 6000 万元贷款的清偿，而曹建华与安鼎公司通过两份《股权转让合同》的约定直接受让了亿仁集团公司和深圳亿仁公司的股权。现借款到期未清偿，曹建华和安鼎公

---

① 梁慧星主编：《中国物权法研究（下册）》，法律出版社 1998 年版，第 1060 页。

② 详见中国裁判文书网，广东省珠海市香洲区人民法院（2010）香民二初字第 2704 号民事判决书。

司否认股权进行担保的真实意图，并且分别签订合同再次将案涉股权转让，实际是在主债权未受清偿的情况下、未经拍卖变卖等程序直接将用于担保的股权据为己有。根据我国现行法律法规对于担保形式的规定，股权以质押形式进行担保，而依据《物权法》第二百一十一条，"质权人在债务履行期届满前，不得与出质人约定债务人不履行到期债务时质押财产归债权人所有"，由于该两份《股权转让合同》约定将用于担保的股权直接登记在曹建华和安鼎公司名下，违反了上述强制性法律规定，依据《合同法》第五十二条第五项的规定，该两份《股权转让合同》应认定为无效。无效合同自始无效，曹建华和安鼎公司因此取得的股权应予返还。

再如，辽宁省高级人民法院审理的滕德荣与王恩柱、陈胜英股权转让纠纷一案，[①] 该院认为，从外在表现形式上，滕德荣与王恩柱、陈胜英签订的《股权转让协议》并非双方当事人真实意思表示，不能产生相应的法律效力。从双方当事人真实目的看，双方签订的《股权转让协议》和《合作管理协议书》属于设定股权让与担保，该约定违反了法律的禁止性规定和物权法定原则，故原审认定《股权转让协议》和《合作管理协议书》无效并无不当。而在福建省厦门市中级人民法院审理的卢玉花与厦门市源莲房地产营销代理有限公司等合同纠纷一案中，[②] 该院认为，涉案股权转让协议实际上是让与担保合同，然而，《物权法》并未规定让与担保物权，根据物权法定原则，本案让与担保合同不能产生股权质押的法律后果，根据《物权法》第二百二十六条规定，股权质权自工商行政管理部门办理出质登记时设立，而本案股权质押未办理质押登记，股权质权尚未设立，故原审未予释明并据此判决卢玉花返还股权并无不当。[③]

---

① 参见中国裁判文书网，辽宁省高级人民法院（2016）辽民申 1115 号民事裁定书。
② 参见中国裁判文书网，福建省厦门市中级人民法院（2014）厦民终字第 410 号民事判决书。
③ 马加强：《人民法院对"让与担保"效力的认定规则》，载 https://max.book118.com/html/2018/1212/8142014025001137.shtm。

2. 有效说

所谓有效说，又称让与担保肯定说，即对股权让与担保协议约定有效性予以肯定，认为该类合同当为有效。在该说看来，让与担保是设定人为实现担保债务清偿之经济目的，而依契约将标的物之整体权利移转给债权人的一种非典型担保，并非创设新的担保物权，因此并不违反物权法定原则；并且就担保物整体权利移转而言，当事人为担保债务清偿，确有移转标的物整体权利的意思表示，故亦不属于通谋意思表示范围；让与担保的设定，使得担保权人取得标的物的受偿权，但并不以担保权人取得担保物的占有为内容，况且在债务人不履行债务时，担保权人并非确定地、当然地取得担保物的所有权，而应就担保物的变价或估价以清偿债权，即担保权人一般负有清算义务，故让与担保也并不当然存在违背法律有关禁止流质契约的规定。[①] 总之，在大陆法系国家，让与担保因其具有担保融资之功能而在经济生活中具有强大生命力，虽对其有效性问题在发展历史上存在不同争论，但现在已被各国判例所确认，并为学说所承认，故肯定说乃为各国当今之通说。我国司法实践之中，目前亦主要持肯定说，大多支持股权让与担保的法律效力。[②]

相关案例，如前述亿仁投资集团有限公司、深圳市亿仁控股有限公司与北京安鼎信用担保有限公司、曹某华、浙江禾盛实业有限公司、第三人浙江匠心投资管理有限公司股权转让合同纠纷一案。[③] 与一审判决截然相反，该案二审判决认为：本案双方当事人签订的《股权转让合同》是在特定情形下为担保债权履行而签订的，并非当事人最初形成的以买卖股权为直接目的的意思表示。虽然双方当事人本意为债权设立担保，但并不等于订立该合同的目的就是设立股权质押。涉案合同名称为股权转让，但当事

---

① 梁慧星主编：《中国物权法研究（下册）》，法律出版社1998年版，第1060~1061页。
② 虞政平：《公司法案例教学（第二版）（中册）》，人民法院出版社2018年版，第1200页。
③ 详见中国裁判文书网，广东省珠海市香洲区人民法院（2010）香民二初字第2704号民事判决书。

人本意在于担保，因此本案双方当事人是以让渡股权的方式来设定担保，该担保形式不同于普通典型担保，属于一种新型的担保方式。当事人这一真实意思表示并没有违反法律的禁止性规定，且该种让与型担保灵活便捷可以方便当事人融资、有利于市场经济的繁荣，应视为当事人在商业实践中的创新活动，属于商业活力的体现，不应以担保法未规定该担保方式来否定其存在的价值，对该《股权转让合同》效力应予认可。原审法院错误判断股权转让合同的性质为股权质押合同进而宣告合同无效，属于认定事实和适用法律错误，应予纠正。据此，撤销一审判决。

再如，江苏省高级人民法院审理的张某文与陈某生保证合同纠纷一案。① 该院认为，二审判决认定双方签订的股权转让协议合法有效正确。流质抵押、流质质押条款违反《担保法》第四十条的规定只会导致该条款本身无效，并不影响案涉股权让与担保合同的效力。因双方签订案涉股权让与担保合同并不具有《合同法》第五十二条所列情形，故二审判决认定合同合法有效，并无不当。又如广东省高级人民法院审理的港丰集团有限公司、深圳市国融投资控股有限公司（以下简称国融公司）合同纠纷一案。② （以下简称港丰集团案）该院认为，长城担保公司、国融公司与港丰集团公司是通过合同方式设定股权让与担保，并非创设一种单独的担保物权，形成的是在受契约自由和担保的经济目的双重规范下的债权担保关系。故在合同项下的当事人约定的相关权利义务内容只要不违反法律强制性规定和民法中的公序良俗原则，应尊重当事人的该项约定。如福建省高级人民法院审理的洪某明与方某水侵权纠纷一案，③ 该院认为，上述两个股权转让名为股权转让，实为让与担保法律关系。本案的让与担保系各方当事人真实意思表示，且未违反法律、行政法规效力的强制性规定，不侵害他人的合法权益，应认定为合法有效。

---

① 参见中国裁判文书网，江苏省高级人民法院（2016）苏民申 1430 号民事裁定书。
② 参见中国裁判文书网，广东省高级人民法院（2015）粤高法民四终字第 196 号民事判决书。
③ 参见中国裁判文书网，福建省高级人民法院（2016）闽民终 1569 号民事判决书。

二、关于股权让与担保协议效力之裁判理念

在当前物权法定原则下，我国担保法规定的保证、抵押、质押、留置、定金五种担保形式，无法完全满足实践中融资需要。尤其现有典型担保形式不仅程序繁复、费用高额，而且信用保障难以满足担保权人利益保障需求，从而促使具有迫切融资需求的市场主体进一步创设各式新型担保，股权让与担保即是其中一种。但是，股权让与担保协议的效力从一开始即受到质疑，司法实践对让与担保协议不同情形下的效力认定更是使得相关案件的裁判尺度不一，亟待最高司法机关予以明确。

1. 相关裁判理念的演变

早些年，最高人民法院对于让与担保协议认识还较为模糊，但随着让与担保纠纷越来越多，最高人民法院对此类问题的认识日渐清晰起来，当前总体倾向认为该类协议当为有效，这在相关裁判之中亦可得到印证与体现。如 2015 年最高人民法院在"王某维案"[①] 中即表示：通过转让标的物的所有权来担保债权实现的方式属于非典型担保中的让与担保，当事人可以依据约定主张担保权利，原一、二审判决将案涉担保方式认定为股权质押有误，对此应予纠正。尔后，在"港丰集团案"[②] 中最高人民法院也表示：本案各方当事人通过《股权转让协议》安排，以港丰集团公司持有的港丰房地产公司 100% 股权保障长城担保公司、国融公司因此享有的债权，这种股权安排体现了各方当事人之间的担保意图，参照《民间借贷司法解释》第二十四条规定之精神，可以认为，本案所涉《股权及债权重组协议书》和《股权转让协议》是当事人之间的真实意思表示，并不违反我国法律、行政法规的强制性规定，一、二审判决认定有效，并无不妥。

[①] 参见中国裁判文书网，最高人民法院（2015）民申字第 3620 号民事裁定书。
[②] 参见中国裁判文书网，最高人民法院（2016）最高法民申 1689 号民事裁定书。

2018 年，最高人民法院在"修水巨通案"中更是十分明确地主张：让与担保是否无效的关键在于，当事人是否具有通谋的虚假意思表示。对此，实践中多有误解，认为让与担保中，债务人将标的物权利转移给债权人，仅仅属于外观形式，其真实意思是设定担保，故为双方通谋而为虚假的转移权利的意思表示，应为无效；但事实上，在让与担保中，债务人为担保其债务将担保物的权利转移给债权人，使债权人在不超过担保目的的范围内取得担保物的权利，是出于真正的效果意思而作出的意思表示。尽管其中存在法律手段超越经济目的的问题，但与以虚假的意思表示隐藏其他法律行为的做法，明显不同，故不应因此而无效；本案《股权转让协议》系各方当事人通过契约方式设定让与担保，形成一种受契约自由原则和担保经济目的双重规范的债权担保关系，并不违反法律、行政法规的禁止性规定，应为合法有效。

2. 相关司法解释及其政策的演变

2004 年，在《物权法草案》第二十一章之中曾出现过有关让与担保的条文规定，但 2007 年最终出台的《物权法》却并无该制度的身影。有资料显示，物权法起草制定过程中，就让与担保问题，的确存在重大的分歧与争论，故该制度最终未被物权法明文规定。[①] 亦有观点认为，让与担保主要涉及动产担保，而我国对动产担保已经作了较为全面的规定，因此 2007 年《物权法》可以暂不列入让与担保制度。[②] 正因《物权法》关于让与担保制度规范的缺失，再加现实之中相关纠纷又不断发生，而人民法院又不得不进行裁判，故此统一相关裁判的重任自然落在了最高人民法院

---

① 参见杜万华主编：《民间借贷司法解释理解与适用》，中国法制出版社 2015 年版，第 410 页。

② 在第十届全国人大常委会第 16 次会议中，有委员指出："让与担保主要涉及动产担保，而我国对动产担保已经作了较为全面的规定。因此，本法对……让与担保可以暂不规定，如果以后确有需要，可以再行研究。"鉴于此，当年的法律委员会经研究，建议删去此章。具体情况，参见《十届全国人大常委会第 16 次会议开幕，物权法草案三审稿全新亮相》，载 http://www.npc.gov.cn/npc/oldarchives/zht/zgrdw/common/zw.jsp@label = wxzlk&id = 338889&pdmc = 1502.htm。

身上。

2010 年，最高人民法院曾表示："《物权法》虽然没有对让与担保作出规定，但在司法实务中，不应简单地认定该类担保形式无效，……尤其是不动产让与担保，由于办理了不动产过户手续，一般应承认其物权效力。"[①] 此后，最高人民法院民二庭也曾组织召开新类型担保法律适用问题专家研讨会。与会学者普遍认为，对部分没有冠以"质押""抵押"名称的担保方式，属于当事人之间的担保交易安排，应当认可该类担保合同的效力，但应无担保物权之效力。[②] 由此，承认让与担保协议效力的裁判理念不断得到确立并强化。

2015 年《民间借贷司法解释》第二十四条规定："当事人以签订买卖合同作为民间借贷合同的担保，借款到期后借款人不能还款，出借人请求履行买卖合同的，人民法院应当按照民间借贷法律关系审理，并向当事人释明变更诉讼请求。当事人拒绝变更的，人民法院裁定驳回起诉。按照民间借贷法律关系审理作出的判决生效后，借款人不履行生效判决确定的金钱债务，出借人可以申请拍卖买卖合同标的物，以偿还债务。就拍卖所得的价款与应偿还借款本息之间的差额，借款人或者出借人有权主张返还或补偿。"该解释颁布施行后，全国多数法院的裁判文书即不断倾向于认可"让与担保协议"的有效性，因为在诸多法院看来，该解释第二十四条实质系以司法解释形式确立让与担保形式的合法性，从而使得包含股权让与担保在内的相关协议更多被裁定为有效。此后，最高人民法院裁判案例更

---

① 参见吴庆宝主编：《最高人民法院专家法官阐释民商裁判疑难问题·金融裁判指导卷》，中国法制出版社 2011 年版，第 265 页。

② 参见最高人民法院民事审判第二庭新类型担保调研小组：《关于新类型担保的调研：现象·问题·思考》，载《商事审判指导》2012 年第 4 辑。

是不断确认让与担保协议应为有效。①

2017 年，最高人民法院发布《最高人民法院关于进一步加强金融审判工作的若干意见》，其中明确认为，应当"依法认定新类型担保的法律效力，拓宽中小微企业的融资担保方式。丰富和拓展中小微企业的融资担保方式，除符合《合同法》第五十二条规定的合同无效情形外，应当依法认定新类型担保合同有效；符合物权法有关担保物权的规定的，还应当依法认定其物权效力，以增强中小微企业融资能力，有效缓解中小微企业融资难、融资贵问题。"② 2017 年 9 月，最高人民法院民二庭第 4 次法官会议纪要更针对性地明确，应当按照当事人真实意思表示认定股权让与担保协议的性质，"如果当事人的真实意思是通过转让标的物的方式为主合同提供担保，则此种合同属于让与担保合同，而非股权转让或股权质押……在已经完成股权变更登记的情况下，可以参照最相近的担保物权的规定，认定其具有物权效力。"③《全国法院民商事审判工作会议纪要》第 71 要点指出："【让与担保】债务人或者第三人与债权人订立合同，约定将财产形式上转让至债权人名下，债务人到期清偿债务，债权人将该财产返还给债务人或第三人，债务人到期没有清偿债务，债权人可以对财产拍卖、变卖、折价偿还债权的，人民法院应当认定合同有效。合同如果约定债务人到期没有清偿债务，财产归债权人所有的，人民法院应当认定该部分约定无

---

① 在最高人民法院（2018）最高法民终 119 号案中，最高人民法院从多角度回应了此前三种判定让与担保协议无效的理由："对让与担保效力的质疑，多集中在违反物权法定原则、虚伪意思表示和回避流质契约条款之上。其中，违反物权法定原则的质疑，已在物权法定原则的立法本意以及习惯法层面上得以解释，前述《最高人民法院关于审理民间借贷案件适用法律若干问题的规定》第二十四条的规定，即属对让与担保的肯定和承认；而回避流质契约条款可能发生的不当后果，亦可为让与担保实现时清算条款的约定或强制清算义务的设定所避免。至于让与担保是否因当事人具有通谋的虚伪意思表示而无效，应在现行法律规定以及当事人意思表示这两个层面来检视。"其他肯定股权让与担保合同效力的案件，还有（2017）最高法民再 100 号、（2015）民申字第 3620 号等。

② 参见《最高人民法院关于进一步加强金融审判工作的若干意见》（法发〔2017〕22 号）。

③ 参见贺小荣主编：《最高人民法院民事审判第二庭法官会议纪要——追寻裁判背后的法理》，人民法院出版社 2018 年版，第 14 页。

效，但不影响合同其他部分的效力。当事人根据上述合同约定，已经完成财产权利变动的公示方式转让至债权人名下，债务人到期没有清偿债务，债权人请求确认财产归其所有的，人民法院不予支持，但债权人请求参照法律关于担保物权的规定对财产拍卖、变卖、折价优先偿还其债权的，人民法院依法予以支持。债务人因到期没有清偿债务，请求对该财产拍卖、变卖、折价偿还所欠债权人合同项下债务的，人民法院亦应依法予以支持。"这几次司法政策性质的意见阐述，显然是最高人民法院总结全国法院关于让与担保尤其股权让与担保纠纷审判经验的结晶，由此以后司法裁判必将更为统一，股权让与担保协议之效力定将不断获得各级法院裁判之承认。

第三节　股权让与担保协议效力再探究

关于股权让与担保协议效力的研究范畴通常有着对内效力与对外效力的研究区分。所谓让与担保的对内效力，系指让与担保设定人与担保权人之间即让与担保协议当事人之间的权利义务关系，一般包括担保债权的范围、效力所及标的之范围、标的物的利用关系以及实行方式等。[1] 而所谓让与担保的对外效力，系指让与担保协议当事人与其他第三人之间的关系，如与各自债权人之间的关系等，一般针对的是让与担保协议当事人与他们以外的第三人所发生的权利义务关系。[2] 此处探究的股权让与担保的协议效力，实际采取更小之范畴，即仅限于对股权让与担保协议本身的效力进行探究，该类协议究竟是有效还是无效，法律或司法是否应当承认或

---

[1]　参见王闯：《让与担保法律制度研究》，法律出版社2000年版，第306页；向逢春：《让与担保制度研究》，法律出版社2014年版，第50页。

[2]　参见王闯：《让与担保法律制度研究》，法律出版社2000年版，第381页；向逢春：《让与担保制度研究》，法律出版社2014年版，第55页。

是否认其法律之效力。在笔者看来，对于股权让与担保之协议效力，应当原则予以承认与维护，但例外情形并非不可否认其法律之效力，并且对于该类协议的从属特性对其自身效力之影响亦不能予以忽视。如前所述，当前司法实践已经总体倾向认可股权让与担保协议之法律效力，而笔者之所以主张股权让与担保协议应当原则有效，显然不仅仅是因为当前司法以上之理念倾向，更多是因为主张股权让与担保协议无效的主要理由与观点并不能成立，尤其采取总体有效的原则对待股权让与担保协议之法律效力更有利于市场经济的完善，更代表着法律之进步，更能满足社会之普遍期待。

一、股权让与担保并不违反物权法定原则

与人们对以一般物的让与担保协议效力提出质疑之理由相同，人们对于以股权为担保标的之让与担保协议效力的质疑理由亦首先来自物权法定原则及其相关立法之规定。在主张让与担保应为无效者看来，物权法定乃物权法之基本原则与立法精神，任何自行创设非物权法所规定的担保类型之行为及其相关协议之效力等，均违背物权法定原则，均不应获得法律效力之承认与维护。就我国现行《物权法》而言，其所承认的担保物权仅为抵押权、质押权和留置权，并未涵盖让与担保。因此，股权让与担保制度与物权法定原则存在直接的冲突，不应承认其法律效力。例如，在滕德荣、金远公司与王恩柱、陈胜英合同纠纷一案中，相关法院即认为：让与担保是当事人双方约定设立的担保物权，根据《物权法》第五条规定，物权的种类和内容由法律规定，第一百七十二条也规定，设定担保物权，应当依照本法和其他法规的规定订立担保合同；从本案双方当事人的真实目的来看，签订的系列协议属于设定股权让与担保，该约定违反了法律的禁止性规定和物权法定原则，故原审认定《股权转让协议》和《合作管理协

议书》无效，并无不当。① 类似的裁判理念并不少见。

所谓物权法定原则，亦称物权法定主义，是十九世纪近代各国进行民法典编撰运动以来，各国关于物权法的一项基本原则，其基本含义是指物权的种类和内容只能由法律统一确定，不允许当事人依自己的意思自由创设、变更。② 物权法定理念最早起源于罗马法，近代大陆法系各国继受罗马法，无不在民法中采用物权法定主义，如日本、奥地利（第308条）、荷兰（第584条）、韩国（第185条）都以立法形式予以明定，③ 我国亦不例外。④ 法、德等国民法虽无明文，但解释上亦莫不肯定此项主义。物权法定主义尽管已为近代各国物权立法所普遍采纳，但对其解释却不尽相同。法国学者所解释的物权法定，仅指物权类型和内容的限制；而德国学者所解释的物权法定，则不仅包括物权类型和内容的限制，还包括物权设立和移转形式的限制；至于日本学者对其立法上明文规定对法定物权外的物权的"创设"的禁止规定中之"创设"的理解，则认为是对物权种类和内容任意创设的限制。通常认为，依据物权法定原则，不仅物权的种类与内容法定，而且物权的效力乃至物权的公示方式等均属法定内容。仅就法定物权类型而言，如果法律无明文规定物权种类时，则不能解释为法律允许当事人自由设定，只可解释为法律禁止当事人创设此种物权，否则即属于违反了物权种类法定的强制性规定而无效。让与担保，无论是一般物的让与担保，还是股权让与担保，因当前我国物权法并未规定该种担保类型，故均与物权法定原则相违背。

一般认为，物权法定原则的本质是为了避免因为契约自由所产生的交易动态发展而引起的不同类型物权相互之间的法益冲突，以确保基本财产秩序的静态安全，然而自该原则产生以来就因为其与私法自治原则之间的

---

① 详见中国裁判文书网，（2015）丹民四终字第00084号民事判决以及（2016）辽民申1115号民事裁定书。

② 梁慧星、陈华彬：《物权法》，法律出版社2010年版，第66页。

③ 如《日本民法典》第175条规定："物权，除本法及其他法律所定者外，不得创设。"

④ 《物权法》第五条规定："物权的种类和内容，由法律规定。"

冲突而不断遭受质疑。① 物权法以立法者的价值判断取代了当事人的自由选择，其所具有的强行法色彩已经影响到了物权的私法本质。② 尤其在担保物权领域，应将其与具有较强管制色彩的所有权和用益物权区分开来，以保持其自治品格，摒除管制的传统思维，为私法自治和契约自由提供应有的空间。③ 正是为了缓和两者之间的矛盾，应当在坚持基本原则的前提下，对交易习惯中出现的新的物权类型，通过物权法定缓和的方式加以承认。的确，物权法定原则具有其主流精神的合理性，只是随着社会经济生活日新月异的发展，新情况、新问题层出不穷，物权法定原则必然呈现出一定程度上的滞后性、局限性，并不能完全及时地适应并满足现实社会生活的新需要。很显然，任何指望立法者于立法之初即为未来社会预定一个一劳永逸的物权制度体系，无异于虚无缥缈的海市蜃楼，并不现实。

或许正是基于以上的原因，在我国《物权法》草案中关于物权法定原则曾拟规定表述为："物权的种类和内容，由法律规定；法律未作规定的，符合物权性质的权利，视为物权。"但十分遗憾，全国人大法律委员会经研究认为：草案该条关于"法律未作规定的，符合物权性质的权利，视为物权"的规定，本意是随着时间的发展为物权的种类留下一定空间，实际上哪些权利"符合物权性质"还需要通过立法解释予以明确；考虑到依照立法法的规定，法律解释与法律具有同等效力，而且从一些国家的实际情况看，新出现的物权种类并不多见，因此，最终删除了上述"法律未作规定的，符合物权性质的权利，视为物权"内容规定。④ 正是因为这一草案条文相关内容的删除，致使让与担保至今未能获得法律之地位与待遇，十分地令人遗憾。但各国让与担保发展的事实，尤其是我国包含股权让与担

---

① 参见房绍坤、王洪平：《论担保物权法上的意思自治及规范选择——以担保法和〈物权法（草案）〉建议稿的比较分析为中心》，载《担保立法疑难问题研究与立法完善》，法律出版社 2006 年版，第 397 页。

② 参见杨立新：《民法分则物权编应当规定物权法定缓和原则》，载《清华法学》2017 年第 2 期。

③ 参见陈亮、徐正：《论物权法定原则缓和的正当性》，载《经济研究导刊》2015 年第 9 期。

④ 胡康生主编：《中华人民共和国物权法释义》，法律出版社 2007 年版，第 31 页。

保交易发展的事实表明，让与担保正呈现蔓延发展的态势。事实上，各种非法定的即所谓非典型的担保类型在各国均不同程度地得到发展与体现。因而，随着社会情势的变迁，如何克服物权法定主义之局限，如何协调"于社会生活之长久酝酿，习惯之反复践行"所生的新物权与物权法定主义之冲突日益成为一重要法律课题。人们不断对物权法定原则提出反思，关于物权法定原则应有所缓和的理念与主张正不断丰富并弥补着物权法定原则之不足，[①] 让与担保亟待获得法律的承认与保护。

正因物权法定原则之局限性、滞后性，在现行物权法定原则下，为弥补这一既定立法原则之不足，在主张物权法定原则应有所缓和者看来，至少可以将法定中的"法"进一步扩张解释为包括习惯法在内，并在实际的司法裁判中，将新创设的为社会所需的物权类型通过典型裁判解释等包含进入物权法的规定范围内。因此，克服物权法定主义的局限性，实际上是如何解释物权法定主义所称的"法"的范围问题，焦点在于"习惯法"是否也属于物权法定主义所言的"法"。[②] 笔者认为，让与担保就是一种为当前各国社会普遍需要的非典型担保物权类型，在最开始创设时，可以说让与担保并非担保物权，而是类似所有权加担保合同的一种新型担保形式，经司法裁判多年以来碰撞之后，也可以说习惯法已经日渐承认了让与担保物权的存在，因而即便遵循物权法定原则，只要对该原则作适当缓和之理解与把握，以使物权法定原则不断适应并满足现实社会之需要与发展，则股权让与担保亦当然可以理解为并不实质违反物权法定之基本原则。正如有些学者所主张，对于社会惯性中产生的物权，如明确合理，不违反物权法定主义之本旨，具有一定的公示方法时，应当综合及实质地从严判断，采取物权法定主义扩大解释的方法，解释为非新种类的物权。[③] 据此，有些学者进一步认为，之所以可以认为股权让与担保并不违反物权法定原

---

① 高圣平：《物权法定主义及其当代命运》，载《社会科学研究》2008 年第 3 期。
② 梁慧星、陈华彬：《物权法》，法律出版社 2010 年版，第 70 页。
③ 梁慧星、陈华彬：《物权法》，法律出版社 2010 年版，第 72 页。

则，这是因为让与担保本身并未创设新的物权类型，也未新设物权的内容，故与物权法定原则并不冲突；尤其是物权法定原则至多约束物权之效力，却不能对当事人之间自由达成股权让与担保协议产生效力阻碍；基于我国现行《物权法》第十五条的区分原则以及理论界和实务界对于非典型担保效力的共识，股权转让协议抑或股权让与担保协议本身并无效力上的瑕疵。① 尤其是，进一步结合2020年我国第一部新出台的《民法典》进行考量，尽管原《物权法》第五条关于物权法定的内容规定未作修改而仅仅是被调整放置到《民法典》总则之中（第一百一十六条），但《民法典》物权编有关担保物权的规定中第三百八十八条却对物权法定原则有所缓和。《民法典》第三百八十八条规定为："设立担保物权，应当依照本法和其他法律的规定订立担保合同。担保合同包括抵押合同、质押合同和其他具有担保功能的合同。……"该条之中所谓"其他具有担保功能的合同"，显然应当将让与担保合同涵盖在内，当然也可以理解为包含让与担保在内的原本属于非典型之担保均据此获得了法典承认的地位。由此，再行过于严苛的理解与把握物权法定原则已明显不合时宜，任何再以所谓物权法定原则对包含股权标的在内的一切让与担保进行法律上的限制与阻碍亦违反《民法典》之精神，包含股权在内的各类让与担保已为《民法典》所保护并获得法律效力之承认与维护，对此不应再有任何之争议。

二、股权让与担保并不属于虚伪意思表示

除了以违反物权法定原则否定股权让与担保协议效力外，人们对于股权让与担保协议之效力质疑还主要来自通谋虚伪意思表示的认定与判断。在主张让与担保应为无效者看来，无论是一般物的让与担保，还是股权让与担保，均实质属于非真实意思表示或通谋虚伪表示，因而根据非真实意

---

① 高圣平、曹明哲：《股权让与担保效力的解释论——基于裁判的分析与展开》，载《人民司法·应用》2018年第28期。

思表示或通谋虚伪表示应为无效之规定，当否定让与担保之法律效力。例如，陈某生与张某文股权让与担保纠纷案。相关法院即认为：虽然当事人双方签订了股权让与协议并进行了工商登记，但是张某文（股权转让人）是受张某（案外人）指示，且转让款并未支付给张某某，陈某生（股权受让方）也承认该股权让与的行为是为案外人借款提供的担保，所以虽然当事人双方签订了股权让与协议并进行了工商登记，但是张某签订并不是当事人双方对股权转让所作出的真实意思表示，依据《合同法》第四条和第五十二条，当事人所签订的股权转让协议无效。[①] 尤其值得注意的是，在我国《民法总则》施行后，有裁判认为，应基于《民法总则》第一百四十六条之规定进行裁判。如在李云香与徐忠相、卢振东等股权转让纠纷案中，相关法院即认为："股权转让协议的双方当事人之间并无真实的转让股权之意，该虚假的意思表示系双方共同有意为之，故应认定股权转让协议系双方以虚假的意思表示实施的民事法律行为，依法应属无效。"[②] 理论上，也曾有观点认为，让与担保设立之时，设定人将标的物的所有权移转于债权人仅仅只是形式，实质上双方并没有移转标的物所有权的意思，因此，让与担保属于当事人通谋而为虚伪移转所有权的意思表示。[③]

　　所谓通谋虚伪表示，又称虚伪行为、伪装行为、虚假行为等，国内外诸学者对其作出大体一致的定义，即表意人与相对人进行通谋，双方一致对外作出虚假的、非自己真意的意思表示，其基本特征在于当事人之间欠缺效果意思。德国学者卡尔·拉伦茨的定义更形象："虚假行为是指表意人和表示的受领人一致同意表示事项不应该发生效力，亦即双方当事人一致同意仅仅造成订立某项法律行为的表面假象，而实际上并不想使有关的法律行为的法律效果产生。"通谋虚伪表示是《德国民法典》创设的概念，1896 年《德国民法典》第 117 条规定："须向他人作出的意思表示，系与

---

① 详见中国裁判文书网，（2014）盱商初字第 0633 号民事判决书。
② 详见中国裁判文书网，（2018）苏 01 民终 3411 号民事裁定书。
③ 萧榕主编：《世界著名法典选编》，中国民主法制出版社 1998 年版，第 862 页。

相对人通谋而只是虚伪地作出的，无效。因虚伪行为，致另一法律行为隐藏的，适用关于该隐藏的法律行为的规定。"① 大陆法系的通谋虚伪表示在我国民法通则以及合同法之中最先以恶意串通理念及其相关规定表现出来。如我国《合同法》第五十二条规定，恶意串通并损害国家、集体或第三人利益的，合同无效。但实际上，两者依然有着较大不同。我国民法通则乃至合同法上的"恶意串通"，除包括虚伪表示外，还包括双方通谋而为与效果意思一致的意思表示，并且还要求具备损害国家、集体或者第三人利益的限定条件才发生无效的法律后果。及至 2018 年《民法总则》出台，其中第一百四十六条明确规定："行为人与相对人以虚假的意思表示实施的民事法律行为无效。以虚假的意思表示隐藏的民事法律行为的效力，依照有关法律规定处理。"由此，虚伪意思表示或者所谓通谋虚伪表示的理念才更为清晰地展现出来。一般认为，通谋虚伪表示构成要件主要有以下方面：一是必须有意思表示的存在，二是必须表示与真意不符，三是必须其非真意的表示与相对人存在通谋；② 除上述要素外，也有人主张还包括"表意人本人对其效果意思与表示行为不一致有认识"等。③

事实上，通谋虚伪表示之认定，很多时候并非终局的，特别是"自利型"通谋虚伪表示，对其中隐藏行为的甄选，往往是对当事人真实意思表示最大限度的尊重。这似应被看作，启动高成本解释机器所应产出的效益。不过，应当注意的是，另有隐藏行为结论的得出，在事实及证据供给角度，应有更高要求，否则，极易引致"为追求真意而强加真意"，虽然这在认定通谋虚伪表示过程中也应格外注意，但因意思表示领域的判断作业极易发生偏差，故每递进一层，慎重也应更多一倍，尤其在相对复杂的商事交易安排中更为明显，对股权让与担保认定为通谋虚伪意思表示即应特别之慎重。据此，有观点认为，人们之所以会认为让与担保属虚伪意思

---

① 王泽鉴：《民法总则》，北京大学出版社 2009 年版，第 285 页。
② 黄海：《以通谋虚伪表示理论分析〈民法总则〉第 146 条之适用》，载天同诉讼网。
③ 傅静坤：《民法总论》，中山大学出版社 2002 年版，第 89 页。

表示，系因人们对让与担保中的"担保"二字解读不同；如若将其理解为《担保法》《物权法》中拟制的担保法律关系，则显然股权转让这一行为不能直接形成该法律关系，继而容易得出股权转让和当事人所追求的法律关系不一致的结论；但若将"担保"理解为一种商业效果或目的，如同有的股权转让是为了投资获利，而股权让与担保中的股权转让也只是为了保证债权不受损害而已，本质并无不同，则股权让与担保并无虚伪意思表示的探讨空间；股权让与担保之所以和"虚伪意思表示"纠缠不清，或因其名称不妥，如果将"让与担保"改为"可以保护债权的股权转让"，是否会减少争议呢？也有学者认为，根据《民法总则》对于通谋虚伪表示的规定，可以将实务中股权让与担保的操作理解为名为股权转让、实为让与担保，即股权转让为假、让与担保为真；即便如此，根据《民法总则》第一百四十六条第二款"以虚假的意思表示隐藏的民事法律行为的效力，依照有关法律规定处理"的规定，虚假意思表示（股权转让协议）无效，但隐藏行为（股权让与担保）并不违反法律、行政法规强制性规定，故仍然有效，当事人之间的股权让与担保安排并无效力上的瑕疵；此外，股权让与担保当事人以真实意思进行股权的让与行为，尽管当事人移转股权的意思旨在实现担保的经济目的，但该意思确系真正的效果意思，故亦并不属于欠缺效果意思的通谋虚伪表示，在通谋虚伪表示中，当事人之间故意为不符真实意思的表示而隐藏他项法律行为，其意思表示才属无效，当事人仅能主张隐藏的法律行为，并无援用虚假意思表示的余地；换言之，让与担保当事人恰恰希望其所表示的行为成立生效，借此当事人才可据以转移标的物所有权来担保债权的实现，与通谋虚伪表示实质存在根本差异。① 类似的观点也认为："让与担保因买卖行为发生标的物所有权的转移，至于担保的目的，则应该被理解为实施法律行为的动机。由此，股权让与担保的法律结构是让与担保设定人利用所有权的手段来达到担保债权的经济目

① 高圣平、曹明哲：《股权让与担保效力的解释论——基于裁判的分析与展开》，载《人民司法·应用》2018 年第 28 期。

的，尽管其法律手段超过了经济目的，但当事人的意思是转移真正的所有权，也非通谋虚伪的意思表示。"① 因此，目前学界普遍认为，股权让与担保并不属于通谋虚伪之意思表示。

关于股权让与担保是否属于通谋虚伪意思表示的问题，最高人民法院相关庭室的法官会议纪要给了最为明确的回应。2017 年 9 月 27 日，最高人民法院民二庭第 4 次法官会议纪要认为："认定一个协议是股权转让、股权让与担保还是股权质押，不能仅仅看合同的形式或名称，而要探究当事人的真实意思表示。如果当事人的真实意思是通过转让标的物的方式为主合同提供担保，则此种合同属于让与担保合同，而非股权转让或股权质押。让与担保合同是双方的真实意思表示，不违反法律、行政法规的强制性规定，依法应当认定合同有效。"对于该会议纪要更为具体的分析进一步认为："从虚伪意思表示的角度看，确实可以将股权让与担保理解为名为股权转让、实为让与担保，也就是说，股权转让是假、让与担保是真……虚假的意思表示即股权转让协议因其并非当事人真实的意思表示而无效，而隐藏的行为即让与担保行为则要根据合同法的相关规定来认定其效力，让与担保本身并不存在违反法律、行政法规的强制性规定的情形，依法应当认定有效。因此，以虚伪意思表示为由认定让与担保无效缺乏法律依据。"②

在笔者看来，所谓的通谋虚伪表示，应当是指表意人和表示的受领人一致同意表示事项不应该发生效力，亦即前述德国卡尔·拉伦茨先生所谓双方当事人"一致同意仅仅造成订立某项法律行为的表面假象，而实际上并不想使有关法律行为的法律效果产生"。由此，在通谋虚伪表示中，法律行为之所以无效，实质是基于在表意人内部之间，意思主义优先于表示主义得到适用，要约人发出一个并不希望发生法律效力的要约，而承诺人

---

① 王闯：《关于让与担保的司法态度及实务问题之解决》，载《人民司法》2014 年第 16 期。
② 贺小荣主编：《最高人民法院民事审判第二庭法官会议纪要——追寻裁判背后的法理》，人民法院出版社 2018 年版，第 19 页。

同意该不发生法律效力的内容才予以承诺，因而在双方内部之间，才不再遵循外观主义的表示主义，故而否定其法律行为之效力，而这也是所谓通谋虚伪表示不得对抗善意第三人的内在逻辑。所以，通谋虚伪意思表示之所以应为无效，根本在于双方均没有受其意思表示拘束的意旨。通说认为，所谓意思表示，须含意思与表示两个要件，当意思与表示不一致时，即必须探求当事人之真意。① 而关于如何探究当事人真意的问题，又有意思说、表示说、信赖说等不同学说，显然对于意思表示的解释，应本着信赖说的思路，从客观上探求效果意思亦即真意的确切含义。② 总之，按《德国民法典》第 130 条之规定：解释意思表示，应探求其真意，不得拘泥于字句。③ 据以上来衡量，让与担保显然并非虚伪通谋的意思表示。对比股权让与担保，在该让与担保中，将担保标的股权移转于担保权人并用于担保，这是双方真实一致而完整的意思表示，并且双方都有就此接受法律拘束的合意，都希望发生法律上的效力。这其中，不能单纯就一个环节来衡量总体或整体的意思表示。股权让与担保情形下，转让过户担保股权仅是完整意思表示的一个环节、一个部分，而且是必不可少的环节，其并非不真实之意思，只是"转让股权"仅为让与担保完整意思的一个环节所达成的合意。即便单就"转让股权"这一个环节而言，转让股权亦并非不是双方真意，或许一开始过户转让股权并不一定意味着今后即不回赎，但至少当主债权不能实现时，担保股权即可以归属担保权人，或交由担保权人处置，或应由担保权人优先受偿，总之转让过户担保股权以增强交易信用并以便担保权人更加便利其权益的保障与实现，这是双方达成的最为完整的真实合意，而且转让后的担保股权最终既可能回归也可能不再回归至担保人手中，这均是双方达成的存在着可以选择的、非单一方向的、综合性的整体真实合意。因此，仅仅以担保目的来衡量而即断然否定"转让股

① 梅仲协：《民法要义》，中国政法大学出版社 1998 年版，第 102 ~ 103 页。
② 张俊浩主编：《民法学原理》，中国政法大学出版社 1997 年版，第 231 页。
③ 萧榕主编：《世界著名法典选编》，中国民主法制出版社 1998 年版，第 863 页。

权"之手段非为双方之真意，甚至据此又进一步否定整个股权让与担保交易的法律效力，实则是以偏概全，是对转让过户乃整体担保交易必不可少环节的无视，是对转让系为实现担保目的不可缺少手段的无视，是对让与担保整体效果意思机械地、表面的、割裂的不当判断，与双方当事人对于让与担保整体交易的综合信赖完全相违背，与人们对于让与担保的一般认知亦相违背。按照合同解释的基本要求，"法院不为当事人订合同"乃基本原则。① 由此，法院必须发现与探究合同当事人双方之真意，在股权让与担保情形下，转让股权并非双方通谋的、虚假的、不拟发生效力之合意，而是为追求担保权益保障所达成的一致的、真实的交易对价安排。所以，股权让与担保的确并非通谋虚伪表示，这二者看似有一定的相似性、模糊性，但绝不容混淆。正因如此，现如今学界乃至司法实践均认为让与担保并不属于通谋虚伪表示，股权让与担保亦不例外。②

三、股权让与担保并不属于规避法律之行为

除了上述以违反物权法定原则、通谋虚伪意思表示否定股权让与担保协议效力外，人们对于股权让与担保协议效力之质疑还有可能来自规避法律行为之认定与判断上。关于让与担保乃规避法律行为的主张，主要是认为让与担保实质规避了《担保法》《物权法》关于不得流押、流质的禁止性法律规定，即让与担保因违反法律禁止流质、流押的规定而当属无效。这种认识在我国有着长期而巨大的制度惯性认同，人们自觉或不自觉地总会将让与担保与规避流押、流质挂起钩来。进一步的考察发现，主张因规避法律行为影响让与担保协议之效力，多是认为相关涉及规避流押、流质的条款当为无效，而不是全面整体地否定让与担保协议之法律效力，即很少有因股权让与担保存在流质、流押条款而径行认定整个股权让与担保协议为无效的，多数只是

---

① ［美］A. L. 科宾：《科宾论合同（上册）》，中国大百科全书出版社1997年版，第648页。
② ［日］我妻荣：《新订民法总则》《新订担保物权法》，中国法制出版社2008年版，第539～541页。

认定涉及流质、流押的条款为无效，即多数均采取部分无效的学说。这是与前述以违背物权法定原则或通谋虚伪意思表示而否定让与担保协议整体效力理念所存在的差别与不同。司法实践中，如在张某文与陈某生保证合同纠纷案中，相关法院即认为，相关协议流质抵押、流质质押条款违反了《担保法》第四十条的规定只会导致该条款本身无效，并不影响案涉股权让与担保合同的效力。[1] 而在淞瑞贸易有限公司、郑某欢股权转让纠纷案中，相关法院亦认为，让与担保协议本身并不必然无效，但其中规定的流质条款因违反法律禁止性规定，则应认定为无效。[2]

法律之所以规定禁止流质契约，其立法本意在于保护债务人的利益，禁止债权人取得标的物评价额与债权额之间的差额，以避免债务人因迫切需要而为少量融资却以高价物品提供担保，以至于万一届期无法偿还债务，则只能坐视债权人取得高价担保物而得以获取不当利益。实质即在于避免债务人在借款时订立城下之盟而在未来遭遇不测，同时也是为了防止过早确定财产归属而使债务人的其他债权人利益亦可能受损，甚至还有税收方面的考虑等。但是，禁止流押、流质规定很可能阻碍债务人融资的途径，因此不少融资债务人对此并不领情；而且并非每一债务人都有其他的相关债权人利益必须予以考虑与平衡，有些根本就不存在其他利益相关债权人；尤其是，禁止流押、流质规定实际与前述物权法定原则一样，同样侵害到当事人的意思自治，与当事人订立契约的自由相冲突。况且，禁止流质的要求，还可以通过债权人将因担保物之换价所产生的余额返还给债务人而得到满足。所以其立法之妥当性一直受到质疑。日本仓明教授即认为，禁止流质契约在根本上乃一项错误的立法。[3]

---

[1] 详见中国裁判文书网，江苏省高级人民法院（2016）苏民申 1430 号民事裁定书。

[2] 详见中国裁判文书网，广东省高级人民法院（2017）粤民申 8926 号民事裁定书。相同观点还可参见：云南省昆明市中级人民法院（2015）昆民五终字第 86 号民事判决书；江西省南昌市中级人民法院（2015）洪民二初字第 587 号民事判决书；江苏省盐城市中级人民法院（2015）盐商终字第 00093 号民事判决书等。

[3] ［日］我妻荣：《新订担保物权法》，中国法制出版社 2008 年版，第 597 页。

尤其就让与担保而言，其原本即是与抵押、质押性质并不相同的担保方式，其自身有着独特的法律价值，体现着当事人各方与抵押、质押并不相同的担保价值追求，否则，何以在法律已经设定抵押、质押担保方式的情形下，还要采用让与担保的融资交易模式呢？原本关于抵押与质押的流押、流质规定既已经受到质疑，再将此类所谓禁止性规定简单套用到和抵押、质押并不相同的新型的让与担保模式上，显然并不妥当。亦正因如此，人们为主张流押、流质并不适用于股权等让与担保方式，提出了不同的设想及解释路径，主要有两种主张或处理方式：一是仅限定流质条款为无效，但并不影响股权转让合同等其他部分的效力。如前所述，这是当前就已经办理股权转让与变更的让与担保，即所谓含有流质条款性质的股权让与担保所采取的较为普遍的一种解释路径。在坚持该主张的学者看来，基于《物权法》第一百八十六条、第二百一十一条的规定，即在债务履行期届满前，当事人不得约定债权人未受清偿时担保财产的所有权转为债权人所有，裁判判定股权让与担保协议中的流质条款无效并无指责之处；但《合同法》第五十六条规定："合同部分无效的，不影响其他部分效力的，其他部分仍然有效。"采部分无效的观点亦即手段与目的相契合，即禁止流质契约在性质上属于（效力性）强制性规定，自始无效，但担保物权设定本身的效力并不受影响，仅流质契约无效。① 另一是流质条款亦有效，即便实际过户担保股权或约定担保股权归属担保权人的，该类被视为含有流质条款的股权让与担保协议依然完全并整体有效，以此体现允许当事人基于意思自治处分其享有权利的法律及精神，同时亦尽最大可能地降低债权实现之成本。② 当前，日本实务不但否认让与担保系流质禁止规定的脱法行为，而且更加积极地将让与担保的形态改革为更加合理的类型。日本学界也支持实务上的态度并认为，如果必须正视流质禁止规定对于保护债务人立法旨意的话，则与其将该禁止规定类推适用于让与担保，还不如依

---

① 高圣平：《论流质契约的相对禁止》，载《政法论丛》2018 年第 1 期。
② 蔡立东：《股权让与担保纠纷裁判逻辑的实证研究》，载《中国法学》2018 年第 6 期。

照个别具体的事实情况根据公序良俗原则或暴利行为的理论来决定让与担保的效力问题。① 当前法国对流质条款在立法上则采取了更为灵活的规定，虽然否定了"直接取得担保物所有权"的处理，但是债权人却可以在债务范围内享有对担保标的自由处分权和变价权。② 另外，我国一些学者也认为我国关于禁止流质契约的规定应该重新审视，不宜过于僵化。③ 笔者较为赞同后一种观点与主张。在笔者看来，关于禁止流质条款之法律规定本身即不具有其合理性，在此基础上，任何将让与担保事先或事后转移担保标的物所有权的方式或约定比照流质条款处理的理念，实质又进一步扩大了流质条款的适用对象与范畴，使得流质条款的不合理性进一步强化，同时亦使得让与担保作为移转所有权作为担保的共同意愿受到极大的阻碍甚至是落空，因而极为不妥。一项合同交易的违法性，受到来自法规、判例乃至社会公共政策之影响，④ 当前我国法律对于股权让与担保并不存在直接的法律规定，以有关质押规范类推适用的做法原本就没有顾及让与担保和质押担保的特征差异，而若是根据一个时代的社会习俗和道德来判断股权让与担保交易合法与否，则答案更是自然明了。尤其是结合 2020 年我国新出台的《民法典》进一步考量，《民法典》对于原《物权法》第一百八十六条、第二百一十一条关于禁止流押、流质的内容规定作了修订，对于原条文之中关于不得约定流押、流质的所谓禁止性表述进行了剔除。《民法典》第四百零一条将原禁止流押的规定修改为："抵押权人在债务履行届满前，与抵押人约定债务人不履行到期债务时抵押财产归债权人所有的，只能依法就抵押财产优先受偿。"《民法典》第四百二十八条将原禁止流质的规定修改为："质权人在债务履行届满前，与出质人约定债务人不

---

① 王闯：《让与担保法律制度研究》，法律出版社 2000 年版，第 48 页；转摘自［日］我妻荣：《新订担保物权法》，中国法制出版社 2008 年版，第 144～145 页。

② 叶朋：《法国信托法近年来的修改及对我国的启示》，载《安徽大学学报（哲学社会科学版）》2014 年第 1 期。

③ 高圣平：《动产让与担保的立法论》，载《中外法学》2017 年第 5 期。

④ ［美］A. L. 科宾：《科宾论合同（上册）》，中国大百科全书出版社 1997 年版，第 716～717 页。

履行到期债务时质押财产归债权人所有的，只能依法就质押财产优先受偿。"由此新的条文表述可以看出，原《物权法》对应条文所谓不得约定流押或流质的文字内容均被删除，这显然意味着《民法典》对于禁止流押或流质规定的法律松绑，在《民法典》施行后，任何比照禁止流押或流质的规定而否定让与担保乃至股权让与担保协议效力的裁判，均属不当。股权让与担保协议之效力不应再行受到禁止流押或流质规定的法律羁绊。鉴于后文将进一步专题探讨股权让与担保之实现方式，其中将进一步阐述股权让与担保并不受流质条款约束之问题，笔者在此不予赘述。

四、股权让与担保协议效力特殊情形可予排除

如前所述，在当前理论与实践总体倾向包含股权标的在内的让与担保协议应作有效看待与判断的大趋势、大背景下，也要避免从一个极端走向另一极端之倾向，即不能将效力绝对化来看待。让与担保，尤其是股权让与担保协议之效力事实上还受到其他一些因素之影响，任何关于股权让与担保协议均当然有效的主张，同样没有照顾到现实中特殊情形救济之需要。股权让与担保协议作为协议之一种，显然也遵守各国法律关于合同效力要素之规定，凡违背合同有效要件或存在依法属于无效或可撤销之情形，亦同样可依法宣告无效或撤销。依据我国《合同法》第五十二条之规定：凡一方以欺诈、胁迫的手段订立合同，损害国家利益；或恶意串通，损害国家、集体或者第三人利益；或以合法形式掩盖非法目的；或损害社会公共利益；或违反法律、行政法规强制性规定的，合同无效。第五十四条亦规定，因重大误解订立或在订立合同时显失公平的合同，当事人一方可有权请求人民法院或者仲裁机构变更或者撤销。除前述关于股权让与担保违反物权法定原则、通谋虚伪意思表示、违背流质禁止规定等应予准确理解与把握外，现实之中股权让与担保如果确系以欺诈手段而签订，或确系损害社会公共利益，或确有证据证明系重大误解而订立等，并非不可依法寻求相关救济，相关股权让与担保协议之效力自然得依法予以排除。此

等合同一般无效或可撤销之情形，现实表现纷繁复杂，个案证据表现更是扑朔迷离，但与一般合同效力之审查与认定方式并无实质之不同，亦为人们普遍熟知，故在此不予赘述。

在此所要关注或认为值得探讨的是，有何和股权让与担保独特相关之因素或情形可能影响到其法律之效力？即股权让与担保协议本身有无特殊可予排除效力之可能？考察了解国外相关经验，如德国与日本，存在以违背公序良俗为由而否定让与担保效力之相关做法或判例可借鉴。在德国法中，担保合同即可能因违反风俗而无效，表现形式分别为束缚、担保过度、信用欺诈和拖延破产。所谓束缚，通常认为，当担保合同使债权人对债务人的业务活动以及生活方式的影响是如此广泛，以至于债务人实际上被剥夺了对自己经济以及商业的决定之自由时，束缚即构成。债权人通过束缚，或者是通过对债务人的支配行为将债务人通过营业所创造的全部利益归己所有，或是使自己在债务人破产时取得攫取债务人更多财产的有利地位，从而侵害了其他债权人的利益。所谓过度担保，一般认为，担保的价值超出被担保债权的金额是如此之多，以至于在担保与债权之间不存在平衡的、兼顾双方利益的关系。具体而言，又可区分订立合同时的自始担保过度和由于嗣后分期清偿出现的事后担保过度。一般来说，过度担保达到合法比例的两倍或者更高，就被视为过分不相称。所谓信用欺诈，系指担保人和被担保人（债务人）共同故意对其他债权人误导担保人信用能力的情形。若信贷发放人因重大过失而不知道对其他债权人的隐瞒或者损害，也可构成违背风俗的信用欺诈，但不能仅仅以发放信贷的银行知道担保人的全部可执行财产已经被设定担保而认定违背风俗。所谓拖延破产，是指担保权人以担保人以其他资产设定担保为条件发放信贷，用来阻止担保人无支付能力的推迟发生，从而在此期间尽可能满足自己的债权。拖延破产常常与信用欺诈一并出现。以上违背风俗若认定成立，则它不仅影响债法上的效力，而且影响到物上担保约定之效力，结果就是担保物之所有权仍然归属于担保人，而其他债权人也因而可以就该担保标的物获得执行。与德国相比，日本并未发展形成以公序良俗规制让与担保有效性的制度，但在日本，当标的物的价额显著地高于被担保债权额，也有通过运用违反公序良俗而认定其为无效的判例。只是在具体判定时，除了要求被担保债权额与标的物评价额之间存在显著不均衡的客观要件外，还必须具备所谓"乘借主的穷迫、或无经验、或轻率等"债权人的主观要件。因为主观要件举证上的困难，大量数额显失平衡的案例难以被认定为违反公序良俗，甚至出现了在标的物评价额是被担保债权额 4 倍的情形中，判例亦曾以其没有满足主观要件为由而否定违反公序良俗。因而，在日本单以违反公序良俗来排除被担保人获取暴利、损害一般债权人利益依然是不够的。故日本通过判例确立起了让与担保必须履行清算义务制度，即当债务人届期未履行清偿义务，债权人得将担保标的物进行变价处分并以所得价金优先受偿，余额则应返还债务人，以此清算制度避免暴利情形之发生。①

比较德日两国做法，德国以公序良俗之违反规制了四种让与担保下的特殊不法行为，即束缚、担保过度、信用欺诈、拖延破产，这可谓对让与担保协议效力排除较为全面的规制。而日本因适用公序良俗违反之规制不足，改由清算制度替代，但清算又仅仅对于防止暴利即担保过度问题能起作用，对其他不法行为则缺乏应对。就我国而言，民法中关于公序良俗之规定虽已相当充分，实践中也逐步为人们广泛接受，德国以公序良俗原则为由而调整或排除让与担保协议效力的做法并非不可借鉴。在我国，公序良俗原则下的公序，系指公共秩序，一般是指国家社会存在及其发展所必需的基本秩序；而良俗，系指善良风俗，是指国家社会存在及其发展所必需的基本道德。公序良俗原则是学者根据世界范围内的普遍立法用语而对我国现行的民法原则规定进行概括而得的，但我国现行法因受苏联民事立法及民事理论的影响，并未使用公序良俗等字样，而是以"社会公共利益""社会公德"来表达出同样的精神。其中，"社会公共利益"在内涵

---

① 向逢春：《让与担保制度研究》，法律出版社 2014 年版，第 95 ~ 97 页。

与作用方面实质与"公共秩序"相当,"社会公德"则与"善良风俗"基本相当。公序良俗原则显然包含了法官自由裁量的因素,具有极大的灵活性,因而在确保国家一般利益、社会道德秩序以及协调各种利益冲突、保护弱者、维护社会正义等方面能够发挥极为重要的矫正机能。当遇有损害国家利益、社会公益和社会道德秩序的行为,而又缺乏相应的禁止性法律规定时,法院即可直接依据公序良俗原则认定该类行为无效。

那么,结合我国现行相关法律规定及股权让与担保的实践情形,股权让与担保协议之效力可因哪些情形而予以排除呢?笔者以为,在我国现行法律语境或普遍理念下,尚难直接以违背公序良俗或是损害公共利益为由而排除让与担保协议之效力,因为一般认为类似当事人之间让与担保类型之协议安排尚难以上升至公序良俗或公共利益之高度或角度加以审视。当然,这也并非绝对不可,实际也有将限制经济自由等相关行为纳入社会公共利益范畴加以规制的主张。但总体而言,我国将让与担保与当前我国法律语境下的"社会公共利益"挂钩尚难获得普遍认同。不仅如此,以上德国所谓的让与担保协议效力可予例外排除之情形,其中之"拖延破产"与"信用欺诈"在我国现行法律框架下总体可以纳入《合同法》第五十四条之下欺诈、恶意串通等相关范畴直接加以解释并规制。至于"束缚",即是否由于股权让与担保而使得担保人(股东)甚至担保股权所附着之公司经营受到极不自由限制的问题,这与每一股权让与担保之比例、各方约定担保的契约自由等密切相关,在我国当前法律语境下,一般亦不宜将此作为考量股权让与担保协议效力的排除因素。因此,所谓让与担保是否构成"束缚"的问题,应当以充分尊重契约自由为前提,很难一概而论。也就是说,如果完全系自愿而又确实系高比例股权让与担保情形下,担保权人不对担保股权所附着公司经营加以关注甚至必要或可能深度的参与,这与当前我国股权让与担保的一些现实做法并不相符。笔者以为,值得重点予以关注的是"过度担保"作为排除让与担保协议效力的情形,值得充分予以借鉴。如前所述,我国当前司法实践中,已经充分注意到比照流质条款对于让与担保效力排除的意义，其中的实质精神其实就是关注过度担保的问题，这可谓是让与担保可能特殊独有的问题与情形。尽管如前所述，笔者并不赞同比照流质条款而影响让与担保之协议效力，但建立过度担保的认定与处理机制排除让与担保的效力并非不可取、不可行。据此理念，任何设立价值过度让与担保行为，相关当事人均可据此主张法律救济，不仅是担保设定人，也可以是与担保设定人利益相关的第三人。至于过度担保的价值衡量标准，法律可以设定一个基本范畴，具体仍应交由法官自由裁量之。当然，日本对于过度担保而采取必要清算制度替代的做法，亦非完全不可，只是无论是否过度担保均必须实际清算变现处置的做法，制度成本未免太高，毕竟可以相信绝大多数的让与担保并非过度担保，因为担保权人与担保人总体会有其基本价值相符之商业判断。鉴于现实之中所谓过度担保的情形并不常见，因而任何为了并不常见的、可能的过度担保，即一概责令必须清算的做法，与当事人可以过度担保为由而主张清算的制度安排，后者显然更为节省制度交易之成本，更为可取。

五、股权让与担保协议效力受到其从属特性之约束

普遍共性的认识，凡担保合同均具有从属之特性，让与担保协议亦不例外。就让与担保而言，尽管如前述就其法律特性始终存在所有权构成说与担保权构成说之争，但对其身为担保合同所应具有的从属特性，与其他类型的担保合同并无实质不同。所谓担保合同的从属性，又称附随性、伴随性，系指担保合同的成立和存在必须以一定的主合同关系的存在为前提，被担保的合同关系为主法律关系，为之而设立的担保关系则为从法律关系。通常而言，担保合同的从属性主要表现为以下方面：一是成立上的从属性，又称"发生上的从属性"，即担保合同的成立应以相应的合同关系的发生和存在为前提，而且担保合同所担保的债务范围一般并不超过主合同债权的范围；二是处分上的从属性，即担保合同应随主合同债权的移转而移转；三是消灭上的从属性，即主合同关系消灭，为其所设定的担保

合同关系也随之消灭；四是效力上的从属性，担保合同的效力依主合同而定。就担保合同的订立时间而言，可以是与主合同同时订立，也可以是主合同订立在先，担保合同随后订立，当然担保合同也可先于主合同而订立，但不管怎样，担保合同的生效时间依然受制于主合同。总之，担保物权是为了担保主债权的实现而设立，因而它必须以主债权的存在为前提。正因如此，担保物权在学理上又通常被称为从权利。即一方面，担保物权必须以主债权的有效存在为前提；另一方面，担保物权也必须附随于主债权，随主债权的变动而变动，主债权移转则担保物权转让，主债权消灭则担保物权也相应消灭。① 所以说，担保合同具有从属特性，任何担保合同的目的和作用均在于担保主债合同的实现，若没有主债合同的存在，也就没有设立担保合同之必要，担保合同必须以主债权债务合同的设立为其存在的前提条件，与之共始终，这当是担保合同的主要特性。关注担保合同的从属特性，人们首先或主要关注的应是其效力从属与附随之特性。对此，我国相关法律规定亦有着十分明确之体现。我国《担保法》第五条即规定：担保合同是主合同的从合同，主合同无效，担保合同无效。《物权法》第一百七十二条也同样规定：担保合同是主合同的从合同，主合同无效，担保合同无效。

尽管对于一般担保合同的从属性人们并不持有太大异议，但关于让与担保的从属性，却有不同的学说主张。如德国通说即认为，让与担保当事人选择转移所有权的方式就标的物设定担保，这种方式本身就已表明让与担保与质权不同，因此让与担保并不具有附随性。② 关于让与担保不具有附属性的问题，更来自所有权能否充当债权附属物的担忧，基于所有权的至上性，显然其不能处于服从于债权的下级地位，③ 即所谓基于让与担保而获得的所有权却要受制于主债权的相关影响，尤其所谓效力的附随性更

---

① 王利明：《物权法》，中国人民大学出版社 2015 年版，第 316 页。
② 参见孙宪忠：《德国当代物权法》，法律出版社 1997 年版，第 341 页。
③ 沈大明编著：《法国德国担保法》，中国法制出版社 2000 年版，第 101 页。

与人们对于物权与债权关系的一般认识差距甚远。而日本通说则认为，尽管广义的让与担保所包括的让与担保和卖渡担保两种类型是以当事人之间是否存在债权债务关系为主要标准，但是担保的观念在让与担保中仍然是必要的，应以被担保债权的存在为前提。国内学者普遍认为，不宜采纳德国通说否认让与担保从属性之见解，而对于日本通说之见解，也应有所保留，我国法应当承认让与担保的从属性。① 有学者认为，让与担保是为担保债权的受偿而设定的、以转移担保物的所有权为内容的担保形式，具有从属于被担保债权的属性；让与担保的发生、移转或者消灭，从属于被担保债权的存在、移转或者消灭；让与担保设定后，若被担保的债权无效、未发生或者不存在的，让与担保应归为无效。总之，从让与担保的设定和目的看，应肯定让与担保和被担保的债权之间存在附随性。②

很显然，在当前我国主流观念中，让与担保总体当然属于担保范畴，其协议之效力无疑也应当优先受制于主合同之法律效力。现实之中，让与担保与其他担保一样，之所以发生担保关系，显然是因为促成主合同交易的需要，几乎没有单纯为了股权担保而担保之交易，离开任何融资、买卖等主合同交易之需要，股权让与担保合同并无发生之必要。一般认为担保均具有从属性，让与担保亦不例外，这是其基本特性。正因让与担保之从属特性，其不能喧宾夺主，主合同关系及其效力必然主导并决定着让与担保身为从合同之法律效力。由现实之中，仅以民间借贷为例，因为涉嫌犯罪、涉嫌欺诈等而可能被宣告无效的情形经常发生，以至于即便是单纯的主合同借贷关系亦可能经常被宣告无效，若有为此提供担保的股权让与担保协议显然也很难独善其身，其效力必然亦因为其从属、附随之特性而受到当然牵连之影响。

对此，进一步值得思考的问题是，由于股权让与担保多数已经办理担保股权过户的特点，让与担保可否更加具有相对独立之特性，是否可以依

---

① 王闯：《让与担保法律制度研究》，法律出版社 2000 年版，第 223～235 页。

② 梁慧星主编：《中国物权法研究（下册）》，法律出版社 1998 年版，第 1062 页。

据所谓之特别约定而使其效力相对独立于主合同关系？之所以有如此疑问，是因为对于一般的担保合同人们已经在如此质疑，而质疑的法律依据也主要来自相关法律之条文规定。担保法与物权法在相同条文中规定，如《担保法》第五条一方面如前所述规定了担保合同的从属性，另一方面又规定"担保合同另有约定的，按照约定"。《物权法》第一百七十二条亦明确规定"法律另有规定的除外"。由此，难以避免人们之争论，以至于国际贸易与结算之中被广泛认可的独立担保理念被借鉴引入，并以此作为质疑担保合同当然从属特性之依据。所谓独立担保，一般是指无条件、不可撤销的担保，在国际贸易与结算之中又被称之为见单即付的担保、见索即付的担保、备用信用证担保等。独立担保依然是担保，这主要表现在其目的仍然是要确保主债权的实现，但同时独立担保又是一种对传统担保的"异化"，而这主要表现在独立担保与主合同相互独立之特性上，独立担保与主债权并没有发生和消灭上的从属性，尤其是主债权的无效或者被撤销并不影响担保人向债权人承担所担保之责任，其实质特征在于担保合同从属特性的豁免，尤其是主从合同效力并不一体化看待与处理。的确，从国外或有关地区担保立法与实践看，普遍认可独立担保的存在，而这也正是契约自由的原则在担保领域所得到的较为彻底的适用与表现。如我国的澳门地区就有关于独立担保之规定。依据《澳门商法典》第九百四十二条之规定，独立担保系指一方当事人有义务于发生一定风险或事件后，他方当事人提出清偿确定或可确定之款项之请求时，立即作出清偿之合同，该请求的附随或不附随于债务有关之文件。① 很显然，所谓独立担保一般并不取决于基础法律行为之存在或有效性，亦不取决于其他的合同。

但就我国目前的情况看，依然只是承认国际银团、政府机构对我国带有支援性质的低息贷款，可以由我国政府提供独立担保，但对于其他类型的担保合同一概不予承认独立担保之适用。这主要是因为独立担保的适

---

① 中国政法大学澳门研究中心、澳门政府法律翻译办公室编：《澳门商法典》，中国政法大学出版社1999年版，第261页。

用，与企业、公民的高度诚信密切相关，一旦独立担保设立，不能再撤销或者宣布无效，对担保人来讲条件的确甚为严苛，责任更加重大，甚至连免责、抗辩的机会都没有。所以，在当前我国市场经济条件下，对独立担保采取慎重态度是正确的，目前司法实践对此也采取相应审慎的态度，并不轻易认可独立担保之有效性。

在我国现行法律条文规定下，仅从文义解释的角度出发，相关条款前半句规定"担保合同是主合同的从合同，主合同无效，担保合同无效"，原本已经明确了主合同与担保合同之间的从属关系，但后半句又以"担保合同另有约定的"起句，句中"另有约定"究竟是对什么另有约定？有人认为，该约定是否定主合同与担保合同之间从属关系的约定，即确认主合同的效力与担保合同的效力不具有从属关系，两合同的效力互不受影响，只要担保合同有效成立，即具有法律效力。但若仅作此理解，则"另有约定"的概念的确过于宽广，似乎主合同与担保合同是互不影响的两个合同，两合同之间的内在关联性得不到体现，这对于担保合同的从属特性具有实质的颠覆性。因此，又有人从限制性解释的角度出发，主张此处"另有约定"应理解为当事人约定担保人对无效合同的后果负担保责任，即对债务人因主合同无效而应产生的责任承担担保责任的约定。这一理解，弥补了文义解释说对主合同与担保合同内在关联性的忽略。笔者以为，对于股权让与担保协议之法律效力，依然应当遵循担保合同从属附随之基本法律要求，即便允许特别约定，亦不能在法律效力上特别约定加以排除。协议效力代表着国家法律的强行干预与表态，由不得当事人以约定之方式加以排除，即便如上所述我国相关法律允许对担保合同从属特性作出例外安排与约定，这也应仅仅限于最终担保责任的约定与排除，即可以约定即便主合同无效且担保协议亦无效情形下担保人对于主合同无效所形成的债务人责任亦不予排除，但并非主从合同效力可以非一体化对待。如此，更为符合现实之国情，与一直以来根深蒂固的司法理念可以更为有效地衔接起来。

第四章 让与担保股权之行使与回购

伴随股权让与担保之设立，围绕让与担保股权行使及其回购的问题不断引发争议，甚至成为相关纠纷争议之焦点所在。由于人们对股权让与担保本身之认识尚模糊不清，以至于对于这些问题更是莫衷一是，相关纠纷裁判理念与尺度更是不一。那么，股权让与担保情形下，被设定担保股权之所有权究竟归属哪一方？或者，让与担保之股权应由谁行使或按怎样的原则行使？对于让与担保股权之回购性质如何看待？对于担保股权之回购又应按怎样的原则进行处理？这些问题是股权让与担保必然会面临且难以回避的，对于股权让与担保制度的构建亦属基础性问题，本章即意在对此重点探讨。

第一节 让与担保股权之行使

让与担保原本就被称之为"手段超过目的"之担保，即所谓"让与"之手段超过"担保"之目的。就一般担保物权而言，其担保手段仅是享有优先受偿权，一般并不限制标的物所有权人对其权利的处分。但让与担保则不同，它是担保人将所有权让渡给担保权人，如此不仅使得担保权人有了可以行使担保物相关权利之表象，而且亦使得担保权人具有限制担保人行使担保标的物之权利表象。股权让与担保情形下，在担保股权已经让渡过户担保权人情形下，担保股权涉及之权能由谁行使或该如何分配行使，显然是难以回避的法律问题。比较质权等类似移交占有的一般物之担保理念中，人们对于担保物的归属与利用已形成相对共识之理念，即担保物所有权应当归属担保设定人，而担保权人即便占有担保物，原则上亦不得滥用担保权，即不仅不得随意处置担保物，并且还需妥善保管担保物等。①当前，就让与担保股权之行使而言，基于"手段不能大于目的"之一般理念，依然多是认为被设定担保股权之所有权当归属提供股权担保之人，根据所有权及担保权一般原理，担保股权之行使亦似应归属担保人。但是，如此理念和让与担保股权普遍事实上已经发生所有权转移与变更之情形很难有效衔接，甚至和担保人与担保权人之间的明确约定亦很难衔接，更与公司治理之需要亦难有效衔接，尤其是对于担保权人之利益保障可能极为之不利，不仅担保权人很难理解与接受，也可能由此使得股权让与担保之目的落空，致使股权让与担保这一手段之意义与价值亦可能丧失，如此理念和让与担保"手段大于目的"的基本特征亦不相符，以至于让人难以认同与接受。

一、关于让与担保股权行使约定之几种情形

尽管基于所谓"手段不能大于目的"之一般理念，人们对让与担保股权之行使更多自觉、不自觉地想象于按照典型担保的方式进行处理，即习惯性认为担保权人一般并不能行使担保股权。对于此类问题的审视与回答，莫过于从此类问题之现实表现入手。事实上，对任何问题的探讨与回应，最好的方法亦莫过于放到现实之中加以考察与印证，了解事实是分析与解决问题的基础所在，甚至事实本身即是最好的答案，事实同样也胜过任何的雄辩。笔者研究收集到的相关案例资料表明，对于让与担保股权行使之问题，并非如

---

① 如我国《物权法》第二百一十四条规定："质权人在质权存续期间，未经出质人同意，擅自使用、处分质押财产，给出质人造成损害的，应当承担赔偿责任。"第二百一十五条规定："质权人负有妥善保管质押财产的义务；因保管不善致使质押财产毁损、灭失的，应当承担赔偿责任。"

人们想象的那么简单，在相关的协议文本之中的确有着各不相同之复杂表现，相关协议之当事人对此的确有着各不相同之处理或约定。具体而言，人们对于让与担保股权行使的约定方式大体有以下不同之情形：

1. 不予约定之情形

由于股权让与担保目前总体尚属于一种非典型的新兴担保模式，人们对这一担保模式尚处于摸索与尝试之阶段，关于股权让与担保协议条款样式不仅尚未格式划一，而且很多条款甚至缺乏。在已经发生争议的涉及股权让与担保的纠纷案例中，不少相关协议对于让与担保股权之行使并没有具体的规定。也有一些并不实际移交股权过户与变更的即所谓预约性股权让与担保交易，由于仅仅是约定以股权所有权担保，约定一旦不能满足实现债权人之债权时，担保权人可以主张担保股权之过户与变更，此类性质的股权让与担保协议显然也没必要涉及担保股权之行使问题。这类不予约定让与担保股权行使之情形，虽不能说占据股权让与担保之主流情形，但也确有一定比例之存在。正是由于缺乏有关担保股权行使的具体约定，引发相关纠纷并成为纠纷最终争议的焦点所在。如此情形之下，法院即便认定相关协议性质为股权让与担保，一般也不会据此认可或支持担保权人对于担保股权任何可能的行使主张，以至于担保权人之担保利益缺乏必要的权利行使为保障。

2. 约定部分行使之情形

一般而言，既然选择采取了股权让与担保的交易模式，尤其是约定应当变更过户让与担保股权之情形下，对于让与担保股权行使之情形多少会予以必要之约定，至少是约定一些相关当事人较为关心的权利行使或限制内容，无论是单一的权项行使，还是特定的权项行使，或是多项权利的行使，均有可能，但并非全部将让与担保股权交由担保权人行使。这种情形在不少的股权让与担保纠纷中得到体现，尤其在让与担保股权仅为部分比例股权之情形下更为经常出现，属于当前股权让与担保交易关于让与担保股权行使约定最为经常采用因而也是最为主要之模式。如亚芯电子科技

（上海）有限公司（甲方）与上海久玮投资有限公司（乙方）合同纠纷一案。[1] 在该案让与30%比例的股权担保相关房屋买卖交易的相关协议条款中，即约定："双方股权转让安排（即股权让与担保安排）仅为确保预约房屋产权转让过户给乙方登记手续办理完毕之前的过渡性安排，乙方作为相关股东的权利与义务须按照本协议相关约定执行；在乙方（即担保权人）作为甲方（即担保人）股东的期间，乙方有权决定与预约房屋有关的各项交易、安排或其他有关事项；除此之外，乙方作为甲方股东权利仅限于预约房屋的经营、管理及收益，不参与甲方日常经营管理，且不承担甲方资产贬损或其他方面的风险和责任，放弃在甲方除预约房屋外的收益分配，放弃《公司法》赋予股东的实质性法定权利……"与此类协议相类似，不少股权让与担保协议并非如我们想象的就担保股权行使之具体权利内容进行直接约定，多是就必要的参与担保股权所附着公司的相关经营与决策等权利作出安排，尤其主要是赋予担保权人基于所获得的担保股权对于目标公司经营与决策具有相应而必要的监督权力，而这实际即是赋予担保权人行使担保股权的具体方式与范畴所进行的约定。不少的纠纷案例显示，在股权让与担保交易模式中，当事人多愿意基于担保股权的让渡而让担保权人参与到目标公司相关经营决策中来，这些关于参与目标公司单项或部分决策与管理的约定模式，实质即属于对让与担保股权允许部分行使的约定模式。

3. 约定完全行使之情形

无论是部分比例的股权让与担保还是全额100%比例的股权让与担保，约定让与担保股权随着变更过户的完成即完全交由担保权人行使的情形时常发生。如赫章县荣桦矿业有限公司与雷雨田、原审被告赵云铭民间借贷纠纷一案。[2] 该案相关协议除约定担保权人拥有随时检查目标公司项目运作状况的权利外，即还规定担保权人可以行使股东的全部权利。但必须指

---

① 参见中国裁判文书网，最高人民法院（2018）最高法民再455号民事判决书。
② 参见中国裁判文书网，四川省高级人民法院（2017）川民终125号民事判决书。

出的是，这种明确约定担保权人对担保股权完全行使股东权利的情形的确并非主流模式。这是因为，毕竟就股权让与担保而言，双方均知道所让与的股权仅仅是出于担保目的，所以多数即便约定担保权人可以基于担保股权而监督目标公司经营等，一般并不赋予担保权人对于担保股权完整的股东权利。尽管如此，伴随担保股权变更过户完成之后，事实上完整行使担保股权的情形又更为普遍，即所谓实际履行过程中双方以共同行为认可担保权人有权行使担保股权的情形更为经常地发生，大量虽不在协议中明确约定担保股权行使但却事实赋予担保权人完全行使担保股权之做法，事实更为普遍。如修水县巨通投资控股有限公司（以下简称修水巨通）与福建省稀有稀土（集团）有限公司（以下简称稀土公司）以及江西巨通实业有限公司（以下简称江西巨通）合同纠纷一案。[①] 据该案查明或当事人陈述之事实，在修水巨通让渡并过户完 48% 的股权给稀土公司提供担保后，稀土公司即实际参与了目标公司江西巨通的经营与管理，并事实上行使着对应的股东权利，不仅如此，稀土公司甚至还利用接管与控制目标公司的便利，拒绝召开股东会与董事会并拒绝公开年终结算与股东分红等，据此可想而知担保权人对于担保股权行使之"深度"。关于担保股权完全行使的情形，还有一种较为常见的变通约定方式。即据于股权让与担保之交易，在相关协议中不仅约定法定代表人变更为担保权人或其指定人，还约定目标公司资料的移交，甚至是目标公司财务及其公章移交担保权人等。如此实际接管目标公司的条款约定，往往是基于全额比例的股权让与担保，至少是控股比例的股权让与担保才有可能。同时，如此接管模式下的股权让与担保，即便没有对担保股权行使作出形式上的直接约定，但无疑也应实质属于对于担保股权完全行使的变相约定方式。如港丰集团有限公司与深圳市国融投资控股有限公司、长城融资担保有限公司、深圳名厦房地产有限公司、何某华、深圳市国融房地产开发有限公司合同纠纷一案。[②] 各方

[①] 参见中国裁判文书网，最高人民法院（2018）最高法民终第 119 号民事判决书。

[②] 参见中国裁判文书网，广东省高级人民法院（2015）粤高法民四终字第 196 号民事判决书。

除签订股权转让等相关协议外，还专门签订一份《印章监管协议书》，其中特别明确各方均同意，由担保权人长城公司指派专人对目标公司港丰集团的公章、法定代表人私章、财务章、合同章、银行预留所有私人印章、支票及其他重要空白凭证实施监管，目标公司的印章、支票及其他重要空白凭证均应移交担保权人保管，且目标公司每使用一次印章及空白的法人授权委托书，均须由担保权人办理相关使用登记手续等。协议之后，目标公司事实上亦将公司公章、财务章、发票专用章以及法定代表人私章等移交给担保权人。这种以移交公章或变更法定代表人为主要特征的股权让与担保协议条款，均意味着赋予担保权人对于担保股权实质而完全的行使权利。

4. 约定附条件行使之情形

所谓约定附条件行使，即担保权人一般并不以股东身份实际行使或主张担保股权，只有当一定条件情形下，担保权人才开始或真正意义地行使担保股权。这与股权让与担保的基本特征十分相符，不少股权让与担保协议条款即是如此约定。此等情形下所谓之条件，其核心往往与主合同交易是否满足、主债权是否获得偿还密切挂钩，有些干脆直接以主债务到期偿还的时间为设定条件，即一旦到期主债务未能获得满足时，担保权人即可对已经过户的担保股权行使股东权利，或者主张未过户的担保股权进行过户。这类有关附条件行使担保股权的约定，时常与所谓的流质条款混同在一起，以至于人们对于担保股权归属与处置予以较大的注意，对于担保权人关于股权行使的约定特性予以忽视。当然，也有不少此类附条件行使约定与处分担保股权明显地区分开来，即的确只是规定条件具备时，担保权人即实质接管并行使担保股权，以此实质介入或接管目标公司的经营，如此人们也习惯性将此类约定与担保股权流质条款混同对待。但毕竟，这类约定并非对担保股权最终归属进行处置，仅是为最终主债权获得履行担保而行使担保股权，至于最终的担保股权处置还有一个过程，因而其并非实质性的流质条款。更有一种变通的实质属于附条件行使担保股权之约定情形，即约定担保权人为名义股东，而担保人依然为担保股权的实际行使权人。这种约定似乎更为符合股权让与担保的本意与基本法律特征。如江苏中瑞玮控股集团有限公司与王筱明股权转让纠纷一案，[①] 由于担保权人不同意不作为目标公司真正的出资人，而是作为股权代持融资，因此，双方约定由担保权人代持60%的担保股权，期限为三个月；股权代持权限为由担保权人以自己名义将代持行使的代表股份，在公司股东登记名册上具名、以公司股东身份参与相应活动、出席股东会并行使表决权以及行使公司法与公司章程授予股东的其他权利，但担保人作为上述投资的实际出资者，对公司享有实际的股东权利并有权获得相应的投资收益；担保权人仅得以自身名义将担保人的出资向公司出资并代担保人持有，由担保人享有该相等投资所形成的股东利益；作为担保股权代持人，担保权人有权以代持部分的名义股东身份参与公司的经营管理或对公司的经营管理进行监管，但未经担保人事先书面同意，担保权人不得转让代持第三方持有上述代表股份及其股东权益，并且作为代持部分的名义股东，担保权人在以股东身份参与公司经营管理过程中需要行使表决权时应至少提前3日通知担保人并取得其书面授权，在未获得担保人书面授权的条件下，担保权人不得对其所持有的"代表股份"及其所有收益进行转让、处分或设置任何形式的担保，也不得实施任何可能损害担保人利益的行为等。这种形式上的股权行使与实质上的不行使相伴随，是一种对担保股权名实分离的行使安排，总体也可视为对担保股权附条件行使的约定情形。

5. 约定不行使之情形

在股权让与担保交易模式下，明确约定担保权人不行使担保股权的情形是极为少见的，与不予约定担保股权行使的情形相比较而言，还要少见。这或许是因为，相较于不予约定情形而言，明确约定担保权人不予行使担保股权，对于担保权人更加难以接受，以至于很可能影响到股权让与

---

① 参见中国裁判文书网，江苏省盐城市中级人民法院（2016）苏09民初199号民事判决书。

担保交易的进行，进而影响到主债权交易融资的实现。现实之中，多数不予约定担保权人行使担保股权之原因更多是因为当事人对此予以忽视。或者，在不少股权让与担保当事人看来，不予约定实质即意味着担保权人有权行使，毕竟担保股权已经变更过户到担保权人名下，担保权人似乎当然有权行使。相关类案研究查明的事实亦的确如此。但有些股权让与担保交易，担保人或许并非明显处于弱势一方，担保人所作出的股权让与担保仅仅是为了让担保权人放心，这种增信安排甚至并非必须而急迫；还有些股权让与担保交易下的担保人，十分看好所让与的担保股权价值，尤其对目标公司的前景十分的期待，因而其获得融资并提供股权让与担保的基础条件即是担保权人不得行使担保股权，即意味着担保权人不得凭让与担保的股权实质干预目标公司的任何经营与管理，不允许担保权人对担保股权进行任何的行使，据此作出不得行使担保股权的约定与安排。像前述亚芯电子科技（上海）有限公司（甲方）与上海久玮投资有限公司（乙方）合同纠纷一案，[①] 当事人虽在相关协议中约定担保权人对其预约购买的房屋有关的各项交易、安排或其他有关事项可以参与，但还特别明确地约定担保权人放弃《公司法》所赋予股东的实质性法定权利。而这其实亦可属于就担保股权约定不予行使之情形。

二、关于让与担保股权行使之几种主张

在股权让与担保交易模式下，债权人与担保权人时常重叠，基于让与担保股权变更过户安排，债权人、担保权人又与目标公司股东身份相重叠。如此，三重身份叠加情形下，是以一种身份来衡量与把握债权人之权利与义务之范畴，还是可以债权人与担保权人之双重身份来界定，或是可以按三种身份一并赋予相关权利之行使，在当前缺乏相关法律直接规定情形下，多是依靠协议各方拟定协议进行安排。一般来说，股权让与担保交

---

① 参见中国裁判文书网，最高人民法院（2018）最高法民再 455 号民事判决书。

易下，人们对于债权人之身份以及担保权人之身份并无太大争议，但对于担保权人的股东身份或能否行使股权的问题，无论如前所述相关协议对于担保权人行使担保股权有无约定或如何约定，均争议较大。笔者综合相关当事人之诉辩尤其司法裁判观点等，对此问题的回答主要有以下三种观点与主张可资评判。

1. 不享股权说

所谓不享股权说，实质还是基于手段不能大于目的之一般理念，认为股权让与担保之实质或目的乃担保，让与股权仅为手段，因而担保权人不能凭借让与手段获得的过户股权而真正获得股东身份或者实质享有任何之股权。简言之，即担保权人并非股东，实质是担保权人无权行使，故亦可称之为"无权说"。在该说主张下，实际又可进一步细分两种观点：一为"非股东说"，即担保权人并非股东，既然不是真正意义上的股东，则担保权人自然不得行使股东所可享有的权利；另一为"名义股东说"或"名实分离说"，即虽然承认担保权人享有名义上的股东身份，甚至形式上可以名义股东身份行使股东权利，但实质上必须受制于担保人，即真正意义上的股东或实质股东，因而亦同样应视为担保权人实质上并不能行使股东之权利。如有观点即认为：股权让与担保虽然是将股权的所有权进行了转移，但股权的实际行使人一定是债务人；股东为了融资而选择对债权人更为有保障的股权让与担保，但其也只是转移了所有权，而实际行使股东权利的人仍然是债务人；换句话说，股权虽然已经移转给了债权人，但该所有权是受限制的权利，其具体的股东权利仍然由债务人行使；即"行使"和"拥有"并不必然是绑定在一起的，它们完全可以是两个独立的方面，股权让与担保就是将这两个方面相分离的，如此既不影响股东对股权的行使，又给了债务人更加充分的保障；正是有基于此，股权让与担保才可以说是一种更加先进的担保方式。① 这种理念与主张代表着较为朴素的观念

---

① 翟森宇：《股权让与担保研究》，长春理工大学 2019 年硕士学位论文。

与认知，最高人民法院相关部门的法官会议纪要亦坚持该类观点。

与此相关的案例，如王某维与赵某恒、郑某超、金建房地产开发有限公司（以下简称金建公司）及殷某岚股东资格确认纠纷一案。① 最高人民法院即认为，根据金建公司、博信智公司、殷某岚、王某维签署的《三方协议》，以及 2012 年 12 月 1 日赵某恒与殷某岚、王某维签订的《协议书》约定，金建公司股权办理至殷某岚、王某维名下系作为债权的担保，而非真正的股权转让；殷某岚、王某维虽在工商登记中记载为金建公司的股东，但仅为名义股东，而非实际股东；此种通过转让标的物的所有权来担保债权实现的方式属于非典型担保中的让与担保，殷某岚、王某维可以依据约定主张担保权利，但其并未取得股权。再如，周某、陶某与中住佳展地产（徐州）有限公司、中佳（徐州）房地产开发有限公司、江苏天迈投资有限公司、江苏青石置业有限公司、重庆首创环境治理有限公司股权及权益转让纠纷一案。② 最高人民法院亦认为：虽然陶某和周某已经于该协议签订的同日将股权分别转让给景某和赖某东并办理了工商登记手续，但该转让系为融资提供的让与担保方式，陶某和周某的股东权益并不因此而当然丧失。在该案例基础上，最高人民法院民二庭对外发布的法官会议纪要进一步认为，在主债务期限届满后仍未履行的情况下，名义上的股权受让人对变价后的股权价值可以享有优先受偿权，但原则上无权对股权进行使用收益，并不能享有《公司法》规定的股东所享有的参与决策、选任管理者、分取红利等权利。③

2. 可享股权说

所谓可享股权说，即主张担保权人可以享有并行使担保股权，但是否行使或行使权利内容之具体边界关键在于当事人之约定。持该种观点与主

---

① 参见中国裁判文书网，最高人民法院（2015）民申字第 3620 号民事裁定书。
② 参见中国裁判文书网，最高人民法院（2014）民二终字第 259 号民事判决书。
③ 参见最高人民法院民二庭第 4 次法官会议纪要。https：//www.thepaper.cn/newsDetail_ forward_ 4442497。

张的核心理念在于对当事人意思自治的尊重与维护，因而亦可称之为"意思自治说"。有学者即认为："股权让与担保情形下，担保股权的行使问题最好由双方进行协商处理，但如果没有相关约定时，担保权人除了不得擅自处分担保股权外，可以为实现担保股权的正当价值行使该担保股权，即可以犹如正常股东一般行使其所持有的担保股权，以此方式参与到公司经营决策之中。毕竟公司需要正常经营，股权乃为确保公司正常经营不可分离的重要权利，只要担保股权的行使出于有利于公司、有利于股权价值之目的正当地行使，均无可厚非。"[①] 在该种观点主张下，担保权人并非当然有权行使担保股权，如果当事人约定排除担保权人对担保股权的行使，则担保权人显然即不可行使担保股权；但一旦当事人就此约定赋予担保权人行使特定股权权能甚至全部股权权能，均未必不可。所以，所谓可享股权，仅是可以享有而非必然享有，即并非当然有权行使。

与以上问题相关的是，当相关协议对于担保股权行使没有约定时又应如何理解与把握呢？就此情形下所作的选择与判断更可体现担保权人可否行使担保股权的基本价值主张。对此，无非两种选择与主张：其一，无权行使。因为没有约定即视为没有赋权。甚至有观点认为，让与担保情形下，当事人对担保物的利用有约定的，自然可依约定办理，但若没有约定的，应当由担保人利用，因为让与担保情形下担保权人所取得的担保物所有权并非完整意义上的所有权，而且利用担保物亦并非担保权人的固有权利，担保权人之所以可以行使担保股权当以担保主债权的受偿为限。[②] 例如，有观点即认为，当事人之间有约定应按照约定来行使担保股权，但如果没有约定，那么债权人应遵守诚实信用原则，虽享有股权，也要在实现担保目的的范围内行使，不能超过限度，造成权力滥用；尤其是在未约定权力行使范围情况下，法院应认定债权人不可参与公司重大经营决策、管理

---

① 虞政平：《公司法案例教学》，人民法院出版社 2018 年版，第 1202～1203 页。
② 梁慧星主编：《中国物权法研究（下册）》，法律出版社 1998 年版，第 1068 页。

人员更换等事项，同时公司及其他股东向债权人主张权利同样要受约束。①
其二，有权行使。即便无约定，但股权已经过户到担保权人名下，故当然
可以行使，除非特别排除约定不得行使。对此，有学者十分明确地主张，
如果让与担保当事人对于担保股权的行使没有作出约定时，则与一般物的
让与担保不同，即一般物的让与担保情形下，如果当事人对标的物的占
有、利用未约定或约定不明确时，一般应解释为由设定人占有、利用；而
股权让与担保情形下，当双方并无就股权行使作出明确约定时，股权原则
上应当由担保权人行使，但应以不违背担保目的为限，尤其应当严格限制
担保权人擅自处分担保股权，除非担保债权未获清偿情形下对担保股权按
清算程序进行处理。如此考虑与安排的确有利亦有弊。就有利而言，当然
是对担保权人有利，可以确保不因担保股权的不正当行使而使担保权人受
到损害；就不利而言，主要是不利于公司之人合性，甚至可能影响到公司
经营之稳定与事业发展。但如果约定不明情形下，由担保设定人行使担保
股权，则设定人完全可能会作出或推动作出有损于公司利益从而有损于担
保股权价值但可能有利于其自身或关联方的任何内容的公司决策，而这与
设定股权担保的意图更相违背，担保权人很难防范。例如，担保设定人可
以股东身份推动公司作出对外担保从而贬损公司净资产并最终明显贬损担
保股权价值的行为。很显然，无论是由担保权人还是担保设定人行使股
权，均应以不损害担保股权之价值为限制。总之，股权让与担保情形下，
担保股权的行使问题最好由双方进行协商处理，但如果没有相关约定时，
担保权人除了不得擅自处分担保股权外，可以为实现担保股权的正当价值
行使该担保股权，即可以犹如正常股东一般行使其所持有的担保股权，以
此方式参与到公司经营决策之中。毕竟，公司需要正常经营，股权乃为确
保公司正常经营不可分离的重要权利，只要担保股权的行使出于有利于公

---

① 桂娅婧：《司法裁判视角下股权让与担保效力问题研究》，江西财经大学 2019 年硕士学位
论文。

司、有利于股权价值之目的正当地行使，均无可厚非。①

坚持担保权人有权行使担保股权的主张，实际就是将当事人有关于此的意思表示严格限定在明确排除之范畴，实质即是主张赋予担保权人以行使担保股权之权利，因而又可称之为"有权说"，笔者即坚持这一观点与主张。事实上，这种观点在德国、英国、美国、我国香港特别行政区等涉及让与担保的相关制度精神中均得到体现。在德国，正是基于担保人将所有权移转担保权人的这一制度特点，根据物权的效力区别，让与担保使得债权人（担保权人）获得充分的物权所有权，这种为担保债务而移转的所有权在德国法中被称之为"担保所有权"，获得该类所有权的债权人为"担保所有权人"。尽管从结果来看，这种所有权是一种典型经济自益性"信托所有权"，但是这种所有权在法理上与一般所有权完全一致。② 在英国，按普通法股份按揭制度，按揭权人必须登录于股东名册，并且作为担保物的股票必须转让给担保权人，以至于在第三人看来担保权人似乎就是真正的所有人。在该类股份按揭下，按揭权人可以享有该股票的所有权利，这是因为他已经获得登记，并可以收到目标公司所有通讯，因而在影响其担保物安全的决策方面，处于更有利的地位，比如是否认购增发股份，或是赞成还是反对诸如重组或要约收购等重要事项。③ 事实上，在英国股份法定按揭的情况下，股份的所有权即应视为从按揭人转移到按揭权人，因此自完成变更登记程序至按揭人在按期清偿债务后行使赎回权的期间，按揭权人取代按揭人成为公司的注册股东；而在衡平按揭的情况下，直至按揭权人完成变更程序之前，按揭人仍为公司的注册股东，一旦完成登记，衡平按揭权人即转化为法定按揭权人，按揭权人也就成为公司的注册股东。④ 在英国普通法按揭情况下，如果担保权人是担保证券的注册持

---

① 虞政平：《公司法案例教学》，人民法院出版社 2018 年版，第 1202 页。
② 孙宪忠：《德国当代物权法》，法律出版社 1997 年版，第 340 ~ 341 页。
③ ［英］丹尼斯·吉南：《公司法》，朱羿锟等译，法律出版社 2005 年版，第 182 页。
④ 任昭宇：《论英国法的股份担保制度》，对外经贸大学 2019 年硕士学位论文。

有人，则他在一般情况下有权作为注册持有人行使股份投票权利；① 而在衡平按揭情况下，判例表明，一个股份的衡平按揭人仍作为公司登记股东享有投票权利，除非协议另有规定，但按揭人必须按照按揭权人的意愿进行投票，因为按揭股份真正的所有者依然被视为是按揭权人，而赎回权与此无干，如果协议规定按揭人完全独立享有投票权，则这种权利须通过强制的禁令加以实现。② 在美国，依据《统一商法典》第 9.207 条之规定，受担保方在照管和保存其占有的担保物时，有义务行使合理谨慎，涉及动产契据或票据时，除另有协议外，合理谨慎还包括采取必要步骤，以保留对抗前手当事方的权利，并且受担保方只要目的在于保存担保物或其价值，或者以符合债务人同意的方式和期限等，均可以使用或运营担保物。③ 在我国香港特别行政区，就股份所进行的普通法按揭，只要按照《公司条例》及有关公司的组织条款完成股份的转让，并且受按揭人的名字记载在公司成员名册成为股份之所有人时，即可对担保股份获得所谓的普通法所有权。④ 正是借鉴以上相关国家与地区有关让与担保权利的制度安排，笔者提出了介于担保权与所有权之间的"担保所有权"概念。

基于"担保所有权"理念之基本设想，只要办理了股权变更登记或者获得目标公司的认可与接受，即可理解为担保股权应当属于担保权人所有，那么又何况担保权人对于担保股权之行使权利呢？其实，这与一般物权所有人对于该物之利用并不应存在实质上的差别，所不同的只是担保权人对于担保股权的所有权的行使要受到相关协议的约束，即负担了相应的合同义务，除此之外，当是完整意义的所有权、实质性质的所有权。据此，与前述"非股东说"或"无权说"相比较，"有权说"又可视为"股东说"，该主张显然更倾向于赋予担保权人以股东身份，表象上更能满足

---

① Philip R Wood, supra note 5, p65.

② Stephen Barc and Nicholas Bower, supra note 28, p188.

③ 潘琪译：《美国统一商法典》，法律出版社 2018 年版，第 541～542 页。

④ 何美欢：《香港担保法（上册）》，北京大学出版社 1997 年版，第 391～392 页。

现实之中大量通过协议赋予担保权人行使担保股权的愿望，与当前股权让与担保的现实交易情形更相呼应，尤其与民众对于让与担保的基本理解和期待相符合。否则，像"非股东说""无权说"那样，原本担保权人行使担保股权可能是当事人交易对价的重要内容及配套加以安排，任何当然排除担保权人行使担保股权之主张，均可能打破股权让与担保交易各方的利益制衡格局，从而很可能实质损害到担保权人的权益。当前，较为令人遗憾的是，关于"可享股权说"的相关案例并不多见。

当然，对于"有权说""股东说"之质疑，还可能来自所谓身份性质的权益不得让渡的简单观念。在前述"无权说"看来，股权是带有明显身份色彩的权利，因而这种身份权益与其股东不能分离。这种主张的实质，要么是认为让与担保股权依然应当归属为担保人，要么是认为至少担保人让渡担保的股权的内容只能限于财产权范畴，因为与身份密切相关的股东权益怎能拿来担保？这种观点看似有一定道理，但实际情形是，让与担保本身就是手段大于目的之一种担保方式，其最大特点即在于以让渡所有权的手段增加债务人交易之信用，从而促成相关融资交易的实现。正是在这种手段大于目的的价值追求下，担保权人已经合法取得了担保股权之所有权，如此何以存在所谓股权的财产权益与身份权益分离之情形？在选择"有权说"观点看来，如果是当事人特别将担保权人对担保股权之行使已经作为让与担保交易对价而作了考量，或虽未作明确约定但担保权人已经身为合法的持股人时，难道还非得按照担保权人不得行使股权的原则进行处理吗？甚至，有些对于担保股权行使之安排，恰恰在于维护担保目的或保障担保价值之实现，如必要的知情权或是表决权等，难道均必然不可？就因这是股东身份性权利？很显然，关于担保权人可以行使担保股权的"有权说"，相较于"无权说"，应当更为可取。

3. 担保目的保障说

在"不享股权说"与"可享股权说"的挤压下，在一些典型个案利益公平考量权衡及其相关争论推动下，关于担保权人可以基于担保利益或价值维护之必要而行使担保股权的理念不断获得认同。当然，比照"托管所有权"的基本观念，担保权人也不得任意滥用担保股权而损害担保人或是目标公司之利益。毕竟，担保权人对于让与担保股权的占有只具有暂时性，由此也对其行使担保股权构成重大限制，担保权人对于担保股权的行使显然不是绝对的，让与担保权人身为担保股权的暂时受托人，其必须以符合让与担保目的相吻合的方式行使担保股权。与担保权人围绕担保目的行使担保股权相对应，意味着担保人及担保股权所附着之目标公司原则上也不得实施任何有损公司价值并可能或必然贬损担保股权价值的行为；否则，更应视为有违担保目的之行为，不仅担保权人事先应当知悉，并有权予以否决，或者任何担保人之行为以及目标公司行为等一旦被视为损害担保权人之恶意行为而被否定，相关非善意当事人之行为亦均难以获得法律之维护。的确，在一些纠纷出现后，按照前述"非股东说""无权说"处理很可能带来荒唐性结论与后果。笔者在此借助最高人民法院审理的一个较为典型的案例展开有关担保利益保障之观念与主张。

最高人民法院 2018 年审理的厦门元华资产管理有限公司与林某、林某华、福建泛华矿业股份有限公司、厦门元华发展股份有限公司、林某妍民间借贷纠纷一案，[①] 该案基本案情为债务人林某妍将其持有目标公司 90% 的股权向债权人洪某海让与担保已经获得 8000 万元的融资，但担保人在已经让与变更过户其名下股权给担保权人之后，又控制目标公司即元华公司为其父亲借款进行担保并导致最终结欠本息 3000 余万元不能偿还。现另案债权人林某诉请目标公司承担担保责任。此案焦点问题涉及形式上的问题是，债务人在已经让渡股权担保获得相关融资后能否依然代表目标公司另行向他人实施担保再行融资？这一形式问题对应的实质问题是，即林某妍让渡股权担保后是否还是目标公司之股东？担保权人洪某海的利益如何保护？对此，有以下两种基本观点：一种观点认为，股权让与担保下，担保

---

① 参见中国裁判文书网，最高人民法院（2017）最高法民再 210 号民事判决书。

权人的真实身份应是债权人，并非真正意义上的股东，故担保人虽然形式上让渡了 90% 的股权，但依然还是实际的控股股东，因而其依然有权代表目标公司并以该公司名义再行对外实施担保，故目标公司后续对外担保的行为当为有效。另一种观点认为，让与担保是手段超目的的担保手段，担保权人在担保权范围内享有权利，如果担保人的行为危及担保物的价值，让与担保权人应有相应而必要的救济权利；如果从担保物权实现不可分的角度来看，担保物任何一部分的减损，担保权人亦有权采取必要救济措施；在股权让与担保的情况下，担保权人控制股权的目的是控制公司，对于目标公司对外实施的担保行为，如果不赋予担保权人相应的救济权，则显然有违担保权设立之目的，对担保权人亦不公平、不合理；故类似本案情形应当给予担保权人以必要救济，本案洪某海是债权人和让与担保权人，在目标公司以公司财产对外提供担保情况下，应当享有表决权，任何未征得其同意的担保行为对目标公司均不应发生法律效力。最终，从最高人民法院审判委员会对此案讨论后作出的再审判决可以看出，担保权人的利益应予必要保障，任何简单地以让与担保否定担保权人股东身份或者认为担保权人不得行使任何担保股权的做法并不可取。为此，该案再审判决认为：洪某海通过让与担保的方式获得目标公司 90% 的股权，其目的在于保证自身的借款安全，如果允许担保人林某妍不经其同意即以公司资产对外提供担保，可能损及担保财产的价值，从而导致该担保目的不能实现；担保人林某妍私刻印章并以公司名义为其父林某华的个人债务提供担保，该行为已经超出了其担任法定代表人的特定目的范围，不仅违反《公司法》第十六条的规定，应当认定该担保行为系越权行为，而且亦系故意损害担保权人洪某海利益的侵权行为，目标公司案涉担保行为最终被宣告无效，目标公司并不承担担保责任。[①]

[①] 参见中国裁判文书网，最高人民法院（2017）最高法民再 210 号民事判决书。

三、担保权人可以行使担保股权之因素考量

根据当前有关股权让与担保的一般看法，担保人享有股权似乎并不存在较大争议。一般认为，依据股权让与担保之目的，并总体参照当前股权质押等最近规定进行处理与把握，担保权人获得让与股权之目的在于担保其债权之实现而非股权之行使，故比照股权质押担保相关规定，担保权人并不可以行使担保股权。即所谓在股权让与担保真实交易目的之下，债权人、担保权人在债务人、担保人履行债务后原本负有返还担保股权之义务，故担保权人就其所取得的权利，应当负有不超过担保目的而行使的义务，这应是该等让与担保交易的应有之义。[①] 照此逻辑判断，在股权让与担保交易中，担保人的股东身份及权利并不必然因让与股权担保而丧失。在当前股权让与担保交易模式尚处兴起阶段并缺乏基本法律规范情形下，此等主张及其司法裁判理念似无不当。但如前所述，当前有关让与担保股权行使的问题，不仅现实之中有着多种不同之约定情形，而且相关司法裁判亦正展现出不同的裁判理念与价值追求。笔者认为，当前对让与担保股权行使问题的探讨应着重关注担保权人的行使问题，尽管担保人被认为当然可以保留行使担保股权，但也应同时赋予担保权人对于担保股权以约定或法定的行使权利，担保权人应当有权行使担保股权。所谓约定的权利行使，即依据当事人约定自愿赋予行使的权利；所谓法定的权利行使，即在没有当事人约定情形下为保障担保目的或担保权人利益实现而赋予担保权人对于担保股权所必要的甚至是完全的行使权利。如此主张的主要理由有以下方面之因素考量。

1. 股权特性之考量

股权有着相当丰富的内涵与各种具体的权能，其基本范畴在于股东基于投资所享有的参与公司经营管理并从公司获得经济利益的权利。一般来

---

① 刘保玉：《担保法原理精要与实务指南》，人民法院出版社 2008 年版，第 119～120 页。

说，股权主要可分为自益权与共益权两种。所谓自益权，即指股东以自己的利益为目的而行使的权利，如发给出资证明或股票的请求权、股份转让过户的请求权、分配股利的请求权以及分配公司剩余财产的请求权等；所谓共益权，系指股东以自己的利益并兼以公司的利益为目的而行使的权利，如表决权、任免董事等请求权、宣告公司决议无效请求权等。[1] 具体而言，股权当然还可有更为丰富的内容表现，如参与制定和修改公司章程权、请求召开股东会的权利、选举和被选举为董事或监事、查阅股东会议记录和公司财务会计报告、依照《公司法》及公司章程的规定转让出资、优先购买其他股东转让的出资、优先认购公司新增资本、监督公司生产经营活动、按照出资比例分配红利、依法分配公司破产、解散和清算后的剩余资产、公司章程规定的其他权利等。正如人们所知，股权除以上内容丰富基本特性外，更有其可委托性、可转让性，尤其是可分性特点，这正是担保权人可以或有权行使让与担保股权的股权特性依据所在。股权显然可以委托行使，即股东本人不能行使时可以委托代理人行使。从各国或地区的公司立法看，大致可以有两种股权代理行使制度：一是委托公司的经营者或其他个人为代理人；二是将代理权委托给一个有组织的中间人，通常是银行，《德国公司法》即采用此种代理制度。[2] 不仅如此，股权还可以转让、可以分割行使，不仅可以整体转让，而且上述具体股权权能亦非不可分割转让，这一点对于了解股权基本特性或有过股权投资经验的人们均有很深的感受与认知。如作为股权权能之一的表决权即不仅可以单独委托行使，甚至还可以进行表决权交易；[3] 再如知情权，不仅可以股东自己行使，也可以委托他人或专业人士行使；[4] 如利益分配权，同样可以转让，至于已经分配尚未获得的利益更可单独转让他人进行主张；[5] 至于公司剩余财

---

① 赵旭东主编：《公司法学》，高等教育出版社 2004 年版，第 282 页。
② 赵旭东主编：《公司法学》，高等教育出版社 2004 年版，第 287 页。
③ 参见虞政平：《公司法案例教学》，人民法院出版社 2018 年版，第 793 页。
④ 参见虞政平：《公司法案例教学》，人民法院出版社 2018 年版，第 773～778 页。
⑤ 参见虞政平：《公司法案例教学》，人民法院出版社 2018 年版，第 838～844 页。

产分配权等亦非不可单独转让。① 很显然，股权的可转让特性及股权各项权能的可分性特点，是我们探讨与设计让与担保股权行使的理论基础所在。② 正因股权可以转让，人们才可以就股权设定让与担保；正因股权具体权能可以分割行使，才并不妨碍担保人与担保权人共同分割行使担保股权之可能；正因股权之可分特性，才可以有担保人与担保权人就股权行使进行分配约定的意思自治空间。总之，基于股权及其具体权能之可委托性、可转让性、可分性特点，担保权人行使担保股权才有理论探讨之空间、当事人意思自治协商之空间以及法律允许之空间，任何简单基于股权让与担保之目的在于担保因而断然否定担保权人行使担保股权的主张，与股权之基本法律特性亦不相符。

2. 意思自治之考量

所谓意思自治，亦称私法自治，通俗理解与把握即交易各方有根据自己意志判断来决定交易关系（民事法律关系）建立、变更和终止的权利，它是当今各国民事法律最为普遍适用的原则，最为充分地体现着交易主体平等乃至交易自由、合同自由的精神。一般认为其直接起源于十六世纪法国的理查世·杜摩兰（1500～1566 年）的学说与主张。就私法自治的伦理内涵而言，其源自康德理性哲学中的自由意志，个人创造力是社会进步源动力，各个人发挥创造力需要自由平等主体资格，但欲使个人得享法律上人格之实际，非承认其得依其意思与责任而形成法律效果之可能性不可，故而私法自治又称意思自治。③

我国《民法通则》第四条对此规定：民事活动应当遵循自愿原则；我国《合同法》第四条亦明确：当事人依法享有自愿订立合同的权利，任何

---

① 参见虞政平：《公司法案例教学（下册）》，人民法院出版社 2018 年版，第 1646～1652 页。

② 亦有观点认为，应禁止股东权利的分离转让，并主张我国公司法应当采纳这一原则。参见叶林：《公司法研究》，中国人民大学出版社 2010 年版，第 88 页。

③ 王红一：《公司法功能与结构法社会学分析——公司立法问题研究》，北京大学出版社 2002 年版，第 86～87 页。

单位和个人不得非法干预，以至于我国现行《民法总则》之中对此均有相同之体现。① 总之，私法自治、意思自治为当代各国最高指导原则。随着意思自治的过度发展，绝对化加以维护情形下亦必然会带来绝对的私法自治，由此也可能损害到社会最为基本的秩序保障需要，于是合乎公序良俗与禁止权利滥用等更为全面的新型民法原则对意思自治作了必要的限制，从而实现了各项民事权利之间必要的平衡与互补。尽管如此，在现代私法上私法自治的确受到一定的挑战，但此种挑战是在私法自治的框架体系内的某种改良与自我调整，私法自治作为整个私法体系的基础地位从来没有遭受否定。② 可以说，私法自治、意思自治原则依然是当前各国民商事法律最为根本、最为基础、最为主导的原则，任何交易各方只要不违反法律之根本精神，他们均可依其共同商定的意思自由进行交易并设定具体交易对价或交易条件，法律对此均原则予以尊重与维护。有鉴于此，将意思自治原则贯彻到公司法之中，即具体形成并表现为公司自治以及股东自治，将意思自治、公司自治、股东自治和股权让与担保结合起来综合加以考量，股权乃当今社会最为主要的一种财富形式，其总体亦可相对自由地进行转让与分割，以让与股权作为融资交易等附属担保的交易安排不仅不会实质损害到他人乃至社会的整体利益或基本的公共之秩序，而且还更加有利于股权多角度、多方式的运用，能够激发股权价值利用之最大化，故对于当事人自愿选择与设定的股权让与担保交易，显然应当维护其法律效力，而这也是前述关于股权让与担保协议效力应总体加以维护与承认的基本要义所在，当然也是当前我国司法已经总体承认该类协议效力的基本原理所在。

同样道理，既然对于股权让与担保协议之整体效力应当予以维护，那么对于交易各方围绕担保股权之行使所设定的协议条款不也应当维护并承

---

① 《民法总则》第四条规定："民事主体从事民事活动，应当遵循自愿原则，按照自己的意思设立、变更和终止民事关系。"

② 李建伟：《公司资本制度的新发展》，中国政法大学出版社 2015 年版，第 31～32 页。

认其法律效力吗？根据股东自治的精神，股东之间以及股东与公司之间的关系原则上应依股东之私人意思加以调整，任何组织与个人不得随意干预。[①] 在股权让与担保情形下，不仅以股权进行让与担保有当事人之间的合意，同时关于担保股权之行使亦有合意，并且也获得目标公司其他股东的同意，实际已经就股权让与担保乃至担保股权的行使形成了全体股东之合意，如此情形下的股权让与担保协议当为有效，其中关于股权的行使约定亦应有效，难道这不是自然而然、一脉相承、水到渠成、理所应当的理解与把握吗？难道股权让与担保协议本身有效而关于担保股权行使的约定却应当无效，当前这样的区分理解与意识自治的原则和精神不是相违背吗？

如前所述，现实已经对此作了最好的注释与回答，现实之中大量的股权让与担保交易下，约定担保权人可以行使部分或完整股权的做法，已经充分表明了当事人自由意志的选择，我们为什么还要机械地按照所谓"手段不能大于目的"纯逻辑演绎来限制担保权人行使必要的股权呢？是意思自治、尊重自由为我们价值选择的标准，还是所谓的法律逻辑推演或简单比照股权质押进行处理更为可行呢？更何况，准确理解股权让与担保，如前所述，其原本就被称为手段大于目的之担保交易，且股权让与担保和股权质押亦不能完全等同对待，因此任何忽视当事人关于让与担保股权行使约定的理念，与意识自治的根本原则与精神均相违背，均不可取。以《美国标准公司法》为例，该标准法第7.22节关于委托投票（proxy）之规定，股东可以亲自投票或者委托代理人投票，并且有时候这样的委托任命可能还难以撤销，如果该委托投票任命书明确声明不可撤销并且又与一项利益相关时，其中所谓的与某项利益相关的任命即包括对股权拥有担保权之人、以及以基于获得委托任命而延长债务偿还期限的公司债权人等。[②] 进一步根据纽约州公司法609（f）（1）-（5）条之规定，以下情形下委托人不得撤销投票委托：（1）如果股东已经将股票抵押给投票代理人，股东就

---

① 李建伟：《公司资本制度的新发展》，中国政法大学出版社2015年版，第33页。
② 沈四宝编译：《最新美国标准公司法》，法律出版社2006年版，第73页。

不能撤销委托书。因为股东可能无力赎回股票，股票就可能成为投票代理人的财产；如果公司经营不善，股票就可能跌价或分文不值，因为投票代理人可能成为公司的股东，所以有权通过投票来影响公司的经营决策，以保证自身的经济利益。……（3）如果投票代理人是公司的债权人，而且公司在投票委托书中说明投票代理权是债权人向公司提供贷款的对应报酬，公司就不能撤销投票委托书，因为债权人希望公司有偿还债务的能力，所以应该有权通过投票来保证公司经营的效益。……（5）如果投票代理人与委托人已经签订了投票协议，股东与投票代理人之间已经有了"合同义务（contractual obligation）"，股东就不能撤销投票委托。[1] 再如《德国股份法》第134条亦规定，表决权可以通过代理人行使，第135条规定还可通过信贷机构和营业行为人行使表决权。[2] 很显然，基于契约自由、私法自治、公司自治、股东自治等总体精神，股东委托投票并无不可，而所谓的委托投票既有无偿性的单纯委托，更有基于相关合同所作出的交易安排，有如股权担保尤其是股权让与担保情形下，担保权人作为受让股份的所有人，基于保障主债权利益实现的需要，经常会要求对于担保股权的行使权利，不仅仅是投票权，还有知情权，甚至董事、高管委派权等，这些有关担保权人行使完全或不完全股权的相关约定，完全是正常交易对价的体现，完全是意思自治的体现，法律除了承认其效力并无可选择的余地，而这也正是相关国家对于正当交易情形下的非股东有权行使股权且委托人（实际是原股东）不能撤销的法律规定的缘由所在。更何况股权让与担保情形下，股权已经过户变更至担保权人名下，担保权人至少是名义上的股权所有人，而且还有当事人之间正当的约定，那么为什么担保权人不可以行使担保股权呢？上述以表决权为例显示的可以由债权人等受托行使股权的相关国家法律规定，类推于股权让与担保之情形无疑应当更可理解，即意味着担保权人完全可以基于担保人的委托而行使担保股权，这

---

[1] 胡果威：《美国公司法》，法律出版社1999年版，第151~152页。

[2] 《德国商事公司法》，胡晓静、杨代雄译，法律出版社2014年版，第134~135页。

既是基于股权可以委托行使基本特性的体现，更是股权行使应当尊重股东意思自治的精神体现。

3. 利益相关者考量

利益相关者这一概念是随着利益相关理论提出而涉及的范畴，而所谓的利益相关者理论，又是相对于传统有关公司治理的权力制衡以及委托代理理论所提出的改进公司治理机制的一种学说，其基本主张是不仅公司的股东而且但凡与公司利益相关之主体均应有适当而可能的参与公司治理的路径或权利。一般而言，所谓的利益相关者（Stakeholders），是指与公司企业利益相关的人，他们包括公司的股东、债权人、雇员、顾客、供应商等利害关系人，甚至也包括政府部门、本地居民、本地社区、媒体、环保主义压力集团等，但从最窄的范畴来理解亦应将公司股东、债权人、经营者以及职工包括在内。① 股权让与担保权人无论是以股东身份还是以债权人身份，均属于与目标公司存在密切利益关联之主体。这些利益相关者均与公司企业的生存和发展密切相关，他们有的分担了企业的经营风险，有的为企业的经营活动付出了代价，有的对企业进行监督和制约，企业的经营决策必须要考虑他们的利益或接受他们的约束。随着科斯（Coase）于二十世纪三十年代有关"企业契约理论"的提出，越来越多的学者将公司视为一个由物资资本所有者、人力资本所有者以及债权人等利益相关者的一系列契约的组合，② 公司作为一个多种利益关系的集结网，已不再仅为股东所拥有的工具。在利益相关者学说看来，传统的公司治理理论，实质上多是围绕股东至上、股东利益最大化的根本原则展开，而利益相关者理论的提出，就是要动摇股东至上的观念，跳出传统分权制衡的公司治理主张，突破委托代理理论的局限，使得公司治理结构放至更加广阔的视野下

① 刘丹：《利益相关者与公司治理法律制度研究》，中国人民公安大学出版社 2005 年版，第 38、46 页。

② 刘黎明、张松梅：《"利益相关者"公司治理模式探析》，载《西南政法大学学报》2005 年第 2 期。

重新加以审视，以期有效构建"利益相关者"公司治理结构新模式。像德国长期推行的职工参与制、德日均予认可的债权人银行参与公司治理的实践，乃至世界范围内职工持股计划的普遍推行等，即为利益相关者学说最好的例证。[①] 仅就债权人这一利益相关者参与公司治理机制而言，以德日为例，德国和日本银行与公司企业的关系以"社团"或"法人"市场经济为运行基础，银企间产权制约较强，企业以间接融资为主；在日德模式下，银行与企业处于紧密状态关系中，在很多企业内部，一家大银行往往既充当主要的债权人，同时又是主要的股东；银行通过贷款合同、持股、人事结合及代理小股东的投票权等方式对公司经营决策产生影响；银行还可以获得企业的内部信息，随时监督和干预企业的经营管理行为，必要时银行除直接下派人员到目标公司担任董事外，甚至在公司经营状况恶化时，通过召开股东会或董事会来更换目标公司的最高领导层。[②]

我国的情形与德日较为近似。当前，我国公司企业的资本结构相对不合理，主要是负债水平较高，不仅传统国有企业如此，民营企业亦如此。多年来，在所有企业的资产总额中，债权人的出资额远大于投资人的出资额，债权人为优化公司资本结构作出了巨大的贡献，债权人承担的公司风险与股东相比有过之而无不及，债权人构成了现代公司的主要参与者，是有"份"无"名"的"无名英雄"；与此同时，"内部人控制"而损害债权人利益的现象又屡见不鲜，大量逃避债务而损害债权人利益的方式不断花样翻新，债权人从自身利益出发普遍更加关心其债权的安全性；这均是当前我国公司企业发展面临的客观事实。以我国的银行债权人为例，原本银行相较于小股东而言应当既有能力也有动力监控公司的财务状况，但中国的银行历来没有发挥这种监控作用的能力与动力。[③] 当然，这与我国法

---

① 虞政平：《构建中国多元化公司治理结构新模式》，载《中外法学》2008 年第 1 期。

② 刘丹：《利益相关者与公司治理法律制度研究》，中国人民公安大学出版社 2005 年版，第 137 页。

③ Dongwei su，"Corporte Finance and State Enterprise Reform in China" 6，Jinan Univ. Working Paper 2000.

律关于银行不得直接投资以及法律没有给予债权人相应公司治理权利等密切相关。但事实上，在很多国家，银行却代表债权人在公司治理中发挥着重要的作用。[①] 我国银行作为债权人介入公司治理不积极，很多来源于银行的资本转而由各类公司、基金投入到项目公司，这类一般债权人介入公司治理的法律渠道亦十分之有限，现实之中即便基于类似对赌协议的安排而介入公司治理亦经常受到效力上的质疑。现在这些债权人进一步尝试以股权让与担保的方法试图介入公司治理或者确保其债权的安全，但司法依然对于这种安排下的股权行使给予了否定。正是基于这种对于债权人利益保护与公司治理衔接协调之缺失，尤其针对我国公司企业目前高负债率的普遍情形，决定了我国必须要高度重视债权人在公司治理结构中的地位问题。[②] 赋予债权人一定的治理权，让债权人有参与公司治理的机制与权利，已经成为当前《公司法》修订与完善应重点关注的问题之一。结合本书探讨的股权让与担保主题而言，近些年我国债权资本市场之所以大量出现股权让与担保之现象，一定程度上既是债权资本介入公司企业经营的需要，也是债权人担心债权安全所作的自认为更加周全的增信安排，同时还代表着债权人凭借让与担保股权介入公司治理的努力与追求，当然也反映着公司原股东（即债务人、担保人）与现股东（即债权人、担保权人）自愿协商的共同意愿与安排。尤其很多的股权让与担保所融资本比例，实际占据着目标公司资本运作很高的比例，债权人基于保障自身债权安全的需要，凭借已经合法让渡的担保股权，以适当可接受的范畴，根据自愿协商原则，获得相应行使担保股权之权利，以此介入目标公司的治理，这应是利益相关者理论在我国公司企业运营实践中最为生动的体现、最为积极的探索。在笔者看来，任何简单地否定股权让与担保权人股东身份从而排斥担

---

① Cheryl Gray, "Creditors' Crucial Role in Corporate Governance", Fin. & Dev, June 1997, P. 29.

② 参见姚志明：《债权人参与公司治理的探讨有哪些》，载 https：//www.66law.cn/laws/378540.aspx。

保权人行使担保股权的主张，均不可取。

4. 防止滥用之考量

如果说以上基于股权特性、意思自治、利益相关者等考量，可以或应当赋予担保权人对于让与担保股权以必要而正当行使权利的话，那么此处防止滥用因素的考量，则意在提示人们要充分权衡与把握好担保权人行使担保股权的适度问题。当前，根据股权可以委托或分割行使的特性，人们总体可以相对自由地设定股权具体权能的行使主体与行使方式，但类似涉及知情权、表决权等一些股东身份要求相对较高的权能行使，人们依然对股东真实身份特别强调，担保权人身为名义股东或暂时的附期限的受让股东是否真可行使，人们依然质疑。根据意思自治原则，同样不能绝对化理解，并非所有的当事人之间的约定均应获得法律的承认，不然公序良俗何以介入？当事人关于担保权人行使担保股权是否过度介入甚至干预目标公司经营自由，以至于是否构成"严重束缚"的问题，人们不得不进行反思。至于利益相关者考量，人们不仅对于利益相关者过于宽泛的界定表示了担忧，而且对于不同利益相关者介入公司治理的时机、方式、具体权利等亦争论较大，以至于担保权人究竟以何身份、以怎样具体的股权行使方式介入公司，并非没有探讨的空间。尤其是，在当前股权让与担保实践中，出现不少"以股权担保为名、行股权买卖之实"的所谓变相股权让与担保之情形，对于这些所谓"名实分离""名实不符"的股权让与担保，一旦产生分歧，往往各执一词，真假难辨，其中最为模糊不清的就是关于担保权人行使让与担保股权之约定或者实际介入公司治理的种种行为事实等，以至于让人们充分感受到"担保手段过于大于其担保之目的"，因此人们有理由质疑双方之交易并非股权让与担保而是股权转让。如此情形，原本并不想买卖股权的担保权人很可能最终被认定为"股权接盘侠"，而那些原本也不想出卖股权的担保人也可能被视为明显具有出卖意图而最终丢失股权，这其中实际均存在一个担保权人行使担保股权过度与否的考量问题。

在笔者看来，如前所曾论及，"过度担保"系有可能影响到股权让与担保协议整体效力的问题，而"束缚"问题则可以是引入探讨担保权人行使担保股权适度与否的基本标准所在；任何股权让与担保情形下，过渡赋予担保权人对于担保股权的行使权利，以至于构成"严重束缚"担保人乃至目标公司经营自由的话，则必须予以否定或排除。但现实之中，由于以股权让与担保的主债权金额大小不同、所占目标公司资本高低比例不同、担保期限长短不同、担保主债权到期是否正常清偿等不同原因，担保权人与担保人商定其行使担保股权的内容与方式、行使权利的大小、行使权利介入公司治理的深度等均可能有所不同。如对于大额、高额或全额融资的目标（项目）公司而言，担保权人显然要更为担心其主债权的交易安全，因而更为愿意深度介入目标（项目）公司的治理，也必然会就让渡担保股权约定更多、更深、更全面的股权行使内容与要求；相反，小额、低比例的主债权融资，即便采取股权让与担保的交易模式，也很可能并不对担保权人行使担保股权作出任何的约定与安排。同样，或许正常担保期限内担保权人并不行使或不完全行使担保股权，但如果担保期满主债权仍不能获得正常满足的话，则担保权人可能部分或完全行使担保股权以必要保障担保目的最终之实现。因此，担保权人行使担保股权适度与否或是否构成"严重束缚"，尤其担保权人具体行使权能是否妥当的问题，因每一股权让与担保具体情形或不同担保阶段之差异而可能各不相同，很难统一标准加以衡量，应当在个案之中具体把握与考量。尽管总体而言，依据意思自治原则以及基本的商业判断精神，对于当事人之间关于让与担保股权行使的具体约定应当加以维护，但亦不能否认，担保权人行使让与担保股权过渡与否、是否构成"严重束缚"的问题，因可能涉及股权让与担保是否显失公平以及是否有损经济自由乃至公序良俗的问题，因此，在总体认可担保权人有权行使担保股权情形下，比照显失公平或有违公序良俗的精神，的确有必要赋予个案法官依据自由裁量的权力作出认定与判断，前提当然是相关当事人就此发生争议，否则，所谓担保权人行使担保股权是否过渡、是否构成"严重束缚"的问题便无从谈起，至少司法不必过于主动地介入、主动地审查、主动地判断。

担保权人行使担保股权是否适度的问题，实际还涉及担保权人介入公司治理而可能滥用担保股权所引发的相关责任问题，对此亦应予以关注。实践中，担保权人（债权人）基于全面及时了解担保人（债务人）的情况、保障债权顺利实现等考虑，通过股权让与担保安排，往往对目标公司的治理直接或间接享有一定的参与权，如指派人员参与公司董事会、限制公司分红、监管甚至接管公司印鉴证照等，在让与担保融资业务中，担保权人基于让渡担保股权所获得股东身份的便利性，以"实际行使股权"的情形对公司、股东或其他主体造成损害的，亦须承担相应责任。[①] 因为，担保权人实际自主地行使股东权利并参与目标公司的经营与管理，从权责对等的角度出发，也应当自行承担相应后果和风险。事实上，担保权人行使决策权或在参与公司经营管理过程中导致公司、其他股东损失的，很容易引发纠纷，如港丰集团有限公司、深圳市国融投资控股有限公司合同纠纷一案[②]即存在类似争议，但法院最终并未判定担保权人承担责任。该案之中，担保人在诉讼中主张担保权人（债权人）在持有让与担保股权期间，将目标公司款项划作他用，导致目标公司债务无法清偿，并拒绝履行清偿责任；但是，由于合同实际上所约定的是担保人实际控制人负责项目的经营管理和项目运作，且是担保人享有经营决策权以及处置公司资产的权利，担保权人（债权人）仅是享有监督权，故法院最终认为债权人未实际行使股权，并不承担目标公司款项挪用的责任，这实际还涉及担保权人行使股权相关事实与证据的查明问题。很显然，当前要认定担保权人过度或滥用担保股权的问题，不仅涉及担保权人是否有权行使担保股权的问题，还涉及可否以滥用股权追究担保权人责任的问题，当然更涉及具体个案事实与证据的查明的问题，要达成理论共识以及实践类案拓展均还任重而道远。

---

① 张瀚、王青艳：《股权让与担保中的股东权利行使问题》，载锦天城律师事务所：《金融法务论坛》2018 年 5 月 15 日。

② 参见中国裁判文书网，广东省高级人民法院（2015）粤高法民四终字第 196 号民事判决书。

第二节　让与担保股权之回购

与担保权人对于担保股权的行使相对应，关于让与担保股权的回购问题，也是股权让与担保交易安排乃至相关制度架构涉及的重要问题。尽管本书在第一章开篇有关股权让与担保基本法律特征之中曾经指出，是否约定回购或必须回购，因存在并不约定或其他未可知的情形，因而不应将回购内涵作为股权让与担保之基本法律特征加以强调，但毕竟应当注意的是，无论是否存在有关回购之约定，关于让与担保股权回购之问题无疑是绝大多数股权让与担保不能回避的问题；甚至按照人们对于股权让与担保通常的认知与衡量标准，一项股权让与担保，如果关于担保主债权实现与否情形下担保股权回购问题却未作约定或约定不明的话，有可能很难认定为股权让与担保之交易；并且实践之中，关于让与担保股权回购的问题，也是伴随股权让与担保交易最为经常发生争议与纠纷的问题。因此，就股权让与担保研究而言，对于担保股权回购问题重点予以关注与探讨尤为必要。

一、让与担保股权回购之性质

所谓让与担保股权之回购，显然是就担保人买回或请求返还所曾让与担保之股权而言，对于那些"预约性股权让与担保"即尚未实际办理股权变更过户的让与担保，则当然不会发生所谓的股权回购问题。对于这一问题的探讨，在此首先应当弄清楚的是，担保人回购股权究竟是权利还是义务？现实之中，市场变化莫测，那些以房地产、矿产、网络等项目公司股权提供让与担保交易的，其股权价值的变迁时时受到政策等多种因素的影响，再加每一目标公司经营管理的不同状况，各担保股权之价值难免时涨时跌。而伴随担保股权价值变化之不同态势，担保权人与担保人对待担保股权回购与否的态度亦各不相同。如果担保股权价值越来越大，担保权人很可能会"以担保之名、行并购之实"，从而拒绝担保人回购股权；相反，如果担保股权价值趋向贬值，则担保权人又很可能催促担保人回购股权；总体与担保权人相反，就担保人对于担保股权的回购选择而言，当担保股权价值上涨时，当然会尽力、极力地主张回购，而当担保股权价值下跌时，则又会尽一切可能地"以担保之名、行买卖之实"，尽力、极力地回避回购事宜。所以说，对于让与担保股权回购之问题，如果不作一个相对准确的法律定性，则很可能伴随股权估值态势之变迁而争论不休，难以决断。

1. 探讨之前提

那么，担保人回购股权究竟是权利还是义务呢？这一问题时常与相关类似问题混淆不清，为此，有必要首先明确并分清以下方面：

一是所谓权利或义务性质之争所针对的主体应当是谁？由于回购的主体无疑是提供股权担保之人，故当然是就担保人这一方主体回购股权的性质而言。也就是说，所谓股权让与担保之中回购股权的性质问题，应当主要围绕担保人这一方主体回购股权究竟是权利还是义务作出判断，因为若就担保权人这一方主体判断或许正好与担保人相反。权利还是义务的性质问题，的确是个不能回避的问题，它决定着担保人是有权回购还是有义务必须回购的问题，决定着担保权人是否可以拒绝担保人回购或是有权请求担保人回购的问题，当面对让与担保股权回购纠纷处理之时，这是作出裁断的基础与前提所在。

二是股权让与担保情形下的股权回购和股权买卖情形下的股权回购是否应当有所区分？回答是肯定的，即两种回购的法律性质对于回购一方主体而言，应当有所区分。如本书第二章之中曾指出，对于股权让与担保和单纯的股权转让买卖以及股权回购是不能予以混同的，即以担保为目的之股权转让与单纯以买卖为目的之股权转让，包括与之相伴随的股权回购，均有着实质之不同。与股权买卖相伴随的股权回购，更多是自愿的、可能的、非必然发生的一种现象，其更多体现协商与自愿的特性，故对于回购一方主体而言，既可能是其所保留的一种权利，也可能是约定由其承担的一种合同义务；而和股权让与担保相伴随的股权回购，更多是非自愿、应当及其必然的一种考量，更多应体现人们对于股权让与担保基本的法律价值追求或人们对此普遍的一种期待，故要么是一种权利，要么是一种义务，而不能既可能是权利，又可能是义务。

三是股权让与担保情形下的股权回购和股权对赌情形下的股权回购是否也应予以区分？回答同样是肯定的。事实上，所谓股权回购问题，显然不仅仅存在于股权让与担保情形之中，也不仅仅是股权转让买卖交易才可能发生，当前不少涉及股权回购之纠纷与争议实际也和股权对赌有关。所谓股权对赌，又称对赌协议，系各类基金投资主体为保障其入股项目公司资金安全之目的而与目标公司及其相关股东达成的附回购条件的一种协议，一般是当入股目标公司的相关业绩或经营目标（如实现上市等）不能获得满足时，目标公司及其相关股东应有义务回购投资主体以受让股权或增资入股等方式而获得的股权，由此引发此类股权回购纠纷。很显然，此类股权对赌引发的股权回购情形和股权让与担保下的股权回购情形有着更大的差异，不仅其发生依据与起因明显不同，关键是回购之性质亦根本不同。股权对赌情形下的股权回购一般只是作为投资人的一种权利、接受投资方的义务而加以约定，因而其法律性质较为明确，并无争议。但股权让与担保情形下的股权回购，相关协议约定时常摇摆，并不确定，有待明确。

四是所谓法律性质之争是否应当区分法定情形与约定情形之不同？①

---

①　让与担保交易下的回购问题与买卖交易下的买回制度有着很大的相似性，很多方面可以相互借鉴。一般而言，买回本质上属于买卖，尽管其在经济上具有融资的功能，但当事人之间并不存在债权债务关系，而让与担保则需要以债权债务关系存在为前提。德国民法中的买回，分为物权法上的买回和债法上的买回两种，前者客体范围只限于土地，主要为法定买回权；后者规定于《德国民法典》第2编第8章买卖、互易相关条目之中，属于债法调整的范围；在德国，买回权被认为是一种形成权，并有除斥期间之规定。而日本的买回，规定在《日本民法典》债权编第2章契约买卖中；日本学界认为，让与担保的基础也是买回和再买卖约定，学理上甚至直接将买回认定为是为担保目的而进行的买卖或作为变相担保（即权利转移型担保）而进行研究，买回期间被限制为10年，且买回已确定期间的，其后不能将其延长，买回未确定期间的，须于五年以内买回；因超过买回期间买回权失效，以避免不动产的归属长期处于不安定状态。对比德日的买回制度，二者有根本性的不同：德国法中的买回是两次有效的买卖，只是通过该两次实卖，实现了担保功能，但不能因此否定买卖的效力。而日本法中的买回是被作为权利转移型担保，因而认可被担保债权的存在，否定买卖的特性。参见向逢春：《让与担保制度研究》，法律出版社2014年版，第98～105页。

当前，由于法律对于股权让与担保尚缺乏制度安排与规范，以至于人们对于股权让与担保情形下的股权回购多是通过协议方式进行安排，有些甚至对此并无安排。而且，这种股权让与担保情形下的股权回购协商条款与单纯股权买卖、股权转让交易下的回购约定安排，人们一般并不刻意作出区分。因此，当前关于股权让与担保情形下的股权回购，既有约定担保人有权回购的，也有约定担保人有义务回购的。若仅仅从约定情形审视，当前股权让与担保下的股权回购，既可能是担保人的一种合同义务，也可能是一种合同权利。但本书所谓担保人回购股权的性质问题，更多是从应当法定的角度去探寻，并且这种性质一旦为法律所最终设定，则要么可以排除当事人对此所作的自行约定与安排，要么在当事人并无就股权回购作出约定或相关约定不清时，按照股权回购的法定性质加以判断与裁处。

2. 现实之情形

考察现实之中当事人关于担保人回购担保股权性质的约定，既有约定为担保人有权回购的，也有约定担保权人有权拒绝回购的，还有直接约定担保股权归属担保权人即所谓约定流质归属并以此拒绝担保人回购股权的，当然更有不少对此未作约定的。如联大集团有限公司（以下简称联大集团）与安徽省高速公路控股集团有限公司（以下简称安徽高速）股权转让纠纷一案，[①] 当事人即在相关股权让与担保协议中约定，联大集团将其49%的股权先转让给安徽高速作为其向安徽高速借款之担保，同时约定股权转让后两年内，作为担保权人的安徽高速不得转让该担保股权，担保人联大集团享有回购权，回购款项为股权转让款及略高于银行利率计算的利息等。再如深圳市淞瑞贸易有限公司与郑某欢等股权转让纠纷一案，[②] 当事人即约定：郑某欢以其对深圳市立众投资控股有限公司的股权为华瀚公司欠深圳市伟康德典当行有限责任公司的债务提供担保，并受深圳市伟康德典当行有限责任公司指定将股权过户给淞瑞公司，若债务人华瀚

---

① 参见中国裁判文书网，最高人民法院（2013）民二终字第 33 号民事判决书。
② 参见中国裁判文书网，广东省高级人民法院（2017）粤民申 8926 号民事裁定书。

公司连续两次未按还款计划还款时，则担保权人深圳市伟康德典当行有限责任公司有权不归还涉案股权。一、二审法院将此认定为本质上是约定质押物所有权转移给债权人所有，故违反了物权法关于禁止流质的法律规定。就当事人此类约定而言，显然是排斥担保人享有回购担保股权之权利，但基于不少法院比照流质条款而宣告此类约定为无效理念，实质又等于承认并赋予了担保人回购担保股权之权利。

3. 回购属担保人之权利而非义务

在笔者看来，基于"担保所有权"之设想，在股权让与担保交易模式下，应当明确回购担保股权乃担保人所享有的权利而非义务，这意味着当回购条件成就时担保权人不得拒绝担保人之回购，这是"担保所有权"有别于一般所有权较为重要区别所在。照此把握，意味着担保人当然也可以不回购担保股权，且担保权人原则上也不得强求担保人回购担保股权。这也并不意味着担保股权与担保主债权即行相互抵销，而是还有一个担保股权最终作价与处置的程序。如此主张的理由有以下三点。

一是基于股权让与之担保特性。毕竟在股权让与担保交易下，担保人之所以会愿意将股权转让过户给担保权人，其真实与根本之目的在于担保而非变卖处分，故回购担保股权系担保人之权利当为伴随股权让与担保交易的应有之义。否则，一旦提供股权作为担保却无权回购，则担保如同买卖，甚至处分效力还可能大过买卖，因为即便是买卖情形下尚可保留所有权或者协商买回。古今中外法律用词语境中，在人们一般理解与理念中，担保与买卖显然有着实质的不同，其中最为主要的即两者在所有权的处置与安排上存在着差异。买卖则买断，所有权让渡；担保则多为非所有权交易，即便是让与所有权进行担保亦不能与最终处分相等同。故赋予担保人享有当然回购担保股权之权利，无论对此有无约定，以此表明股权让与担保依然属于担保交易之范畴，以此与一般股权买卖相区分，以此保证股权让与担保不偏离其正当的价值轨道，尤为必要。

二是与担保权人权利对等之需要。如本书前述所主张，担保权人有必要被赋予担保股权的行使权利。与担保权人相对等、相对抗，让担保人以权利的形式保留担保股权之回购权利，担保权人不得拒绝回购，可以避免担保权人"以担保之名、行并购之实"等恶意并购情形之发生，避免担保权人恶意追求担保信用之外的股权增值利益，让可能增值的股权利益归属于原所有权人即担保人，或交由担保人以权利之形态自行处置，这更能有效平衡担保人与担保权人之间的利益，避免因股权价值变动而发生不必要的争议。

三是尽最大可能地促成股权之回购。将回购担保股权作为一种权利分配给担保人，担保人即原股东会更有动力为提升目标公司股权价值而努力，从而加速股权让与担保所对应的主债权交易的实现，促成主从交易的满足，回归正常的经济秩序。即便股权价值维持情形下，担保人也可凭借回购权利自行救济股权让与担保设定之初可能所处的不利地位，并有效防止或对抗担保权人类似流质处分担保股权的归属主张。而当担保股权价值下行时，担保人有可能因为回购乃权利而非义务的特性而放弃回购，这也并非担保人不诚信，亦并不偏离股权让与担保当初设定的价值本意，且应视为担保权人接受股权让与担保时可以预见的正常商业风险。既然接受股权让与担保，就不能只关注担保股权价值的上涨，也应预见到可能的下跌，此时担保人若不予回购，担保权人只能按照担保设定之本意选择处置担保股权，以此最大可能地满足其担保权益的实现。此时若强行赋予担保权人以回购请求权利的话，最终结果依然不是担保股权回归担保人，担保权人的权益依然不能凭回购权而获得满足，其结局最终依然是担保股权被依法另行处置。正是基于以上的一些考虑，将回购股权作为担保人的一项权利并加以法定化，同时排斥担保权人对于担保人回购股权的拒绝权，这或许是股权让与担保情形下解决回购纠纷的立足点所在。

以上主张与设想，从相关典当以及担保人回赎权制度中可以得到启发、印证与借鉴。例如，在我国传统典当交易观念中，典可赎，而卖不可赎；典系作价交易，而卖系等价交换，且典权人"不得托故不肯放赎"，而回赎系出典人之权利并非义务。① 根据我国民国时期的民法典，凡典权定有期限者，于期限届满后两年内，出典人得为回赎；典权未定期限者，出典人得随时回赎典物。② 再如，《瑞士民法典》之中，该法第912条亦规定：质物经赎回权利人返还典当证书后赎回，即便赎回权利人在赎回期满无法交出证书时，只要能证明其权利，亦有赎回权；且在赎回期满后，经六个月，即使典当所明确表示仅向返还典当证书的人移交质物，赎回权利人仍有赎回权。③ 又如，在英国按揭制度下，特别值得关注的是其赋予按揭人（债务人、担保人）以赎回权的做法。英国按揭制度下所谓按揭人的赎回权，是指在债务人不能如期清偿债务时，按揭人仍然享有的赎回担保物的权利，除非经法定特别程序，按揭人的赎回权被视为是附着按揭财产的不可侵犯的财产权利，为此还发展出赎回权不可侵犯以及限制担保优势两项特别规则。按照赎回权不可侵犯规则的理解，赎回权被衡平法认为是按揭不可分割的附属权利，且不得通过任何条款或协议予以限制，作为一个规则，一旦是按揭，永远是按揭。④ 按照限制担保优势的规则，按揭权人不得不合理或显失公平地通过按揭获得除了收取借款本金和利息以外的其他权利，即担保优势（collateral advantages）。诸如限制贸易或竞争的合同即被认为是违反公共政策的不当行为，⑤ 而且一个显失公平的担保利益是无效的，⑥ 显然视为按揭权人不当利用了其担保交易的优势地位。这一点其实与大陆法系的过度担保理念极为类似。由此，在英国按揭有关赎回权制度安排下，按揭权人虽可取得按揭股份的所有权，但要屈从于按揭人的赎回权。当然，自十九世纪末以来，随着意思自治和契约自由精神的发

---

① 张晋藩总主编：《中国法制史（第七卷 明）》，法律出版社1998年版，第227页；张晋藩总主编：《中国法制史（第八卷 清）》，法律出版社1998年版，第436页。

② 梅仲协：《民法要义》，中国政法大学出版社1998年版，第582页。

③ 《瑞士民法典》，殷生根、王燕译，中国政法大学出版社1999年版，第253页。

④ Spurgeon v Collier［1758］.

⑤ 王军：《美国合同法》，中国政法大学出版社1996年版，第133页。

⑥ Dr. Joanna Benjamin, supra note 4, p 113.

展，英国有些法院在很明显不存在压迫或误导的意图时，也曾拒绝适用赎回权不可侵犯规则或限制担保优势规则，而是承认当事人的意思自治。因为现代按揭人很难说就是需要特别保护的人，其并非一个濒于毁灭的穷困潦倒的债务人，实际上现代按揭人往往是头脑冷静的商人，极为善于保护自己的利益，为什么仅仅因为他们是按揭人，就可以无视他们自由作出的交易呢?[1] 而在国内，梁慧星教授在关于让与担保的立法建议草案条文中，也曾明确建议赋予债务人以返还请求权，甚至赋予债务人（担保人）五年期间的回赎权利。该草案第四百一十五条规定："债务人在合同约定期间内清偿其债务的，让与担保权人应当将标的物的财产权返还于债务人或第三人。债务人届期未清偿债务且债权人也未实行其让与担保权的，如果债务人于五年内不行使其返还请求权时，该返还请求权消灭。"[2] 这里债务人的返还请求权，实质即类似为本书此处所主张的担保人之回购权，原则上只要主债权期满而担保权人又未实行其让与担保权情形下，担保人均可以清偿债务，并据此有权请求返还担保物。[3] 尤其是，股权让与担保一般并非等价交换的安排，多是作价交易，若不赋予担保人以回购之权利，甚至认为担保人应当负担回购之义务，则很可能让担保人面临设定时的作价（其实是低价）以及担保后的变价（其实是贬价，因为只有变价担保权人才更可能要求担保人实施回购）的双重风险，以至于担保权人很可能获取更多不当之选择利益，致使双方风险承担很可能严重失衡。

二、让与担保股权回购之条件

担保人虽有权回购担保股权，但并非不附条件。只有回购条件具备之

---

[1] Cheshire and Burn's Modern law of Real Property, 13th. ed. p635.

[2] 梁慧星主编：《中国物权法草案建议稿》，社会科学文献出版社 2000 年版，第 784 页。其中，立法建议草案条文第四百一十五条规定："债务人在合同约定期间内清偿其债务的，让与担保权人应当将标的物的财产权返还于债务人或第三人。债务人届期未清偿债务且债权人也未实行其让与担保权的，如果债务人于五年内不行使其返还请求权时，该返还请求权消灭。"

[3] 梁慧星主编：《中国物权法研究（下册）》，法律出版社 1998 年版，第 1070 页。

时，担保人才有权回购，才可以实施回购。否则，担保权人毋庸置疑有权拒绝回购。所以，对回购条件的把握成为担保人回购担保股权之关键所在。

1. 回购条件之基本类型

对回购条件进行类型探讨与划分，意在帮助人们更便捷、更清晰地区分与了解相关条件，并更好地拟定、界定、判定相关条件，从而更有利于股权回购之实施。纯法律逻辑的演绎，当然也是为了更好地设计与架构让与担保股权之回购条件。有关让与担保股权回购之条件，不妨作以下基本的类型区分：

一是约定条件与法定条件。所谓约定回购之条件，即当事人在股权让与担保或相关协议之中自行约定的担保股权回购条件，当前这显然是股权回购条件主要的表现形式。所谓法定回购条件，在当前股权让与担保整体尚缺乏法律规制的情形下，当然无从谈起。但正因如此，法定条件的设定才更为必要。因为不少的股权让与担保对于担保股权的回购条件并未作出约定，或者当事人约定的回购条件并不清晰，甚至过于地苛刻以至于应否适用该约定条件而发生争议。因而怎样的条件下担保人即有权回购担保股权的问题，需要法律对股权让与担保进行整体规范时一并明确。归纳目前大量有关让与担保股权回购争议的裁判理念，凡担保主债权未能获得实现与满足时，担保人主张回购担保股权一般难以获得支持。相反，只要担保主债权获得实现与满足时，则担保人关于担保股权回购的诉请一般能够获得支持。因此，笔者认为，可以将担保主债权获得实现与满足设定为担保权人有权回购的法定条件，无论是否约定或约定回购条件如何，以此法定条件进行掌握，处理好担保人与担保权人之间的回购纷争。

二是成就条件与解除条件。这是法律条件最为常见的类型划分，法律人对此通常较为熟悉。所谓股权回购成就条件，是指一旦符合、担保人即可行权回购的条件，亦可称之为行权条件；所谓股权回购解除条件，则是指一旦符合、担保人即失去回购权利的条件，亦可称之为失权条件。关于失权条件的约定，如联大集团与安徽高速股权转让纠纷一案，[①] 当事人即约定，自担保股权转让完成日起两年内，联大集团若没有行使约定的股权回购权利，包括没有提出回购请求，或虽提出回购请求但没有按约支付回购金额，则联大集团失去转让股权的回购权，联大集团不得再就购回该股权提出请求，或者联大集团虽然提出请求但安徽高速可以不予支持。这就是较为典型的失权条件约定。无论是行权条件还是失权条件，现实之中更为常见的是类似有关回购期限的条件约定，当事人往往约定到期即可行权或过期即视为失权，很有点类似于典当制度下过期即视为"绝买"的感觉。对于这类期限条件的效力如何，常常争议很大。

三是主要条件与附随条件。所谓股权回购主要条件，应是指担保人能否回购担保股权的关键条件，或者说一旦具备即不应实质妨碍担保人回购股权之条件；所谓股权回购附随条件，系指不应实质影响担保人回购股权的任意约定条件。现实之中，当事人关于担保股权回购的条件可能作出所谓综合系列的安排，甚至是相互照应的连环安排，以至于其中任一条件的不到位，即可能影响其他条件的满足与实现，但这些条件实际可以通过双方积极配合履行得以实现与满足，故而可以责令或判令配合履行的方式而并不实质妨碍担保股权回购之实施。这类条件的区分实际类似于主合同交易之中主债务履行与附随债务履行的关系，一般并不能因为附随债务未能履行而即认定违约责任甚至否定主要债务已经履行一方应当获得的对等权利。如一些股权让与给国有企业进行担保，一旦主张回购之时，又可能面临所谓国有股转让需要审批与评估的程序问题，对此，基于有关国有股审批与评估乃部门规章性质的规定，可以考虑并不以此实质影响与阻碍担保人回购担保股权之行使。

2. 回购条件之通常情形

就现实之中当事人通常采用的担保股权回购条件而言，主要有两大

---

① 参见中国裁判文书网，最高人民法院（2013）民二终字第 33 号民事判决书。

类，一为期限条件，二为对价条件，这也可称之为担保股权回购之一般条件，现分述如下。

就期限条件而言，即关于担保人有权行使股权回购的时间条件，故亦可称时间条件。期限条件系当事人关于股权回购最为经常采用的约定条件，不少关于让与担保股权回购的条件约定之中，只是简单地对期限条件作出约定，关于其他回购条件往往并不再作更多约定。因而，期限条件成为人们关注的主要股权回购条件。事实上，在我国传统典当回赎制度之中，也多有关于典期与当期之规定。那么，探讨让与担保股权回购之期限条件，有哪些值得关注呢？一是期限之提前与延后。即关于担保股权回购之期限条件究竟是解除条件还是成就条件呢？考察传统典当期限的做法，典期与当期实际并不相同。如本书前述所曾指出，一般当之回赎须在约定期限内随时进行，逾期即不得回赎；而典之回赎须在约定期限之后进行，一般不得在典限内随时回赎，并且典限一般由当事人约定，而当限一般是法律规定。① 当前关于让与担保股权回购期限的约定，其期限之长短一般多按主债权的履行期限进行设定，且结合股权让与担保交易所担保主债权的融资或项目实现一般并非短期的特点，让与担保股权的回购期限一般亦非短期现象。同时，当事人关于担保股权回购期限的约定多是按失权条件进行理解与把握，所谓过期不候，即过期不得再行回购。如此，所谓担保股权回购期限条件的性质按照失权条件定性，更符合人们期待。如此理解，让与担保股权回购期限条件更加类似或接近于"当期"情形。按照这样的定性，结合回购总体应为担保人权利之特性，故期限条件下，提前回购股权应当不受阻碍，即便当事人严格约定期限届满才可回购，亦不应理解为担保人无权提前实施回购。与此相对应，担保人于期限届满延后回购，首先即应视为违约行为，而且后果将导致失去回购权利，并由此引发担保权人处置担保股权之权利。所以，除非特别约定给予回购宽限期间，

---

① 张晋藩总主编：《中国法制史（第六卷 元）》，法律出版社 1998 年版，第 565～568 页。

担保人均应严格在回购期内而非回购期外进行回购。笔者之所以主张作这样的把握，实际也是结合"股权"这一担保标的之特殊性所作考量。公司经营日新月异，担保股权价值变化莫测，担保期限之内均可视为当事人自行选择、自担风险的回购安排，一旦期满，若再赋予担保人以回购权利，即可能使得债权人处于不利之境地。因此，回购期限条件约束之下，到期不赎回，即应视为放弃回购，至于任何所谓担保人可以"永续回购"等相关主张则更应不予采信。二是期限可否法定。考虑现实之中当事人对于回购期限并不一定进行约定，或者不少让与担保对应的主债权亦可能并非一定是单纯的融资交易，也可能是其他项目的完成与交易等，这些为完成项目而进行的股权让与担保，很难事先设定准确的担保期限，因此，以主交易实现与完成作为担保股权回购条件，实际亦隐含着期限利益。对于这些没有约定担保股权回购期限以及较难把握回购期限情形的，由法律设定回购期限是必要的。结合主交易实现与完成后，回购需要一定的准备与安排，因此，设定主债权满足与实现后6个月内担保人应主张实施回购较为适当。总之，基于规范担保股权回购的需要，应当考虑设定必要的法定回购期限。而就法定与约定回购期限两者关系而言，当然是约定期限条件优先，无约定期限情形时则按法定期限予以补充。

就对价条件而言，即担保人回购担保股权应当支付的对价。这种条件当事人多会作出约定，而且这种约定有可能是很具体的，甚至按照所谓资本回报较为复杂的公司约定担保人回购股权所应支付的对价。但是，也有不少并不就回购对价作出约定的，既可能只是原则约定担保人可以回购却无对价，也可能根本就不作任何的有关回购之约定，因而所谓回购对价并不显现在约定条件之中。当然，即便不予约定，亦并不意味着担保人回购股权不应承担或支付相应对价。对于那些未作对价约定的担保股权回购，大量的裁判案例显示出，均是以主债权获得实现与满足作为担保股权回购的实质而必要之对价，任何没有满足主债权或完成主交易情形下而主张担保股权回购的，均难以获得支持，任何所谓无需对价即有权回购担保股权的均不可想象。因此，任一担保股权之回购均必然有与之对应的对价条件，无论是否约定，所谓"钱还则股还"应为每一担保股权回购必然隐含之对价。但具体而言，"钱还则股还"还需结合具体情况予以把握：一是本息对价。由于股权让与担保多是出于融资的安排与需要而进行，故所谓的担保股权回购对价，实质即是主债权融资发生的本息款额。这样的回购对价往往并不复杂，且原则上按照当事人约定的本息进行处理，除非超过法定利息标准或者所谓复利计息等而有必要进行干预外，与一般借贷融资纠纷本息计算与处理并无差别。对此，还应注意的是，所谓本息对价，也应当理解包括当事人基于融资项目实现而可能获得的利润对价，只要当事人自愿约定的，均无不可。二是综合对价。这类对价相对较为复杂，其现实表现形式多种多样，不少担保股权回购实施之所以发生争议也主要是因为此类对价条款难以把握。它实际是指本息对价以外约定担保人回购股权需要满足的条件。这些对价条件中有些可能涉及相关审批手续，有些可能是项目资料的移转与交接，有些还可能是需要解除担保权人的一些责任负担等。如担保权人可能在获得担保人让与股权担保后，又为担保人或目标公司、关联公司等提供了保证或反担保等，这些均可能作为担保人回购担保股权的综合对价而一并需要获得满足，否则担保人回购股权的愿望依然难以满足。如在青岛中金实业股份有限公司（以下简称中金公司）与中铁置业集团有限公司（以下简称中铁公司）等投资合作协议纠纷一案中，[①]当事人即明确约定担保股权回购的五项条件，分别是：（1）甲方（担保权人）已实际受让乙方（担保人）所持公司 17.5% 的股权；（2）甲方收回了全部投资；（3）甲方获得了协议约定的投资收益；（4）项目施工总承包单位的工程款支付已获得保证；（5）甲方其他关联方（不包括乙方及其公司）在项目中的风险已释放完毕；同时约定，回购对价按照甲方股权投资额加上股权投资额每年溢价 30% 的金额计算，且乙方回购甲方全部股权应

---

① 参见中国裁判文书网，最高人民法院（2013）民申字第 161 号民事裁定书。

在协议签订后 5 年内进行，否则，甲方有权处置公司的项目业务。这就是所谓综合对价较有代表性的一类约定，的确具有较大的模糊空间，要真正实现与满足事实上是很难的。正是基于以上综合回购对价的约定，最高人民法院最终认定，在本案二审判决作出前，除前述第一项条件已具备外，对于其余四项条件，乙方中金公司均未能提交相应证据证明其已经具备，故原审关于"在协议约定的股权回购条件全部成就之前，中金公司并不享有回购该股权的权利"的认定并无不当，且二审判决此项认定，并未否定在协议约定的条件全部具备后，中金公司依然可以行使回购中铁公司所持全部股权的合同权利。三是违约对价。这一点往往被忽视，但也经常成为担保股权回购之争议焦点。即因为所担保主合同的履行债务人存在违约行为，致使发生主合同项下债务人的违约责任，如此责任往往也会一并转嫁于担保股权回购对价之中，否则，担保权人亦可能据此对抗担保人之股权回购。现实之中，还有基于担保人没有及时回购股权而发生的直接违约对价，对此，基于本文坚持担保人有权回购而非有义务回购的主张，故基于担保人没有及时回购而发生的所谓违约责任，一般不应予以支持，即便存在相关之约定。但对于因主债务人违约可否将此违约责任一并纳入担保股权回购对价考量的问题，这实际涉及回购对价与主债务人责任原则上并不可分的基本理念。故主债务人的违约责任，也应当纳入担保人股权回购的对价之中。

三、担保股权回购之阻扰及其证明

担保人回购担保股权，当为股权让与担保交易的正常回归，因而总体属于股权让与担保交易正常实现与完成的范畴。当我们试图明确担保人回购股权之性质之时，其意其实在于实现担保人与担保权人之间权利义务关系的对等与平衡，而当我们分析与了解担保股权回购条件之时，则在于更为实际地把握担保人依据担保股权回购条件实现回购愿望的可能性。但这均非意味着担保人必定能够实现其担保股权之回购。现实之中，即便回购条件约定十分明确，担保人回购股权依然受到阻扰的现象亦时常发生，毕竟担保股权可能巨大的增值利益对于担保权人有着巨大的诱惑力，因此，担保人能否如愿实现担保股权的回购，还需排除阻扰，并证明其回购之能力，从而真正实现股权让与担保交易之回归。

1. 担保股权回购之阻扰

担保股权之回购从来不是一帆风顺的，一旦担保人主张回购，意味着担保股权之估值看涨或事实上已经价格上涨，因而担保权人不愿其所获得的让与股权被回购，甚至阻扰回购的事情经常地发生，这当然是不诚信的行为，但因阻扰回购而引发的纠纷始终在股权让与担保纷争中占据较高的比例。担保权人之所以阻扰回购最为主要的原因是担保主债权未能获得满足与实现，还有就是看好担保股权的价值。事实上，由于原本就没有关于担保股权回购的约定，或虽有约定但所约定的回购之条件却模糊不清、存有歧义，还有就是回购期限明显已过，再或者更为主要的理由就是主债权未能获得完全实现与满足，甚至需要追加违约对价才可配合回购等，这些都是担保权人可能阻扰回购之理由。总之，担保权人阻扰回购之理由千变万化，正当理由应是其主债权未能实现与满足，不正当之实质理由则是担保股权人看好担保股权，就是不想归返担保股权，如此明显违背股权让与担保设立之初衷。我们不得不承认，当我们考虑赋予担保人以回购担保股权之权利时，赋予担保权人以阻扰回购之抗辩权利同样是必要的。所谓"担保权人不得拒绝回购"显然是指无理由的拒绝，一旦担保权人获得相应之理由，即不能一概否认其可以据此实施阻扰以示对抗。当然，任何无理由的拒绝回购，或者所持拒绝回购之理由并不成立，担保权人则应当承担抗辩不当、滥用拒绝回购抗辩权利之违约责任。因此，为了避免担保权人可能滥用拒绝回购之抗辩权利，以尽最大可能实现股权让与担保交易的正常回归，最好的保障便是有关担保股权回购之条件约定具体、明确、可操作。任何回购条件约定模糊不清不如不予约定；任何综合对价捆绑交织，不如分清主次与先后，明确各相互条件对于回购影响的程度；尤其要严格违约责任，任何无正当理由阻扰担保股权回购的行为，均应依约承担违约责任，或者赔偿因不能如期回购担保股权影响股权行使乃至目标公司及其项目经营受到的损失。当然，尤为必要的是如期回购、按时回购，任何不及时回购、过期回购的做法，都可能使得担保股权之回购最终落空。而且，必须明确的是，在没有关于回购条件约定的情形下，则担保权人原则上不得"托故不肯放赎"。总之，唯有回购条件明晰、按时回购，担保权人不当阻扰担保股权回购的可能才能降至最低，才能更有利于担保股权之顺畅回归，确保股权让与担保交易之正常完成。

2. 担保股权回购之证明

即便担保人依约可以回购，但必须对此承担举证责任。担保股权的回购不仅是及时主张的问题，还必须是有能力主张的问题。所谓有能力主张，即证明已尽或可以满足担保股权回购之约定或法定之条件。如果担保所对应的主债权已经满足，或对应的主项目已经实现，则当然是实施回购最好的证明，因为回购能力已经早于回购主张之前而实现，故回购亦理当实现与满足。如南京中医药大学与江苏亿豪房地产发展有限公司（以下简称亿豪公司）、南京中豪房地产发展有限公司（以下简称中豪公司）股权转让合同纠纷一案，[①] 该案当事人在相关协议中明确约定：担保权人中医药大学所持有的中豪公司的股份在同时满足以下两个条件后，中医药大学将所持有的股份按原价转让给担保人亿豪公司：（1）中豪公司在取得土地证并办理抵押贷款后，应首先归还中医药大学借给的全部款项（具体还款时间和办法按双方签订的借款协议办理）；（2）中医药大学教职工拿到协议规定的商品房。后经审理查明，上述约定的两个回购条件均已实现。据此法院认为：让与担保是债权合同的从合同，其所有权转移只是外观的、暂时的、可回转的。当被担保债权被清偿时，该担保权随之消灭，所有权亦必须返还；虽然目前我国法律尚未明确规定让与担保制度，但当事人约

---

① 参见中国裁判文书网，江苏省高级人民法院（2014）苏商终字第 0205 号民事判决书。

定的让与担保条款不违反法律、行政法规的强制性规定，不损害社会公共利益和公序良俗，亦不违反物权法定主义立法意旨，且在市场经济条件下具有促进交易、对抗风险、融通资金等价值与功能，应当认定有效。此后，中医药大学如期收回全部借款并拿到约定数量的商品房，被担保债权已全部消灭，中医药大学所持有的让与担保股权应当返还，至此，双方的股权"回购"自然也就变成了形式意义上的变更工商登记手续。最终判令返还担保股权。再如张某与南京金榜麒麟家居股份有限公司（以下简称金榜公司）等担保合同纠纷一案，[①] 相关法院亦认为，无论从股权转让协议的物权变动效力上来看，还是从主债权本息已全部偿还完毕的事实上来看，金榜公司作为担保人主张张某（担保权人）返还其在金榜吉山公司的42.88%股权，均应予以支持。

现实之中，不少主张担保股权回购的，其所对应的担保主债权并未确定地获得实现与满足，此等情形下，如果主张回购担保股权，则必须由担保人证明其回购能力之真实与可行。即所谓谁主张谁举证，担保人主张回购担保股权，自然应由其承担回购能力的举证责任，除此，还应负有举证证明各相关回购股权之约定条件均已满足或可以满足。否则，当相关证据显示尚不能达到相关证明之目的时，担保人回购股权的主张很可能难以获得支持。就此，我们可从以下一个较为典型的案例之中体会有关回购能力之证明问题。

如联大集团与安徽高速股权转让纠纷一案，[②] 关于担保人是否具有股权回购款的支付能力成为双方争议焦点之一。对此，一审法院认为：联大集团虽提供 2004 年 4 月至 2005 年 3 月的收付款凭证、借款凭证等，证明其积极筹集回购资金进账金额达 7 亿元，具有付款能力，但安徽高速对上述凭证的真实性、合法性不予认可，并认为联大集团并未提供证据证明该款项与回购股权有关；而且，安徽高速为了证明联大集团不具备支付股权

---

① 参见中国裁判文书网，江苏省南京市中级人民法院（2017）苏 01 民终 8741 号民事判决书。
② 参见中国裁判文书网，最高人民法院（2013）民二终字第 33 号民事判决书。

回购款的能力，还提供了部分案件的民事判决书、《银监会开列慎贷名单民营系集中名列黑榜》的新闻网页、安徽省工商行政管理局的《股权冻结通知书》、部分拍卖成交确认书等，证明联大集团因企业业务范围较广，对外过度投资和担保而被列入中国银行保险业监督管理委员会向各金融机构通报的慎贷黑名单；且联大集团因对外巨额负债，其所持安徽安联高速11%的股权在2005年3月、4月被青岛、济南、昆明等多家法院查封、拍卖；联大集团则认为上述新闻网页证据形式不合法，不具有真实性，并不能证明其资产恶化，其他证据所涉案件标的较小，也不能证明联大集团没有付款能力；况且安徽高速的代理人在与本案相关联的金安公司与联大集团、安徽高速借款合同纠纷一案的庭审中也认可联大集团有资产，有付款能力。当事人对此不服，提起上诉。最高人民法院二审亦认为：本案股权回购过程中，联大集团在安徽高速陆续发出按照指定账户汇款要求的情况下，其可以选择索要具体账户或提存等方式履行合同约定的付款义务。上诉人联大集团在本案审理中虽坚称其有足够的履约能力，但在安徽高速数次函告要求其按照指定账户履行《股权转让协议书》约定的付款义务时，却始终坚持先过户后付款；由于该履约方式违背《股权转让协议书》约定，变更了协议约定的履行方式，最终导致超过该协议约定的回购期限；依据《合同法》第六十七条规定："当事人互负债务，有先后履行顺序，先履行一方未履行的，后履行一方有权拒绝其履行要求。先履行一方履行债务不符合约定的，后履行一方有权拒绝其相应的履行要求。"安徽高速依照法律规定及《股权转让协议书》约定，在联大集团违背约定、符合拒绝接受其履约的条件下，拒绝其超出约定内容的关于先过户后付款的回购主张，事实及法律根据充分，应予支持。

现实之中，还有一种情形，即担保人试图以第三人购买担保股权的意愿及其实力来证明自己具有回购股权的能力，这种证明由于缺乏该第三人实际履行的事实且又非同一案件当事人，更非原来股权让与担保关系的当事人，故如此第三人代为履行的承诺除非为担保权人所认可并转化为实际履行的事实，否则，不能以此作为担保人有回购能力之证明。甚至，恰恰相反，可以证明担保人不仅缺乏回购之能力，而且试图将其回购之权利转让第三人谋利（事实上基本没有不因谋利而所谓无偿替代担保人履行回购条件的），这种基于担保股权升值以及回购权利谋利之行为，并非赋予担保人回购权利之法律本意。

第五章　让与担保股权处置和优先受偿

如果说前章论及有关担保股权之行使及其回购问题尚属股权让与担保正常实现和价值回归的话，那么让与担保股权之处分则显然属于股权让与担保交易不能正常实现后担保价值的兑现问题。尽管关于让与担保股权之行使及其回购亦难免发生争议与纠纷，但相比较而言，关于让与担保股权之处分则更为常见且争议更大。当前，关于让与担保股权之处分，确有不少问题人们认识尚不深入亦较难统一，诸如可否比照流质处理的问题即争议很大，而有些问题虽然认识相对统一，如担保权人对于担保股权可否优先受偿等，但在具体把握上亦同样差异较大。

第一节　让与担保股权处置

让与担保股权处置，是研究股权让与担保难以回避的问题，也是每一股权让与担保设定之初即应有所安排的问题，由此引发的争议亦难以避免，因而亦必须明确相关处理规则。所谓让与担保股权的处置，实际是指处分让与担保股权以实现主债权的过程，又被称之为担保股权之实行。总体而言，让与担保股权处置问题应属股权让与担保非正常实现之范畴，毕竟股权让与担保设定的本意或所期望的正常实现方式并非处置担保股权，而应是主债权交易获得正常实现与满足，如此担保增信价值发挥了，交易也实现了，担保股权亦回归了，这应是人们对于股权让与担保正常实现的商业价值乃至法律价值之期待。但在股权让与担保交易下，不能不预见到的是，当主债权交易不能实现或满足，而担保股权之回购亦不能实现时，不管是因为担保人无力回购，还是担保人放弃回购，或是担保权人阻扰回购以至于围绕担保股权回购发生争议，则必然会面临让与担保股权的处置问题，而这也是发生让与担保股权处置的基本前提。但人们总是希望让与担保股权的处置不应成为此类担保之常态，甚至成为每一股权让与担保必然要面临的问题，如果是那样的话，则意味着社会正常商业秩序可能出现了混乱，商业诚信可能出现了问题，因而尽管让与担保股权处置必须加以探讨，但总是希望现实之中尽可能避免其发生。那么，让与担保股权通常的处置方式如何？当前对于让与担保股权的处置可能面临哪些问题？尤其是担保权人可否主张担保股权之归属？

一、让与担保股权处置主要方式

就让与担保股权处置而言，首先要考察的是具体处置方式的问题。不同的处置方式对于担保人与担保权人的利益平衡显然并不相同，对于可能涉及的处置成本亦不相同，对于相关第三人的利益协调与保护更是存在着差异。因此，股权让与担保处置问题，不仅涉及当事人的意思尊重，更涉及法律价值的选择与导向，当然亦必须考量相关制度成本等。当前，股权让与担保之处置主要有以下方式。

1. 归属方式

所谓归属方式，即本书第一章所述归属型股权让与担保类型下处置让与担保股权的特定方式，系指当事人明确约定债务人不能还债时担保股权即归属担保权人的协议处理模式。在该模式之下，只要债务人不能按期还债，担保权人即可以完全取得担保股权之所有权并免除对担保股权价值进行清算之义务，故又俗称"流质"。这种处置方式，在当前股权让与担保相关协议中最为常见，不少当事人均对此会作出约定，即所谓若不还钱则担保股权归为担保权人（债权人）享有的理念基本能够为大众所认同、为商人所接受。

例如，蔡某堤、黄某婷与吴某清、何某义确认合同无效纠纷一案，[①]当事人即约定："蔡某堤向吴某清借款 1888 万元，月息 2%，期限一年，以蔡某堤在江西松柏实业有限公司（以下简称松柏公司）名下 20% 股份抵押在吴某清名下，借款期限内还款，出借方承诺当日内吴某清应将 20% 股份转回蔡某堤名下。逾期未还款，则 20% 股份不予归还。"对此，相关法院认为：在原告蔡某堤、黄某婷明确约定以转让股权的形式担保债务的履行，而该债务已到期且其未能清偿的情形下，原告蔡某堤、黄某婷主张被告吴某清协助办理原告质押的松柏公司股份变更返还给原告蔡某堤名下，与当事人的约定相悖，且无法律依据，法院不予支持；但《借款协议》中约定的"逾期未还款则 20% 股份不予归还"为流质条款，是无效条款，对原告蔡某堤、黄某婷主张该条款无效，法院予以支持。据此判令：确认 2014 年 9 月 5 日的《借款协议》中的条款"逾期未还款则 20% 股份不予归还"无效。再如，吴某、胡某华、邢某年与新沂市通城商业有限公司（以下简称通城公司）股权转让纠纷一案，[②]该案当事人即约定：如通城公司（债务人、担保人）在借款 6 个月内没有把 70 万元还给吴某（债权人、担保权人），那么吴某有权不过户，造成的一切损失由通城公司承担。对此，法院认为，上述关于逾期股权不再返还的约定，违反了当事人不得在合同中约定债务履行期届满未受清偿时，所有权为债权人所有的强制性规定，属流质条款，该约定无效。

---

① 参见中国裁判文书网，江西省南昌市中级人民法院（2015）洪民二初字第 587 号民事判决书。

② 参见中国裁判文书网，江苏省徐州市中级人民法院（2016）苏 03 民终 6281 号民事判决书。

显然，在当事人看来，以对应的股权进行担保，原则上能够满足主债权实现的担保价值需要，即便是同时采取股权让与担保和其他物的担保或者保证等混合担保方式时，亦意味着股权让与担保能够满足其所相对应的相关部分主债权价值的需要。当事人签约的过程，是个协商与谈判的过程，对于采用股权让与担保方式的交易主体而言，亦可归为商人范畴或有相关专业人员协助范畴，并且总体应当认为了解或一定程度知悉担保股权所对应的价值，甚至对于其潜在价值即估价风险可能亦在担保设定之时进行了考虑。尽管基于"打折担保"的一般理念，担保股权的价值往往大于其所对应的担保债权，但不管怎样，正是基于谈判、协商以及基本了解与考虑接受的过程，一旦各方达成让与担保股权归属处置的相关约定，无论担保股权价值实际是否能够满足或超越主债权担保之需要，均应视为自愿协商的预约性处置安排，实际也可类视为一种附条件的预约买卖交易，即所谓担保人若无力回购则担保股权归属担保权人应推定为各方自愿交易的一种事先安排。正因如此，原本在当事人看来，股权让与担保下的归属处置方式并无任何的不妥，因为任何的交易处置均实质隐含着处置标的涨或跌的商业风险，卖亏了或卖值了，买值了或买亏了，都是商业经常需要面临的问题，一般均非法律必须干预之范畴。当前我国之所以就此争议不断甚至还有扩大的态势，不是因为关于担保股权归属处置本无争议，而更多是因为法律界人士比照所谓"物权担保流质无效"的基本法律规定推演出让与担保股权处置归属方式亦应无效的理念，从而更进一步激发了担保股权归属处置方式的纠纷与争议。尽管关于归属处置争议不断，关于流质无效之理念依然盛行，但当事人依然不断在有关股权让与担保的相关协议之中就担保股权的归属处置方式进行着约定。

2. 清算方式

所谓清算方式，是指债务人不能还债情形时担保权人虽有权处分担保股权但必须对其价值进行清算的处置模式，系清算型股权让与担保类型下处置让与担保股权的特定方式。在该模式之下，除非经过清算，否则担保权人并不当然取得担保股权。而所谓的清算，主要是就担保股权价值与主债权额之间的差额进行审计评估，当担保股权的价额超过被担保主债权额时，担保权人应将该差额返还设定人；如果担保物的价额尚不足以清偿主债权时，则担保权人仍然可以继续请求债务人偿还，但担保人的担保责任应当视为履行完毕。现实之中，股权让与担保相关协议之中约定清算方式亦并非没有，但总体不如约定归属方式那样普遍。

例如，港丰集团有限公司、深圳市国融投资控股有限公司（以下简称国融公司）合同纠纷一案，各方当事人在合同中对于债务人不履行债务时担保权人处置股权即作出如下约定："如长城担保公司和国融公司直接处置港丰房地产公司的股权，则在还清长城担保公司、国融公司债务及扣除合理的处置费用后将剩余款项无条件返还给港丰集团公司或其指定的第三人。"[①] 对此，最高人民法院即认为：据此约定，长城担保公司、国融公司并非当然取得港丰房地产公司的股权，而是以处置港丰房地产公司资产或股权的方式优先清偿长城担保公司、国融公司享有的债权后，再将剩余款项返还给港丰集团公司。这表明长城担保公司、国融公司对担保物享有的是优先受偿权，而非所有权，故并不因此产生流质的法律后果，因而并不违反目前我国物权法和担保法的相关规定。[②]

当前，基于归属方式比照流质处理从而认定为无效的主流理念，一般多是以清算方式来替代归属方式；尤其当根据股权让与担保协议具体内容无法确定当事人是采用清算方式还是归属方式时，则一般更是推定采用清算方式。因此，就当前让与担保股权处置而言，尽管当事人多是约定归属处置方式，但学界以及司法实践更多倾向于采用清算方式。如有学者即主张：流质条款无效后股权让与担保仍然面临后续的担保物权实现问题，为保护让与人的利益，让与担保需经清算方可实现；并且法院应注意当事人

---

① 参见中国裁判文书网，广东省高级人民法院（2015）粤高法民四终字第196号民事判决书。

② 参见中国裁判文书网，最高人民法院（2016）最高法民申1689号民事裁定书。

在协议中是否约定了清算条款，无论该清算条款是归属清算型还是处分清算型，法院应尽可能地对合同条款进行解释，使股权让与担保的实行进入清算的路径；而当事人未约定清算条款，也无法将合同条款解释为清算条款时，法院仍应将股权让与担保推定为清算型让与担保，给予当事人清算义务；至于清算方式推定为归属清算还是处分清算，则应区分股权的类型，采取不同的清算方法；对于上市公司的股权而言，二级市场已经形成竞争充分的市场价格，采取归属清算有利于节约变价成本；对于非上市公司的股权而言，采取处分清算似更合于担保物权的变价法理。①

就清算方式而言，实际涉及不少具体的问题，甚至并非如人们想象的更为可取。在清算方式处置下，首先遇到的便是由谁负责清算的问题。是担保权人可以单方实施清算，还是担保人负责清算，或是只能双方共同委托第三方中介进行清算，甚至只能诉之法院由法院指定中介进行清算，这既面临不少的选择成本，更是事关清算能否公平进行的基础性问题。除此之外，不管哪方主体负责清算，对于担保股权的作价必然成为其要点所在。而作价即要评估，评估不仅涉及评估费用，更要涉及评估依据的问题。就股权评估而言，不言而喻要涉及公司财务及相关资产的财务审计与评价问题，如此担保股权所附着的目标公司是否配合与支持股权评估审计、是否愿意提供评估审计财务资料等又往往成为阻碍所在。并非担保股权所附着的目标公司均为公开上市性质的公司，如果是那样的话，因为股价有公开市场的行情显示，故所谓清算方式当然要简单得多，或许主要是确定清算基准日期的问题。但现实情形是，股权让与担保所涉及的目标公司更多为非上市、非公开性目标公司，对其股权所谓清算实际主要是评估确定其股权之价值，暂且不论评估基准日期的确定问题，仅仅是目标公司的配合与支持就是一个令人头疼的问题。进一步而言，即便担保股权评估价格可以得出，但是否按照评估价格抵销主债权金额由此担保股权即归属

---

① 高圣平、曹明哲：《股权让与担保效力的解释论——基于裁判的分析与展开》，载《人民司法·应用》2018 年第 28 期。

为担保权人还是必须再行拍卖的问题，又成为清算方式必然需要明确的问题。如果不能按照评估价格抵销主债权，而是必须以评估价格作为拍卖底价或参考价格的话，则拍卖方式所可能的涉及的类似成本及效率等问题在清算方式中均难以避免。所以说，人们关于清算方式当为让与担保股权处置优先方式的设想并非简单、低廉、高效、可行。

3. 拍卖方式

所谓拍卖方式（auction），也称竞买，实际是一种公开竞价的买卖方式，系由专门从事拍卖业务的拍卖行接受相关主体委托，在规定的时间与场所，按照一定的章程和规则，将要拍卖的标的向买主展示，公开叫价竞购，最后由拍卖人把标的卖给出价最高买主的一种交易方式。按照《拍卖法》第三条的定义，拍卖是指"以公开竞价的方式，将特定的物品或财产权利转让给最高应价者的买卖方式"。尽管拍卖方式多种多样，但其根本价值功能在于通过拍卖竞价去发现拍卖标的物的真实价格和稀缺程度，以此避免交易的主观随意性，更直接地反映市场需求，从而最终实现拍卖商品价值的最大化。一般认为，拍卖必须有两个以上的买主，必须有不断变动的价格，必须有公开竞争的行为，尤其是如果没有任何竞争行为发生，拍卖将失去其根本意义。就让与担保股权处置的拍卖方式而言，实际与前述清算处置方式密切关联，但又并非完全等同。因为尽管清算最终多是通过拍卖而完成，但清算亦未必都是以拍卖而完成；并且清算可由当事人自愿协商进行，而当前对于担保股权的拍卖一般多由法院负责进行，实际基本等同于司法拍卖；还有清算一般应当以审计评估为前提，而拍卖则可以由当事人协商底价、参考价或保留价等，因而是否要评估审计并不十分强调。正因如此，拍卖可以作为当前担保股权处置的一种独立的方式。对此，值得注意的是，就当前让与担保股权处置而言，如果并不发生纠纷，当事人自愿地履行，无论是自愿归属处理，还是协商清算作价，均无不可；但如果发生处置争议，实际均是提交法院或仲裁机构进行裁处，而如前所述，对于流质归属并非当前司法主流观念，因而需要拍卖、变卖或折价处理，并且多是按照实质是清算的方式进行处理，而由司法主导的清算实际又最终与司法拍卖执行关联起来。所以，当前所谓担保股权的拍卖方式，实际只是附属于前述清算方式的一种阶段性辅助手段而已，当前几乎没有当事人共同协商而自行委托的所谓任意性拍卖担保股权的。因而，一旦因担保股权处置而发生争议，实际最终多是由司法委托拍卖即强制拍卖的方式进行处置，亦即司法拍卖。

司法拍卖担保股权，同样存在难以回避的问题。"许多国家的经验表明，司法执行是担保融资交易的一大严重障碍。常见的现象是，法院工作负荷太大，申请执行就要拖延很长时间，而在此期间，担保物的状况可能恶化，或者被债务人毁坏或转让。法院诉讼程序的费用昂贵，需由违约的债务人承担或多数时候由担保物权人承担。唯一有权出售担保物的法院官员通常不是工作负荷过重，就是缺乏积极性去迅速处理担保物以避免其灭失或贬值。此外，他们还缺乏保证其出售的担保物完全实现其市场价值的专业知识和设施。"① 正因如此，不少国家和地区为了促进担保融资交易，为了避免司法及其拍卖或执行可能带来的拖延与成本高昂作了不少的法律探索，② 值得借鉴。其中，我国澳门地区，针对动产让与担保则采取更为

---

① 参见中国人民银行研究局、世界银行集团外国投资咨询服务局、国际金融公司中国项目开发中心：《中国动产担保物权与信贷市场发展》，中信出版社 2006 年版，第 275 页。

② 近年来，许多国家简化了实现担保债务的司法程序。涉及司法扣押时，简易程序的使用将司法审议限于裁决动产担保物权是否设定以及违约事件是否发生。在斯洛伐克，最新实施的简易司法程序将动产担保物权的实现时间从旧制度下的 560 天缩短为 45 天。在西班牙，2003 年开始实行债权强制公证程序后，实现担保债务的时间从 1 年降为 3 个月。在罗马尼亚，动产担保物权可以通过私人签字的协议或通过公证的担保协议设定。经过公证的文书起着"执行令"或"强制公证令"的作用，担保物权人无须求助法院即可直接启动动产担保物权的执行程序，极大地提高了动产担保物权实现机制的可预见性、可靠性和效率。匈牙利的情况与此相似，某些种类的动产担保物权可以通过公证而设定，在实践中，即使没有公证要求，债权人也愿意选择以公证文书证明担保物权人债权的存在，从而有利于动产担保物权的实现。印度 2002 年《担保和执行法》规定担保的实现尽量少涉及法院。一旦发生违约，担保物权人可以书面通知债务人，要求在 60 日内足额清偿其对担保物权人所欠债务；在 60 日宽限期之后，担保物权人可以向地方治安官法庭申请一项执行令，这个程序只需几天时间，此后，担保物权人即可直接扣押担保物，并私下变卖或者（更为常见）公开拍卖担保物，实现时间从 10 年缩减为 6 个月。阿尔巴尼亚、保加利亚和罗马尼亚也在最近引进了快速诉讼程序，用于发生违约后动产担保物的回收，取得了积极的效果。参见中国人民银行研究局、世界银行集团外国投资咨询服务局、国际金融公司中国项目开发中心：《中国动产担保物权与信贷市场发展》，中信出版社 2006 年版，第 275 ~ 276 页。

积极的立法姿态，不仅司法途径处置让与担保物并非首先方案，更是允许担保权人直接出售担保标的物。如根据《澳门商法典》第九百二十二条之规定："如不履行或迟延履行信托让与所担保之债务，在合同另无明示规定情况下，信托让与所有人需将担保物出售予第三人，无须拍卖、公开拍卖、事先估价或其他司法或非司法措施，并得以所得价金支付债务人之债务即信托让与所有人因收取款项而生之其他开支；如结算后有余，应将之交付予债务人……如无订定行使前款所指权利之期限，债务人得为此向信托让与所有人指定不少于三十日之期限，如后者在该期限内不行使该权利，则非透过司法途径不得进行出售。"[①] 澳门这种由担保权人先行自行出售担保物，而后才可能司法拍卖的处置顺位，甚至向第三人出售时还可以无须拍卖、公开拍卖或事先估价，这或许较为符合让与担保之基本特性。

4. 变卖与折价方式

当面临让与担保股权处置争议时，基于清算而最终采用司法拍卖方式的处置乃为当前主要情形，但司法拍卖如前所述亦会遇到不少问题，尤其若无人对拟拍卖股权感兴趣时，则所谓的公开拍卖显然无法进行，因此采取非公开竞价的变卖或折价方式处置担保股权是十分必要的。所谓的变卖，是对标的物（担保股权）进行换价的一种相较于拍卖更为简易的方式，系由当事人或法院直接将担保标的物以公平合理价格出卖，并以所得价款优先偿还其担保债权的一种实现方式。其实质是向第三人出售，当然也可能因为没有第三人愿意购买而变为向自己变价，即所谓自售自卖的情形。所谓的折价，是指债务人在履行期限届满时未履行其债务，经担保人与担保权人协商，或者协商不成时经由人民法院判决，按照担保股权自身的品质、参考市场作价，折抵主债权金额，从而实现对应担保权益的一种方式。按照当前我国《物权法》之规定，拍卖、变卖与折价同属于物权法上的变价方式，因而亦均为担保物处置可以选择的法定方式。如《物权

---

① 中国政法大学澳门研究中心、澳门政府法律翻译办公室编：《澳门商法典》，中国政法大学出版社 1999 年版，第 257 页。

法》第一百九十五条规定："债务人不履行到期债务或者发生当事人约定的实现抵押权的情形，抵押权人可以与抵押人协议以抵押财产折价或者以拍卖、变卖该抵押财产所得的价款优先受偿。协议损害其他债权人利益的，其他债权人可以在知道或者应当知道撤销事由之日起一年内请求人民法院撤销该协议。抵押权人与抵押人未就抵押权实现方式达成协议的，抵押权人可以请求人民法院拍卖、变卖抵押财产。抵押财产折价或者变卖的，应当参照市场价格。"第一百九十八条规定："抵押财产折价或者拍卖、变卖后，其价款超过债权数额的部分归抵押人所有，不足部分由债务人清偿。"尽管如此，但应该注意的是，在司法实践中仍是以拍卖为原则，司法拍卖更应优先获得采用与遵循，至于变卖与折价处置仅为例外补充之方式。之所以如此，当然是由于这三种方式的基本特点决定的。拍卖为公开进行，阳光透明，更能最大化地实现拍卖标的物的市场价格。而变卖并非公开进行，甚至亦无所谓低价，因而亦并不必须估价，不仅难以实现变卖标的物价值最大化，甚至有出现暗箱操作的可能，无论是程序还是实体均受到质疑。因此，就担保权人实行其让与担保的具体方式而言，首先应当依照担保人与担保权人之间的约定进行，若无约定或约定不明时，当以变卖担保物取偿的方法实行，而变卖担保物取偿，一般而言又应当以拍卖方式进行。① 至于折价方式，实际是估价处理，虽然总体应参照市场价折抵或估价，并且程序亦相对简便，透明性更为不足，尤其与所谓的"流质"难以区分，因为一般所谓的折价或估价更多是将标的物直接折抵给权利人，因而与"流质""流押"并无实质的不同。若硬性区分"折价"与"流质"，则折价体现实现过程中对担保标的物的作价与协商处理，而流质则一般是当然地将担保标的物归属权利人，并无实现担保权益时的作价与协商过程。但流质可也分为事先流质条款与事后流质条款，而所谓的事后流质条款实际就是指担保主债权不能获得满足或实现情形后，担保权人与

---

① 梁慧星主编：《中国物权法研究（下册）》，法律出版社 1998 年版，第 1070～1071 页。

担保人协商将担保标的物约定归属担保权人的一种处置方式，这与折价处置方式极为相似，难分彼此。总之，不管是否为担保股权处置主要还是次要的方式，或是与流质难分彼此，变卖与折价依然是实践之中当事人可以自愿以及司法执行可以选择的担保股权的处置方式。尤其值得注意的是，变卖或折价处理均应实质保障担保人就担保股权与主债权实现之间的差额请求返还的权利。

对于变卖与折价处理的方式，甚至让与担保整体的股权处置方式，或所谓担保权人实现其担保权益的方式，英国按揭制度下有关按揭权人的出售权等制度安排颇为值得关注与借鉴。在英国按揭制度下，按揭权人实现其权益的方式尽管多样，但主要为出售权和赎回权取消令两种。所谓出售权（power for sale），根据 1925 年《英国财产法》的规定，按揭人不能如期清偿债务时，按揭权人享有出售权。出售权的获得可有两个途径：一是通过双方协议安排获得；二是通过向法院申请出售令（an order for sale）获得。出售权并非无规则遵循：首先，出售权必须是真正的出售权，即按揭权人不得把按揭财产卖给自己，或以自己与其他人作为共同购买人买进按揭财产。如果按揭权人真希望自己取得按揭财产，则应申请赎回权取消令。其次，出售权的效力即是赎回权的丧失。如果没有规定固定的清偿日期，按揭权人在发出要求付款的合理通知后即可享有默示的出售权。最后，按揭权人行使出售权时应当承担合理的注意义务，并且这种义务不得通过合同约定加以排除。尤为值得注意的是，这种合理注意义务还体现在，当按揭股份价值远远高于被担保债权时，则按揭权人不得将股份全部出售，而应以满足其债权为限；即使按揭人在给予按揭权人的不可撤销授权委托书中明示地授权按揭权人在被担保债务未能清偿时可以随意出售任意数量的股份，这种授权也有可能被法院认为是排除了按揭权人的合理注意义务而归为无效。至于通过赎回权取消令（foreclosure order）实现担保权益时，法院首先会发出要求按揭人在特定期间清偿被担保债务的命令，给予按揭人通过履行债务而赎回担保财产的最后机会，此项命令被称为

"假赎回权取消令（order for foreclosure nisi）"，其效力是除非按揭人在由法官助理签署的确认书所规定的日期前清偿债务，否则他将丧失按揭财产。其目的显然是给予按揭人清偿债务的最后机会，否则他将失去在按揭财产上附着的不可侵犯的赎回权。如果债务仍然未得到清偿，在规定的清偿日的最后一天，按揭权人将到庭等候按揭人，如果按揭人不到庭，由按揭权人作出宣誓书，表明在当时及以前均未获得来自债务人的清偿，法院将作出正式的赎回权取消令，按揭人的赎回权即丧失。①

回到我国的现实之中，有一种介乎变卖与折价之间更为模糊的让与担保股权处置条款，即约定主债权不能获得满足与实现时，当担保人亦不能回购或放弃回购时，担保权人可以受让让与担保股权。如修水县巨通投资控股有限公司（以下简称修水巨通）与福建省稀有稀土（集团）有限公司（以下简称稀土公司）及江西巨通实业有限公司（以下简称江西巨通）合同纠纷一案，该案当事人在相关协议有关"解除条件未能满足"中约定：如相关所述解除条件未能满足的，修水巨通（担保人）无权终止或解除本协议；但稀土公司（担保权人）既有权要求继续履行本协议的全部或部分内容，也有权要求终止或解除本协议的全部或部分内容。即：届时稀土公司既有权要求实际受让部分或全部（具体比例视稀土公司的要求而定）目标股权，也有权拒绝受让任何比例的目标股权；如稀土公司仅实际受让部分目标股权的，修水巨通应立即将未受让的目标股权对应的股权转让价款全额退给稀土公司等。在以上条款基础上，双方还进一步约定：如果稀土公司决定受让全部或部分股权，各方同意由稀土公司指定相应资格的资产评估机构对目标股权的价值进行评估，同意由稀土公司指定具备相应资质的矿业权评估机构对江西巨通（目标公司）及其下属公司名下矿业权价格进行评估……那么，对于这类约定是按股权转让认定与处理，还是比照折价或变卖认定，甚至认定为实质流押呢？若按照股权转让认定，作为股权

① 任昭宇：《论英国法的股份担保制度》，对外经贸大学 2019 年硕士学位论文。转引自许明月：《英美担保法要论》，重庆出版社 1998 年版，第 176～180 页。

让与担保交易，之前已经完成了全部的股权转让手续，那么仅仅是再次确认股权转让之效力吗？如果认定为变卖方式，难道可以约定变卖给权利人一方吗？变卖不是一般向第三人出售以换得价款并据此优先偿还债权人吗？如果认定为折价方式，则并无争议之后协商作价处置担保股权的安排？难道是流质吗？毕竟该类条款没有约定直接的归属，甚至还约定了类似清算作价与评估的方式，因而又与所谓的清算处置方式极为靠近。对此，一审法院认为：本案讼争合同以上约定与流质条款有严格的区别；本案讼争股权转让合同约定的担保实现方式与流质条款不同；本案中对于股权转让对价系以稀土公司决定受让股权后以合同约定的基准日确定，而流质条款的债权人是当然地取得股权，并不负有对标的股权的清算义务；因此，修水巨通认为本合同系流质条款的抗辩主张不能成立，本案股权转让未违反法律法规关于禁止流质的规定。对此，二审法院亦认为：以上内容约定了清算条款，故并不违反流质条款的禁止性规定，并且根据以上协议条款约定，若修水巨通未依约清偿债务、解除条件未满足的，稀土公司有权选择实际受让全部或部分目标股权，并指定具备相应资质的资产评估机构对目标股权价值进行评估，从而确定股权转让价款，在比较股权转让价款和稀土公司代偿债务金额的基础上，双方本着多退少补的原则支付差额，上述约定表明，案涉让与担保的实现方式即为归属清算型。尽管一、二审均作出以上认定，但担保人对此依然不服，类似本案条款是否属于流质或归属处置方式，或如二审借用之概念"归属清算方式"，依然争议较大。

二、归属处置方式应当更为优先

基于前述有关让与担保股权处置方式的介绍，人们对于主要处置方式的内涵及其基本特点有所了解与把握，而且基于当前关于流质无效的根深蒂固的观念，前述让与担保股权处置下的归属方式因属流质性质的条款而受到效力之否定，因而当前我国关于让与担保股权处置实际上主要是采用清算方式基础上外加司法拍卖的方式而进行。尤其是 2019 年 11 月 8 日最高人民法院公布的《全国法院民商事审判工作会议纪要》第 71 条关于"让与担保"中十分明确地指出："债务人或者第三人与债权人订立合同，约定将财产形式上转让至债权人名下，债务人到期清偿债务，债权人将该财产返还给债务人或第三人，债务人没有清偿债务，债权人可以对财产拍卖、变卖、折价偿还债权的，人民法院应当认定合法有效。合同如果约定债务人到期没有清偿债务，财产归债权人所有，人民法院应当认定该部分约定无效，但不影响合同其他部分的效力。当事人根据上述合同约定，已经完成财产权利变动的公示方式转让至债权人名下，债务人到期没有清偿债务，债权人请求确认财产归其所有的，人民法院不予支持，但债权人请求参照法律关于担保物权的规定对财产拍卖、变卖、折价优先偿还其债权的，人民法院依法予以支持。债务人因到期没有清偿债务，请求对该财产拍卖、变卖、折价偿还所欠债权人合同项下债务的，人民法院亦应依法予以支持。"从中不难看出，关于包含股权让与担保在内的一切让与担保的协议效力，当前司法已不再持有异议，但关于流质无效的理念依然坚持，以上第 71 条关于"让与担保"的全部核心要义，实际就是强调让与担保虽然有效但流质约定依然无效，人民法院依然不予支持。这实际也是我国司法一贯以来的理念，其直接渊源来自《担保法》《物权法》等关于流质、流押无效之相关规定。之所以进一步作如此专门的强调，当然也是针对当前让与担保交易中当事人较多采用归属方式处置担保标的物的现象所进行的重点遏制。2020 年出台的《民法典》删除了不得约定流押或流质等文字内容，但对于可否归属处置亦未作明确，只是更加强调债权人获得优先受偿的法律权利，这是否意味着给股权让与担保当事人约定归属处置的方式留出了一定的法律空间？结合让与担保股权处置方式而言，笔者以为，基于"担保所有权"具有所有权基本特性之基本设想，当以归属方式为优先，清算方式次之，而变卖与折价方式仅为补充，如此顺位安排让与担保股权的处置方式，更为符合股权让与担保的基本特性，亦更为符合人们的一般期待。

1. 归属优先更为符合让与担保之基本特性

让与担保作为一种非典型担保，其与典型担保有着明显的不同，一是法律构成不同，二是公示与否不同，三是实行方式不同；尤其是典型担保作为一种变价权，严格禁止当事人在合同条款中约定直接流质担保物，即禁止流质条款，但让与担保不受此限，既可采取变价方式，也可采取流质方式，让与担保作为一种约定担保，它的设立乃至处置应更多基于当事人之约定办理。[①] 股权让与担保作为让与担保的一种具体表现方式，其与一般抵押乃至质押更是有着基本特性上的差别。正如人们所知，抵押属于非移交占有的一种物的担保承诺，而质押则仅属移交占有的物的担保形式，但让与担保却明确是以担保物之所有权为标的而提供担保，这种不同形态权利下的担保，虽然同为担保方式，但在是否移转所有权特征上有着显著的差别。姑且不论有关抵押与质押的流押、流质禁止性规定是否合理，尽管当前法律对此有明确之规定，但理论界已经对此不断反思，且已有主张否定流押、流质的不合理规定，即便流押、流质可以成立，亦非让与担保即应比照处理。任何仅仅根据让与担保亦为担保因而便当然认为应当比照流押、流质处理的观念，实际均未照顾到让与担保移转所有权作为担保的这一根本特性。或许，正因抵押、质押并非以所有权为担保，因而任何约定以所有权直接抵偿债务的做法明显违背该类担保之初衷。正所谓流押、流质契约禁止首先是根据抵押权、质押权并不涉及所有权的本质属性而得出的，并非仅仅因担保之一般特性即禁止。在人们看来，抵押权、质押权仅仅是一种变价受偿权，故抵押、质押财产若未经折价或者变价就预先约定担保财产转移抵押权人、质押权人所有，有违抵押权、质押权的价值权属性。而让与担保则不同，虽然其亦可同属于担保范畴，但让与担保原本即是约定以所有权为担保，甚至已经依法移转所有权提供了担保，那么再

[①] 虞政平：《公司法案例教学（中册）》，人民法院出版社 2018 年版，第 1196～1197 页。

行约定以所有权抵偿债务的归属处置方式不是顺理成章之事吗？进一步而言，在让与担保已经约定以所有权作为担保获得法律认可的情形下，在已经移转所有权提供了担保情形下，还存在所谓的流押、流质情形吗？流押、流质是以所有权原本没有担保、更没有移交的前提下来讨论、来权衡、来设定、来适用的，而让与担保情形下实际已经事先发生了或约定了担保标的所有权的移转，人们设想或所谓的流押、流质已经事先发生了，对于绝大多数已经移转所有权让与担保情形下，事后的归属处置实质并不会再次涉及所有权的移转问题，所谓的归属处置实际仅是一个债权债务抵销财务处理方式而已。对于没有实际发生所有权移转的让与担保而言，一旦事后以担保标的物抵偿债权，因为事先有所有权担保的合意与抵押、质押不存在移转所有权之合意存在明显的差异，亦不能套用或比照流押、流质进行处理。简言之，在让与担保之中，包括股权让与担保情形下，因其担保特性上的基本差异，同时也是基于人们对于股权让与担保基本特性的期待，故缺乏比照流押、流质进行处理的基本前提。

2. 归属优先更为符合当事人的商业判断

股权让与担保显然属于商业制度范畴，应当更为尊重商人意思自治，尤其要尊重商业判断。因为商业乃市场经济，而市场则必然有涨有跌，如此，商业交易只能以商业交易缔结时的判断为准，除非确有特殊可予排除之情形，原则上商人自由与职业判断均应受到尊重与维护。当前，在法律已经设定保证、抵押、质押等相关担保方式的基础上，人们之所以还创新或自发选择让与担保这一担保方式，显然是出于提高或增加信用之必要。不得不承认，以所有权为担保的交易相较于保证、抵押、质押而言显然更能满足债权保障与安全的需要。正因如此，在考虑以所有权设定担保的情形下，各方所持的谨慎显然要大于一般之抵押或质押，而其中之谨慎实际就隐含着各自的商业判断与价值追求。一直以来，人们关于流押、流质应当禁止的最为主要的理由莫过于抵押人、质押人可能因为一时之情急而订立"城下之盟"，以至于债务人可能因为经济上的困难所迫，会自己提供或者请求第三人提供高价值的抵押、质押财产却担保较小的债权，而债权人可能乘人之危，迫使债务人订立流质、流押契约，从中获取暴利，进而损害债务人或者第三人的利益，明显有失公允；若抵押权设定后，抵押财产价值大跌，以致低于所担保的债权，此时虽对债务人有利，但对债权人也是不公平的。因此，禁止流押、流质的目的主要是保护抵押人的利益，但更重要的是体现民法的公平、等价有偿原则。姑且不论这种理由是否十分具有想象之特性，因为现实之中果真出现个案显失公平或乘人之危亦非没有既定救济渠道，大可不必以偏概全、全盘否定。法律关于流押、流质禁止性规定实际是限制交易、限制缔约、过分干预意思自治的一种表现，因而并不可取。禁止流押、流质依然如此，股权让与担保乃至归属处置方式之约定更是商业判断交易的结果，故不应当否定其效力。

首先，就所谓乘人之危而言，但凡可以提供或接受股权进行担保的，均可视其为商人，并均应视为对股权价值有基本了解，而办理移转所有权担保的程序安排与过程，无论如何很难与乘人之危挂起钩来。人们所可得到的正常设想是，各自出于商业逐利甚至带有冒险的动机实施了股权让与担保之交易，如果其中约定归属处置方式，亦应视为协议对价的一种安排。或许不予约定归属处置，或担保人不同意归属处置，则很可能股权让与担保交易乃至整体主债权交易均难达成。既如此，我们不难想象，在决定以股权提供让与担保时，在约定不能还债等情形之下债权人可对担保股权归属处置之时，担保人或债务人却十分急迫、十分不得已、十分不情愿，即便如此，亦非等同于绝对地不等价。同为商人，同为谋利，共同协商，何来胁迫？何来乘人之危？

其次，就所谓公平等价而言，不能简单绝对地加以理解。股权让与担保当然属于商业交易的范畴，而任何商业之交易随着时间的变迁发生价格之波动是再自然不过的商业现象。因而，若是以交易之后的变动价格来衡量交易之初的价格公平与否，这原本就违反商业交易的基本规律，显然不可取。故对于商业交易公平与否的判断，当然只能以交易之时即协议订立之时进行判断。以此时点来衡量，达成让渡股权并可归属处置的商业交易时，担保人却事后主张设定担保时并不了解股权价值，或担保价格太低了，应当予以支持吗？担保人为担保股权的原始持有人，怎么会不了解股权之价值呢？至少担保人比起担保权人更应了解担保股权之价值，这绝不应怀疑。因此，人们当然有理由质询，既然了解或至少应当了解担保股权之价值，那么担保人为何还要签订所谓的压价、低价担保协议呢？莫非是为了以担保获得的融资或条件去追逐博弈更大的商业价值？若如此，这不也是担保人自行商业判断所作出的自愿安排吗，谈何不公？更为值得注意的是，当我们设想禁止流押、流质合理性之时，时常会以旧社会典当制度下，穷人不仅典物、当物，甚至以人身设典，以至于典儿、典妻，并且还采取过期不得回赎、过期视为绝买的做法，于是乎典当制度实乃剥削与欺压穷人的罪恶制度，这显然与旧社会整体财富基础极不平等的社会背景密切相关。当前商业环境之下，交易双方地位总体平等，是否交易完全自愿，在地位平等基础上的自愿交易安排，总体并不应纳入不公平之范畴。当然，若果真存在"黑社会"胁迫交易等情形，当然可以寻求相关法律救济，但并非全然比照流押、流质而将当事人自愿达成的让与担保归属处置方式一律否定其效力。

再次，就所谓诚信而言，若将归属处置比照流押、流质处理，实际只是给担保人以反悔之机会，明显置债权人、担保权人于不利之境地。可以设想，当担保股权价值贬值时，担保人一般是不会主张或诉请归属条款无效的，如此，即便否定归属处置条款的效力，但担保股权贬值的商业风险实际也只能由担保权人、债权人承担，此时即便将担保股权按事后贬值价值让担保权人优先受偿，最终依然还是回到归属担保权人的实际效果，担保权人获得的无非是贬值作价后未能获得满足债权的继续追偿权而已，实际依然是账面资产的亏损；但如果担保股权价值上升，担保人一般多会主张归属处置无效，而这时法律恰恰又对此予以支持，实际等于给担保人、债务人以事后反悔的机会，甚至是以法定权利的方式鼓励反悔，如此，担保人、债务人获得了再次评估升值股权价值的机会，并借此将升值利益主张归其所有，担保权人因此则丧失了获得增值利益的商业机会。如此，所谓看似给予担保人以及担保权人均等合理反悔的流押、流质禁止性规定，实际更多只是让担保人、债务人有反悔的可能，商业诚信何以体现并维护？

最后，就交易成本而言，前述有关各让与担保股权处置方式实际对此亦有所分析与指出。归属处置方式不仅符合当事人的意思自治与商业判断，尤其是制度成本更为低廉、高效，因而无疑是让与担保股权处置最为经济、最为符合交易成本的制度安排。与清算处置、拍卖处置、变卖或折价处置方式比较而言，归属处置实际只有一次订立协议的谈判成本，当然也难免因此而涉及尽职调查所可能需要的成本等。但如果否定归属方式，或所谓比照流押、流质否定归属处置方式的效力，实际意味着纠纷争议时再次的衡量与评估担保股权之价值，而据此必然耗费相关的时间与成本，甚至还可能面临评估难、拍卖难、时间长、费用高等诸多难题。这种再次的作价安排，看似为了所谓的公平，但需要的却是更高的成本尤其是效率的低下，而这与一般商业交易与判断精神显然是相违背的。如果普遍地否定归属处置方式，实际等于将相关制度成本尤其是法律风险单方分配给担保权人、债权人承担，或许正因如此，将极大地阻碍债权人、担保权人采用让与担保交易的积极性，或许债权人原本正是为了躲避流押、流质禁止性规定可能带来的不利才另行开辟让与担保的新型商业模式，而如今却又回到比照流押、流质处理的旧理念、旧思路，让与担保之盛行很难期待，商业交易及其环境必然更为受阻。事实上亦有资料表明，在世界银行评价体系下，禁止流质条款确会阻碍商事活动，并对营商环境产生负面之影响，所以作为优化营商环境的重要一环，解禁禁止流质条款并加以全新构造十分之必要，对此，各国立法虽有所不同，但也都在一定程度上对商事流质禁止流质条款予以了松绑。①

---

① 周林斌：《商事流质的制度困境与"入典"选择》，载《法学》2019年第4期。

3. 归属优先并不排斥相关例外救济之需要

笔者主张股权让与担保处置方式应以归属方式为优先，显然不是排斥相关处置方式实施的必要，更非否定例外情形下相关救济之必要。

首先，所谓归属方式优先并非无条件的，其必须满足三个前提或基础性条件。一是必须担保人不予回购担保股权。如前所述，担保人应有权进行回购，当担保人有能力而不予回购担保股权，或者无能力回购担保股权，或者担保人失去行使回购权利的条件与机会时，此时才有探讨担保权人处置担保股权的法律空间。即笔者之所以主张归属处置为有效甚至优先，并非相对于担保人的回购股权而言，而是相对于其他处置方式而言。根据对等原则与精神，当赋予担保人以回购权利之时，担保权人与此相对应的归属处置权利亦应同等赋予。二是归属处置方式必须以当事人之间的合意为基础，即必须有当事人之间的相关约定，无论这种约定是事先达成，还是事后达成，均无不可。现实之中有一种主张，即认为事先达成的归属处置当为无效，而事后达成则可有效。所谓事先达成，实际是指股权让与担保设立时的合意；所谓事后达成，主要是指到期不能还债情形出现后达成的归属处置，与所谓的以物抵债极为相似。应当说，事后归属处置条款相较于事先归属处置条款，显然更具其合理性，因为此时担保股权之价值已经到了应当兑现之时，依据此时股权价值衡量而达成的归属处置其公平性更能获得保障，也正因如此，事后归属条款或相关约定当属有效更能为人们所接受。但笔者主张的归属处置，仅以当事人合意为核心要件，正因合意之形成，体现商人之商业判断，故无论是事先还是事后，均不实质影响归属处置条款的有效性。三是应当差额返还。即便可以归属处置，归属应当原则有效，仅仅意味着担保股权标的可以归属于担保权人，但并不意味着担保股权价值当然完全归属于担保权人，担保人应当有权主张差额返还。此处所谓的差额，当然是指担保股权变现价值与担保主债权本息等相抵后的余额。在此值得注意的是，担保人关于担保股权价值差额利益的返还请求权，与本书论及的担保人以"过度担保"为由否定担保股权归属处置的方式有着实质的不同，这两者不应予以混同，但两者衡量担保股权价值的时间节点把握方式可以相互参照。

其次，没有约定归属处置时即应以清算方式等为补充。归属处置必须以达成为基础，因而当事先没有达成归属处置条款，而事后也无法达成归属处置约定时，则当然不宜强制进行归属处置。或者，一开始当事人即不是约定归属处置，而是约定清算处置等其他处置方式时，亦无不可，均应予以尊重。很显然，在笔者看来，关于让与担保股权处置的方式及其顺位，实质还是尊重当事人的意思自治，当事人关于担保股权处置的任何方式原则上均不应受到法律的干预，这是基于股权让与担保的商事交易及其制度特性应予特别考虑的制度安排。因而所谓归属优先，实际只是现实之中当事人基于交易成本安排多数会对此加以选择考量的结论，并非真的归属条款绝对地、毫无条件地优先。甚至，从若无约定即应推定采用清算方式的角度而言，也可以理解为清算方式优先，当然也可以视为清算方式只是归属方式的一种补充。基于清算方式的安排，可能的评估与拍卖，可能的变卖与折价均无不可。尤其值得指出的是，对于让与担保股权的处置，如果当事人明确约定变卖或折价等处理方式，并且基于成本考量而排斥清算处置的方式，或事后达成变卖与折价的约定，亦无必要必须清算。总之，当事人处置担保股权之合意为优先适用原则，司法总体不必过度干预。有关于此，在梁慧星教授主持拟定的物权法草案让与担保权实行的条文精神中总体亦曾得到体现。该草案第四百一十六条规定："债务人在所担保债权的清偿期满而未清偿债务时，让与担保权人可以实行让与担保权。当事人就让与担保权实行方式有约定的，应依当事人的约定。当事人未约定让与担保权实行方式或约定不明的，让与担保权人可以自由选择实行方式。无论采取何种实行方式，让与担保权人均负有清算义务。"依据该草案条文，首先是尊重当事人关于让与担保权实行方式的约定，同时又特别强调担保权人的清算义务，而此处所谓的清算义务，依据对于该草案条文的进一步解释，即在采取变价清偿方式的情形下，变卖标的物所得的价金如超过担保债权额时，担保权人应当将超过部分之金额返还于设定人；若采取归属清偿方式，标的物估价所得的价金如超过担保债权额时，担保权人也应将该超过额返还于设定人。[①] 照此所作解释，此处所谓的清算义务，实际并非如人们想象的必须对担保股权进行完全的强制清算，究其实质，就是主张对担保权人应当苛以返还担保股权价差的责任，除此以外，担保权实行方式如何安排完全按照意思自治的精神处理。

再次，主张归属处置并不排斥例外救济之可能。所谓例外救济之可能，是指一些特殊情形下排除归属处置条款效力之可能。这实质是借鉴流押、流质禁止性相关原理，将可能严重损害担保人以及第三人利益的情形纳入救济范畴，但又并非当然地、完全地、简单否定归属处置的效力。有关于第三人即所谓担保人的债权人若主张让与担保尤其是归属处置方式损害到其相关债权利益的话，因可以通过相关法律制度如恶意串通等加以解决，在此不予赘述。此处所谓例外之情形主要是指"过度担保"之情形。前述已经论及过度担保相关问题，并总体主张可以将过度担保问题作为影响股权让与担保效力的因素。对此，较为关键的是过度担保的标准设定问题。所谓过度担保，总体应以担保股权价值与担保主债权的金额来进行比较，不仅如此还应考虑过度担保的衡量时点。就价值比较而言，《德国民法典》第237条即规定担保覆盖价值不得超过被担保债权的150%，[②] 但在我国基于担保通常"打折"的理念，故正常的打折担保如七折以内的打折担保，显然不用视为过度担保，据此，即便是有所打折的担保下约定归属处置亦不应纳入过度担保的范畴，归属处置依然应当予以维护。但非正常的、高比例的所谓打折担保，或者成倍数的价值担保，即可以按照过度担保认定与处理，从而排斥归属处置的效力，甚至可能影响到股权让与担保整体之效力。当以过度担保而否定归属处置效力时，应当是有条件的，即必须是担保人主张，必须是以相关证据主张，甚至这种主张还不仅仅表现

---

① 梁慧星主编：《中国物权法草案建议稿》，社会科学文献出版社2000年版，第784~785页。

② 向逢春：《让与担保制度研究》，法律出版社2014年版，第96页。

为一种抗辩，而是提出诉请，否则均不能当然排斥归属处置方式的效力。还有一点，较为存在争议的是，所谓过度担保究竟是以担保设立时的股权价值来衡量，还是主债权到期时的股权价值来衡量，即究竟是以事先的价值还是事后的价值来衡量，亦必须明确。从一般商业交易来判断，设立之时以及交易期满时，似乎均无不可。但是，一旦允许以事后的价值来衡量，实质上严重冲击担保权人归属处置的权利，甚至与不承认归属处置的做法并无实质的差别，因为只要担保股权事后上涨了，担保人即可能主张回购，或者当初价值的让与担保属于过度担保；但如果不允许以事后的价值来衡量，则也可能将原本只是用于担保的股权价值上涨利益不当归属于担保权人。因此，衡量过度担保的时间节点并非不关键。一般当然亦可当事人协商确定，如无协商或协商不成，原则上不得超过担保权可以行使的节点。故对于过度担保之衡量，当以担保设立的股权价值或担保股权实行时的价值为衡量之标准。

当前，依据过度担保而否定归属处置效力的并无直接表述的案例，但照此精神裁判的案例却并非没有，如白某库与承德县泰发矿业有限责任公司、承德鑫利矿业集团有限责任公司等公司决议纠纷一案即实质隐含有过度担保之价值理念与精神。该案之中，当事人关于担保股权的处置条款实际对于拍卖、变卖、折价方式均赋予了担保权人，但最后也被法院认定为流质而无效，并且其中法院特别认定，该案担保权人以1300万价值股权归属抵偿500万债务，既没有经过评估、拍卖，也没有参照市场价格，明显显失公平，故该类归属处置不应支持，担保股权仍应属于担保人一方。该案虽为县级法院裁判处理，其中将股权让与担保认定为股权质押未必正确，但其中以显失公平体现过度担保的裁判理念值得吸收与借鉴。①

第二节　让与担保股权之优先受偿

当主债权不能实现，让与担保股权面临处置，担保权人能否就担保股权优先受偿的问题，成为股权让与担保交易最为基础、最为核心、最为关

---

① 该案相关协议条款约定：原告白某库自愿以其享有承德县泰发矿业有限责任公司 18% 全部股权提供担保，担保范围包括但不限于承德鑫利矿业集团有限责任公司在借款合同中约定的全部担保范围；在担保期间，白某库未经承德鑫利矿业集团有限责任公司书面同意，不得以任何方式独立处分担保财产；当白某库未能按借款合同约定向银行偿付借款本息、违反担保合同部分或全部规定，财务状况恶化或涉及重大经济纠纷等事由出现时，承德鑫利矿业集团有限责任公司有权要求白某库提前归还借款或单方面以拍卖、协议折价、变卖等方式处分担保财产；承德鑫利矿业集团有限责任公司在处分担保财产时可视情况通知或不通知担保人，如需通知，担保人应按通知要求无条件配合处分担保财产的过户、变更登记及其他相关手续；白某库保证决不以任何理由阻碍或变相阻碍、干扰承德鑫利矿业集团有限责任公司依担保合同约定处分担保财产。对此，相关法院认为：本案中，原告白某库与第三人承德鑫利矿业集团有限责任公司所签订的担保合同，实际是原告白某库以自己在被告承德县泰发矿业有限责任公司所享有的 18% 股权作担保向第三人承德鑫利矿业集团有限责任公司借款人民币 500 万元，实为借款担保合同。由于借款担保合同中约定的担保财产为原告白某库在被告承德县泰发矿业有限责任公司所享有的 18% 股权，其性质属于权利质押。根据《物权法》第二百一十一条"质权人在债务履行期限届满前，不得与出质人约定债务人不履行到期债务时，质押财产归债权人所有"之规定，原告白某库与第三人承德鑫利矿业集团有限责任公司所签订的借款担保合同虽未约定债务人不履行到期债务时，质押财产归债权人所有，却约定债权人单方面处分质押财产，行使了所有权人的权利，是变相约定债务人不履行到期债务时，质押财产归债权人所有，因其约定违反《物权法》的上述规定而无效。根据《物权法》第二百一十九条第二款规定："债务人不履行到期债务或者发生当事人约定的实现质权的情形，质权人可以与出质人协议以质押财产折价，也可以就拍卖或者变卖质押财产所得的价款优先受偿。"第二百一十九条第三款"质押财产折价、变卖的应当参照市场价格"之规定，第三人承德鑫利矿业集团有限责任公司必须在原告白某库不履行到期债务或者发生约定的实现质权的情形时与原告白某库达成处分质押财产的协议，才能处分质押财产。而第三人承德鑫利矿业集团有限责任公司与原告白某库未达成处分质押财产的协议，故无权处分质押财产。而且第三人承德鑫利矿业集团有限责任公司抵顶原告白某库在被告承德县泰发矿业有限责任公司所享有的 18% 股权，既没有经过评估、拍卖，也没有参照市场价格，以人民币 500 万元的债权抵顶被告承德县泰发矿业有限责任公司所认可的价值 1300 万元的股权，明显显失公平。综上所述，第三人承德鑫利矿业集团有限责任公司将原告白某库在被告承德县泰发矿业有限责任公司所享有的 18% 股权转归其所有既没有事实依据，也没有法律依据，而且又违反公平原则，所以原告白某库仍是被告承德县泰发矿业有限责任公司的合法股东。参见中国裁判文书网，河北省承德市承德县人民法院（2014）承民初字第 1702 号民事判决书。

键的问题。试可设想，如果让与担保股权面临处置而担保权人却并无优先受偿之权利，则担保权人对于股权让与担保交易模式还有接受的可能吗？股权让与担保这一制度还有上升为法律之空间与可能吗？股权让与担保交易下担保权人是否享有优先受偿权的问题，是每一股权让与担保交易的出发点、立足点，更是担保权人最为关心的落脚点、归宿点，是事关股权让与担保交易乃至其法律制度构建的根本所在。

一、让与担保权人可否优先受偿之现实考量

所谓优先受偿权，简言之，即特定权利人就特定资产价值优先于其他权利人获得偿还的一种权利。就理论而言，这种权利之来源依据，既可以是约定，更可以是法定，但当前所谓之优先受偿权，一般认为只能依据法律之规定而获得，即所谓优先受偿权均来自法律的赋予，系法定形态的一种权利，所以在无法律授权情形下，原则上并无讨论优先受偿权的空间。由于当前关于股权让与担保整体上并无法律规制，由此有关让与担保股权优先受偿的问题，若以法定标准来衡量，结论自明，无需多言。但我们之所以研究问题，就是为了解决问题，之所以探讨股权让与担保乃至其优先受偿与否的问题，就是为了探究这一交易模式乃至相关权利上升为法律制度、法定权利的可能性、必要性，因而任何所谓无法律规定即不得优先受偿的主张，并不影响本书对此进一步展开讨论之必要。

就当前优先受偿权的基本类型而言，有债权优先权与物权优先权之分。所谓债权优先权，又可分为一般优先权与特别优先权，系指特定类型的债权优先获得满足与实现的一种权利，在我国当前表现为破产费用之债权的优先权、职工工资和劳动保险费用之债权的优先权、国家税收之债权的优先权以及建设工程价款之债权的优先权、船舶优先权等。[①] 这些优先受偿权，依现行法规定尽管只具有债权属性，但相对于其他非特定债权人

① 尹田：《物权法》，北京大学出版社2013年版，第480～482页。

有权优先。与此相对应，本书所谓的优先受偿权，实际是特指担保物优先受偿权，是一种物权形态下的权利模式，即担保权人对于担保标的物变现价值所享有的优先受偿的一种权利。担保物权的优先性显然源自物权所具有的基本效力。尽管学者们关于物权效力有"二效力说""三效力说""四效力说"等不同学说，但相比较而言，"四效力说"被认为是集大成的有说服力的更全面的学说，所谓物权的四种效力主要是指物权的排他效力、优先效力、追及效力以及物上请求权效力。[①] 担保物权作为物权之一种，其优先效力首先显然来自一般物权相对于债权所具有的优先性，其基本含义有对外优先与对内优先两方面：一是物权优先于债权，即债权都到期，故有担保物权的债权可以优先于没有担保物权的债权受清偿，正因担保物权具有优先受偿的效力，因而在破产程序中可以产生别除权的效力，此可谓担保物权对外优先的效力；二是债权若都有担保，应当根据法律规定和物权设立的时间先后确立效力的优先，一般是先到期的债权先受清偿，即所谓"先来后到"规则，此又可称之为担保物权的对内优先效力。[②] 当前，在我国《物权法》《担保法》等相关法律规定中，如抵押权、质押权等，他们的权利人实际均被依法赋予对担保物处分变现价值优先获得实现与满足的以上权利。[③] 就股权让与担保探讨优先受偿的问题，实际就是关注股权让与担保权人可否比照法定担保物权人享有类似的就担保股权处分价值获得优先实现与满足的权利。就当前司法对此裁判理念进行考察，总体有一个从不认可到逐步认可的发展过程。就法院案例裁判比较观察，因为对股权让与担保协议整体效力所存在的意见分歧，进一步影响到担保权人可否享有优先受偿权的主张，总体亦有否定与肯定两种理念。

---

① 江平：《民法学》，中国政法大学出版社 2000 年版，第 325 页。

② 王利明：《物权法》，中国人民大学出版社 2015 年版，第 11～12 页。

③ 如《物权法》第一百七十条规定："担保物权人在债务人不履行到期债务或者发生当事人约定的实现担保物权的情形，依法享有就担保财产优先受偿的权利，但法律另有规定的除外。"第二百零八条规定："为担保债务的履行，债务人或者第三人将其动产出质给债权人占有的，债务人不履行到期债务或者发生当事人约定的实现质权的情形，债权人有权就该动产优先受偿。"

1. 否定说

持否定说认为，让与担保权人不得主张优先受偿，其主要理由和有关股权让与担保协议整体无效的主张密切相关。因为整体股权让与担保协议无效，所谓担保权人可以获得优先受偿缺乏有效协议之基础，故显然不能支持。除此之外，根据物权法定原则，当事人应当按照物权法和其他法律的规定设立担保物权，不得自由创设物权的种类和内容，因物权法明确规定物的担保方式为抵押、质押和留置等，故担保权人就让与担保股权主张优先受偿显然缺乏法律依据。这种主张严格依法来衡量，应当说并无不当，据此理念作出的裁判早期更为常见。如最高人民法院在（2017）最高法民申 543 号案中即指出，根据《民间借贷司法解释》第二十四条规定，让与担保中的债权人可以在债务人不履行债务时对买卖标的物申请拍卖而受偿债权，其对买卖标的物所享有的只是普通债权，并不是优先受偿权。[①] 再如本书第三章关于股权让与担保协议无效裁判所举之案例，即亿仁投资集团有限公司、深圳市亿仁控股有限公司与北京安鼎信用担保有限公司、曹某华、浙江禾盛实业有限公司、第三人浙江匠心投资管理有限公司股权转让合同纠纷一案[②]、福建省厦门市中级人民法院审理的卢某花与厦门市源莲房地产营销代理有限公司合同纠纷等,[③] 均可为例证，不再赘述。

2. 肯定说

持肯定说认为，股权让与担保权人可以就担保股权优先受偿。其主要理由是，让与担保作为一种物的担保制度，担保标的物通常为设定人所直接占有，让与担保权人取得担保物的财产权，故应有排除第三人的优先效力，让与担保权人在债务人不履行债务时，可以担保物获得优先受偿。例

---

① 参见中国裁判文书网，最高人民法院（2017）最高法民申 543 号民事裁定书。

② 详见中国裁判文书网，广东省珠海市香洲区人民法院（2010）香民二初字第 2704 号民事判决书。

③ 参见中国裁判文书网，福建省厦门市中级人民法院（2014）厦民终字第 410 号民事判决书。

如，杨某东与高某、中恒节能环保建筑材料有限公司（以下简称"中恒公司"）、第三人朱某玺民间借贷纠纷一案，① 该案原告杨某东系受让债权人，原始债权人为朱某玺，被告及债务人为高某，第三人高某某（担保人，系高某之子）将其持有的中恒公司（目标公司）部分股权7%转让给朱某玺，为高某所欠债务提供担保，并办理相关担保股权过户手续。之后因债务纠纷诉之法院。原告杨某东（债权人）诉请之一即为确认其有权就登记在第三人朱某玺名下的被告中恒公司（目标公司）7%股权的拍卖、变卖、折价所得价款中优先受偿。对此，审理法院认为：第三人朱某玺（担保权人）与高某某（债务人、担保人）签订《股权转让协议》的目的，是为保证朱某玺出借资金安全；双方采用股权转让方式的实质，是将高某某所有的被告中恒公司7%的股权，在名义上转让给朱某玺，借以为高某的借款提供担保，尽管双方未办理抵押登记，其约定也不符合现行法律规定的担保方式，但足以在双方当事人之间成立一种非典型的担保关系。让与担保权利人取得的担保物的财产权，有排除第三人的优先效力，在债务人不履行债务、债权人实现债权时，对设定的担保财产折价或拍卖、变卖所得价款中优先受偿。因此，原告有权对高某某登记在朱某玺名下的被告中恒公司7%股权申请拍卖、变卖或折价，并从所得价款中优先受偿。据此判令：原告杨某东有权对第三人高某某登记在第三人朱某玺名下的被告中恒公司7%股权，在申请拍卖、变卖或折价所得价款中优先受偿。

再如，丁某灿、吴某与渝商投资有限公司、丁某辉民间借贷纠纷一案，② 相关当事人即约定，若丁某辉（担保人）未能如期还款，渝商公司（担保权人）有权就登记在渝商公司名下的漳州某利房地产开发有限公司的股权进行折价或申请拍卖、变卖，并就所得价款优先受偿。对此，一审

① 参见中国裁判文书网，四川省泸州市江阳区人民法院（2017）川0502民初4255号民事判决书。

② 参见中国裁判文书网，福建省高级人民法院（2014）闽民终字第360号民事判决书。相同观点还可参见：湖北省大冶市人民法院（2017）鄂0281民撤2号民事判决书；四川省泸州市江阳区人民法院（2017）川0502民初4255号民事判决书。

法院认为：让与担保作为一种物的担保制度，担保标的物通常为设定人所直接占有，不发生物的留置效力问题，仅存在优先受偿问题；让与担保权人取得担保物的财产权，有排除第三人的优先效力，让与担保权人在债务人不履行债务时，可以担保物获得优先受偿。因此，渝商公司有权以转移至其名下的漳州某利公司49%的股权折价或申请拍卖、变卖，并从所得价款中优先受偿。从该类判决之中，人们不难充分感受到法院对于担保权人所可享有的优先受偿权给予坚定支持的鲜明态度。

又如，港丰集团有限公司、国融公司合同纠纷一案，[①] 最高人民法院亦认为：根据相关协议，长城担保公司、国融公司（担保权人）并非当然取得港丰房地产公司（目标公司）的股权，而是以处置港丰房地产公司资产或股权的方式优先清偿长城担保公司、国融公司享有的债权后，再将剩余款项返还给港丰集团公司。这表明长城担保公司、国融公司对担保物享有的是优先受偿权，而非所有权，并不因此产生"流质"的法律后果，因而并不违反目前我国物权法和担保法的相关规定。

关于让与担保权人能否享有优先受偿权的问题，当前理论上相对持更为积极的态度。有观点认为，股权让与担保中担保权人取得优先受偿权的基础在于，当事人之间设定的担保权能够借助一定手段为第三人所知悉，故在不涉及案外第三人时，当事人约定担保权人可就标的股权的变价款受偿并无不可；尤其是标的物为不动产时，因登记上之所有人为担保权人，故事实上不可能发生因担保人处分而由第三人取得所有权或其他物权之问题，因而担保人的其他债权人也不会就该股权价值对实现其债权有期待，自然亦不可能对标的股权有优先顺位。因此，尽管股权让与担保非物权法所明定的担保物权，但其现有操作模式在客观上亦实现了优先受偿的效

[①]　参见中国裁判文书网，最高人民法院（2016）最高法民申1689号民事裁定书；广东省高级人民法院（2015）粤高法民四终字第196号民事判决书。

果。① 也有观点认为，在让与担保并非担保物权的前提下，其所谓的优先性，亦仅为基于物权外观的基础而赋予其一定的债权优先性，而非基于物权而产生的优先性；故从司法实践来看，当事人设立让与担保虽未能取得物权对抗效力，但如当事人采取了一定的物权公示手段，基于保护物权外观这一基础，亦应认定让与担保债权人可优先于后手债权人受偿，唯此当事人设立让与担保方有其价值，双方的担保目的也不至于落空。② 还有类似观点认为，在当事人采取了相应的符合物权法规定的公示方法，主动采取防止意外风险的措施的情况下，法院当承认其既成事实，对其优先受偿权予以支持。如不动产让与担保，若办理了不动产过户登记手续，债权人可以凭借其对标的物形式上的所有权对抗第三人。③

与以上观点相呼应，最高人民法院关于让与担保权人可否优先受偿的问题，总体持肯定的态度。2010 年，最高人民法院法官在《最高人民法院专家法官阐释民商裁判疑难问题·金融裁判指导卷》中即有所体现，其中观点认为："《物权法》虽然没有对让与担保作出规定，但在司法实务中，不应简单地认定该担保形式无效……尤其是不动产让与担保，由于办理了不动产过户手续，一般应承认其物权效力。"其中所谓"物权效力"的文字表述，自然应当视为赋予担保权人以优先受偿之权利。但因为这并非司法解释，因而在各级法院遵循力度方面并不一定到位。此后，2015 年《民间借贷司法解释》第二十四条进一步规定："当事人以签订买卖合同作为民间借贷合同的担保，借款到期后借款人不能还款，出借人请求履行买卖合同的，人民法院应当按照民间借贷法律关系审理，并向当事人释明变更诉讼请求。当事人拒绝变更的，人民法院裁定驳回起诉。按照民间借贷法

---

① 高圣平、曹明哲：《股权让与担保效力的解释论——基于裁判的分析与展开》，载《人民司法·应用》2018 年第 28 期。

② 何雅婷：《让与担保优先效力之判例研究——兼评〈民间借贷规定〉第 24 条》，载天同律师事务所：《巡回观止》2019 年 1 月 29 日。

③ 刘贵祥：《〈物权法〉关于担保物权的创新及审判实务面临的问题（下）》，载《法律适用》2007 年第 9 期。

律关系审理作出的判决生效后，借款人不履行生效判决确定的金钱债务，出借人可以申请拍卖买卖合同标的物，以偿还债务。就拍卖所得的价款与应偿还借款本息之间的差额，借款人或者出借人有权主张返还或补偿。"一般理解认为，依据该条规定，其中所谓"当事人以签订买卖合同作为民间借贷合同的担保"实际就是指让与担保，而其中关于"出借人可以申请拍卖买卖合同标的物，以偿还债务"的内容表述，实质上不仅意味着对让与担保之效力予以了认可，而且隐含着认可债权人（担保权人）诉请拍卖担保物以及就拍卖价款优先偿还的权利，实际就是优先受偿的权利。如果说《民间借贷司法解释》该条尚不明确，在适用于让与担保乃至股权让与担保优先受偿与否的权利考量方面还存有争议的话，则2019年最高人民法院公布的《全国法院民商事审判工作会议纪要》第71条之中关于"当事人根据上述合同约定，已经完成财产权利变动的公示方式转让至债权人名下……债权人请求参照法律关于担保物权的规定对财产拍卖、变卖、折价优先偿还其债权的，人民法院依法予以支持"的文字表述，无疑十分明确地赋予让与担保权人以优先受偿之权利。尽管该规定明确不得以司法解释方式直接作为裁判援引依据，但可以相信与期待，让与担保权人可以享有优先受偿之权利，必定成为今后法院类案裁判的主要方向。

二、股权让与担保权人可以优先受偿之法理考量

尽管当前股权让与担保权人可以享有优先受偿之权利已基本不存在司法上的障碍，但法律上是否应当赋予其优先受偿权依然有待讨论，依然有可争论的空间。或者说，即便承认让与担保权人可以优先受偿，但究竟是按债权性质认定处理，还是比照担保物权认定处理，以及其具体优先条件、优先方式等均有待商榷。其中，让与担保权人可以享有优先受偿权的法理或理由更应为人们接受与认可，如此才有可能使让与担保权人优先受偿权的问题获得广泛共识，而这也正是"担保所有权"具有担保权特性的基本表现所在。

1. 基于尊重意思自治与担保物权优先效力之需要

从历史渊源看，任何法律制度乃至相关法律权利的形成，其实都经历过从自发约定并诚信守约到普遍惯例遵循，再到法律明确规定的基本过程，担保物权及其优先效力同样如此。就优先权制度而言，尽管现在法律相对体系，狭义优先权种类较为繁杂，担保物权及其优先效力亦为各国法律明确认可，但从罗马法到大陆法直至演化至今，它一直是基于人们交易的反复实践，以至于为人们形成共识，并发展为今天的法律格局。如本书第二章所述，考察让与担保交易发展的基本历程，尽管其形成很早，甚至可以说更早时期人们曾主要是采取让与担保作为担保的主要形态，尔后在让与担保的基础上不断演化出质押、抵押等担保物权之形态，至今让与担保乃至以股权为标的之让与担保又事实上盛行起来。伴随这一基本发展历程，典型担保物权以各种法律表现形式呈现出来，而让与担保依然还总体处于非典型之模式，我国尤其如此。但不管是否法定，不管是否移交担保物之占有或是所有权进行担保，在各类典型乃至非典型物权担保协议中，人们总是自愿地约定担保权人对于担保标的乃至其变现价值可以享有优先受偿的权利或机会，这种约定显然已经成为人们的一种习惯、一种惯例交易模式。任何以特定标的为担保却不赋予担保权人以价值变现优先受偿权利的做法，似乎均被视为不合常理、不合常态、不合惯例。可以说，发展至今，关于担保权人对于担保标的可以优先受偿的理念，几乎成为社会之常识，甚至是天经地义之事。之所以形成这种局面，实际就是一次一次、年复一年、一代一代、历史潮流、车轮滚滚之中，无数次的担保交易之中人们对于担保物权应当具有优先效力的认可、约定并遵守。所以，当前担保物权的优先效力，并非与生俱来，并非一开始就是法定，同样是无数次交易实践中相关约定的不断积累与遵守乃至成为法律之共识罢了。当前股权让与担保正处于非典型向所谓典型演化发展之过程之中，人们正在一次一次的在相关协议中重复约定并赋予担保权人优先受偿的权利，司法可以一开始以非法定而否认其效力，法律亦可以考虑成熟才予认可，但人们基于担保交易的基本理念，基于担保物权优先效力的基本常识，更多是自发地约定、自发地遵循，以至于司法不得不由不认可朝着肯定与认可的方向迈进。可以设想，法律对于让与担保的认可必不可挡，让与担保权人获得优先受偿之权利亦不可挡。究其根源，在于对人们每次交易表示乃至普遍交易习惯的尊重，在于对社会关于担保物权应当更为优先获得保障的普遍理念的尊重，在于对基于普遍约定与习惯而形成的基本社会秩序的尊重。既如此，让与担保乃至其担保权人获得优先受偿之法律权利还会是久远之事吗？

2. 基于维护占有事实与公示对抗效力之需要

自古至今，对特定物、特定财富等标的占有的事实本身，即意味着对该占有物享有特别的支配、利用甚至处分之权利，这也即人类普遍意识中所谓"先占"之理念与价值观念。从古代民法开始，占有就是取得所有的重要条件，或者通过占有事实推定占有人对占有物享有所有权，在这个意义上，占有成为所有的外部表现形式。①

事实上，在还没有成文法律规定之前，在所有权观念还处于不太清晰的人类早期时代，"先占"即可谓一切权利之源头，"先占"事实同时也代表着"公示"的效力，凭借先占而利用，凭借先占而交易并处分，当属再正常不过的现象了。由先占而后演化出所有权概念，由所有权进一步区分出他物权乃至担保物权概念，担保物权进一步区分抵押、质押乃至让与担保等典型与非典型形式。在这一由先占而不断演化出各种物权类型的过程中，占有本身的法律价值依然为人们所看重。如我国《物权法》第五篇即专门对"占有"作出规定，实际是认可与维护"占有"事实或现象的必要法律效力。如其中第二百四十一条规定："基于合同关系等产生的占有，有关不动产或者动产的使用、收益、违约责任等，按照合同约定；合同没有约定或者约定不明确的，依照有关法律规定。"第二百四十五条规定：

---

① 江平主编：《民法学》，中国政法大学出版社2000年版，第450页。

"占有的不动产或者动产被侵占的，占有人有权请求返还原物；对妨害占有的行为，占有人有权请求排除妨害或者消除危险；因侵占或者妨害造成损害的，占有人有权请求损害赔偿……"以此规定，但凡合法占有者，尤其是依据相关合同而占有动产或不动产者，均可获得法律必要的照顾与救济。除此之外，伴随公示方式与手段的日益发达，尽管各国针对不同交易、不同权利设定可能存在不同的公示程序与要求，但依据当前各国较为普遍的法律观念，任何通过公示而获得的权利，均可获得相应的对抗第三人效力。尤其是像抵押、质押等担保物权，但凡经过登记与公示，其物权效力尤其是就担保标的物优先受偿的效力，均为各国法律普遍认可。总体而言，依据当前各国法律的普遍规定，无论各国关于担保物权种类有何具体的差异，但公示方式作为担保物权优先受偿效力来源基础与保障条件的法律理念并无实质之不同。就让与担保而言，尽管让与担保可以并不事实移交所有权的占有，但不可否认绝大多数的让与担保依据所有权担保的要求而事实移交担保标的物的占有，担保权人事实上均占有着担保标的物，尤其就股权让与担保而言更是如此。不管是形式占有还是实质占有，事实上担保股权均为担保权人所占有，而且是一种完成法律转移手续的合法的占有。股权让与担保权人占有担保股权的事实不容否认，据此占有事实以及相关协议约定，担保权人获得相应权利保障亦不容置疑。不仅如此，股权让与担保交易模式下，基于公司股权变更登记之规定，但凡移交占有的担保股权事实上也均办理过相应的股权变更登记手续，要么在工商登记部门办理变更，要么在目标公司内部办理必要的备案，要么目标公司通过必要的会议决议认可相关股权之担保，总之，当前股权让与担保交易不仅实际为担保权人占有，而且也一般进行过相关的公示，尤其就我国有限责任公司形态的股权所进行的让与担保，基本都进行过工商变更登记，其公示效力与特征更是十分之鲜明。正是基于股权让与担保相较于抵押、质押而言，不仅占有事实，尤其公示效力更为鲜明的特征，类比抵押、质押担保其担保权人可以享有优先受偿权利的理念与法律规定，举重明轻，赋予让与担保权人就担保股权变现价值优先受偿的权利，并无不可。换个角度而言，占有担保股权乃至公示变更担保股权的事实，亦充分表明担保权人为维护自身权益所付出的更多努力与安排，相较于那些没有依据法律路径占有担保股权，相较于那些没有实施担保股权变更与公示的债权人而言，尤其是相较于那些所谓躺在权利上睡大觉的债权人而言，经过必要公示并获得担保股权占有的债权人自然应当获得更多的、必要的保护，其中以优先受偿权回报担保权人即为担保价值理念下最为通常的法律安排。

3. 基于促进资本有效配置与价值最大化之需要

人类交易模式由最初的现场物物互换、易货贸易发展至钱货买卖、跨域贸易乃至当今社会的信息撮合、信用担保等，不仅交易模式不断发展，投资模式也在不断发展，以至于当今社会所谓市场经济的交易以及与此所伴随的投资成为社会繁荣之核心与保证所在。正如人们所认知，市场经济条件下，必须要实现包含资本在内的各类资源的有效供给与配置，否则，很难成就一个有效的市场，亦很难实现资本价值的最大化。正因如此，法治乃市场经济的根本保证，平等、自由、等价交换等为市场经济的基石与灵魂，除此，权利保障到位尤其是经济权利的保障实现，更是资源与资本实现有效供给、有序流转、有效配置的前提。以担保物权乃至让与担保为例，正因现代市场经济风险与效益并存的特点，人们在进行交易与投资的同时，才可能选择担保这一增信手段，同时也是防范风险的交易模式，而法律亦以赋予担保物权优先效力的制度设计提供对应的强化保障，以至于人们面对不同信用程度的交易对象、不同风险等级的投资目标，依据相关信息渠道，自动、自愿选择不同等级、不同架构的担保方式，从而自动有效地实现各类资本的投放与组合。可以设想，这些选择物权担保或让与担保乃至股权让与担保等不同担保交易与投资的人们，他们之所以进行相关的组合并由此形成对应的法律关系，实际不仅是因为他们相信可以获得来自承诺的保障，更是因为相信法律会对此加以维护。如果担保权人没有优先受偿的保障，那么很可能让他们面临与担保人及债务人的其他权益人同等受偿的境地，如此他们或许一开始便不会选择担保交易的模式，那么原本可以实现的一些交易与投资，尤其是存在风险但也可能存在受益，实际也是有利于市场乃至社会发展的项目等难以进行、难以推进、难以实现。很显然，担保权人可以获得优先受偿保障的问题，是每一担保交易的基础保障所在，或许，正是借助于优先受偿权的这一法律制度的设计，人们才让一些可能的资本往往也是更大的资本自动、自愿地走向更大风险当然也可能是更大受益的一些信用交易、一些风险投资，由此市场资源与资本均实现有效的配置，均可能价值最大化。所以，仅就担保物权而言，担保权人可否享有优先受偿权的问题，实际是担保物权的根基所在。同理，当前在人们的普遍认识之中，无论关于让与担保法律性质有着怎样的争论，让与担保总体属于一种担保方式乃为人们共识，既然作为担保方式之一，股权无论其法律性质如何，比照担保物权赋予其担保权人以优先受偿的权利，均不违背各方当事人的意愿，亦正因此才有让与担保交易进行的可能。否则，缺失优先受偿权保障的让与担保，尤其是股权让与担保，不仅与当事人普遍的意愿相违背，而且与社会关于担保物权基本价值观念相违背，还与担保权人占有担保股权的事实及其公司效力相冲突，更难实现基于股权让与担保交易这一路径原本可以实现的资本有效配置及其价值的最大化。一言以蔽之，没有优先受偿权保障的股权让与担保犹如空中楼阁，拥有优先受偿权维护的股权让与担保才有发展之基石。如果社会总体需要并肯定股权让与担保的信用价值、社会价值乃至法律价值，那么请认可并赋予其物权担保优先之法律效力。

三、股权让与担保权人优先受偿权之行使

任何优先受偿权的行使都不是无条件的，股权让与担保权人行使优先受偿权亦不例外。同时，当股权让与担保权人行使优先受偿权与相关权利发生冲突时，其行使顺位如何？其行使范畴如何？并且，该等权利可否放弃或转让？若放弃或转让，又可能引发怎样的后果？

1. 行使条件

当我们主张股权让与担保权人可以或应当享有优先受偿权之时，并非无条件或不受限制。就股权让与担保权人就担保股权行使优先受偿权的条件而言，主要有以下方面：

一是前提条件。即并非所有类型的股权让与担保权人均可获得优先受偿之权利保障，唯有特定类型股权让与担保权人才可获得优先受偿权，此可谓让与担保权人行使优先受偿之前提条件。按本书第一章对股权让与担保所作的类型划分，根据担保股权是否移交占有进行区分，可以分为移交占有型股权让与担保与非移交占有型股权让与担保，这类划分也是为了照顾现实之中不同当事人作出不同让与担保安排的需要。但是否实际移交担保股权占有的问题，应当对担保权人的权益产生不同的影响。根据前述关于让与担保权人之所以应当获得优先受偿权的法理考量，其中因为已经事实占有并公示变更的效力当是赋予担保权人以优先受偿权的不可或缺的因素。因此，笔者以为，任何并未事实移交占有并办理股权变更过户的让与担保权人一般不应赋予其优先受偿之权利。就此，有一相对模糊的边缘地带，即那些虽未对外办理股权变更与过户，但却在目标公司内部办理备案登记，甚至通过股东会议等公司决议方式为目标公司所知悉，类似已经采取一定方式公示股权让与担保交易，而且是与担保股权最为密切的目标公司已经知悉，赋予担保权人相应的优先受偿亦无不可。至于那些除了协议约定却并未进一步实施任何相关备案尤其变更过户的股权让与担保权人，除了依据协议主张履行获得债权救济外，并不应当赋予其优先受偿之权利。就此而言，类型条件可谓股权让与担保权人行使优先受偿的前提条件，其实质即是将优先受偿权利与公示效力乃至占有事实密切关联起来。当然，如果按照股权让与担保必须是实际占有、实际过户、实际变更的特征或概念来衡量的话，则可以说，凡股权让与担保之担保权人均可享有优先受偿之权利。

二是必要条件。只有当担保股权不存在归属处置的情形下才有优先受偿探讨与主张之可能，这可以称之为担保权人行使优先受偿权的必要条件。我们都知道，优先受偿权行使与担保标的物的处置紧密相关，没有担保标的物的处置就没有担保权人主张或行使优先受偿权的可能。因此，股权让与担保交易下，当主债权获得满足与实现情形下，显然不会发生担保权人主张优先受偿的可能；或者，当担保人回购担保股权支付或满足主债权对价情形下，亦无担保权人行使优先受偿的可能；进一步而言，如果按本书前述主张，担保权人可以就担保股权行使归属权利，即通常所谓可以主张流押、流质的话，那么担保权人亦无行使优先受偿权之必要。当然，也可以换个角度而言，如果承认担保权人有权依据约定获得归属权利而相关协议又恰有此等约定，则担保权人行使归属主张，实际是更加完全而彻底地优先受偿，亦可谓绝对的优先受偿。因此，只有当相关协议没有约定归属处置方式，或者担保权人放弃归属处置方式情形下，只有当担保股权面临清算、拍卖、变卖、折价等变价处置之时，担保权人就担保股权变现价值优先受偿才有必要和可能。所以，如果在未来有关股权让与担保制度架构设计中，承认担保权人的归属处置权利，则担保权人优先受偿的权利并非十分之突出，但如果不予承认担保权人归属处置的权利，则担保权人优先受偿的权利十分之突出、十分之必要。

三是限制条件。正如人们所知，一般担保物权的优先效力并非完全不受限制，事实上一些特别类型的债权却可能对担保权人行使优先受偿权有着法定限制的效力，实际有着更为优先之效力。例如，在担保物权设定人欠税的情况下，国家的税收权可以优于担保物权。依据《税收征收管理法》第四十五条之规定："税务机关征收税款，税收优先于无担保债权，法律另有规定的除外；纳税人欠缴的税款发生在纳税人以其财产设定抵押、质押或者纳税人的财产被留置之前的，税收应当先于抵押权、质权、留置权执行。"再如，在特定情形下未清偿职工债权也可以优于担保物权。虽然依据《企业破产法》第一百零九条规定："对破产人的特定财产享有担保权的权利人，对该特定财产享有优先受偿的权利。"但该法第一百三十二条进一步规定："本法施行后，破产人在本法公布之日前所欠职工的工资和医疗、伤残补助、抚恤费用，所欠的应当划入职工个人账户的基本养老保险、基本医疗保险费用，以及法律、行政法规规定应当支付给职工的补偿金，依照本法第一百一十三条的规定清偿后不足以清偿的部分，以本法第一百零九条规定的特定财产优先于对该特定财产享有担保权的权利人受偿。"关于担保物权优先效力的限制当前还有相关法律规定的其他类型，如承租人的优先购买权优于担保物权、建筑工程承包人的优先受偿权优于抵押权等。基于股权让与担保相关担保股权已经变更过户到担保权人名下的特征，并非当前对担保物权的所有限制情形均可类推适用于股权让与担保，但股权让与担保权人的优先受偿权受到前述国家税款债权乃至职工工资薪酬债权的限制，显然是必要的，是国家利益与职工利益保障需要，而这也是当前各国法律均有所体现的基本法律遵循所在。

2. 行使范围

即担保权人就什么样的债权范围对什么样的担保股权变现价值可以优先受偿的问题，这实际是两个方面的范围把握问题。

一是担保债权之范围。按照 2019 年《全国法院民商事审判工作会议纪要》关于让与担保权人获得优先受偿范围的表述，仅笼统表述为债权人的"债权"或者债务人"合同项下的债务"等。而依据《物权法》第一百七十三条"担保物权的担保范围包括主债权及其利息、违约金、损害赔偿金、保管担保财产和实现担保物权的费用。当事人另有约定的，按照约定"之规定，总体而言，本金、加利息、外加实现债权之费用等，构成担保主债权的基本范围。很显然，担保债权的范围即应当是担保权人可以主张并行使优先受偿的价值范围，当然应当是指未实现、未满足的债权范围，已经获得部分偿还与支付的主债权金额等应当予以扣除显然是应有之义。现实之中，就主债权担保范围可能发生争议的往往是利息及其计算标准问题，聘请律师产生的费用及其标准问题，甚至当有登记担保债权确定金额时亦会发生是否对高于担保金额以外的费用是否列入担保范围，是否可以优先受偿等，均难免争议。因此，最好的办法是约定明确，按照前述法条之规定，"当事人另有约定的，按照约定"，因而有关股权让与担保对应主债权范围的问题，同时也是担保权人可以获得优先受偿的价值范围的问题，应尽可能于相关协议之中明确约定，如无约定则可参照物权担保主债权范围的通常理解进行把握。但值得注意的是，由于当前复利及罚息有违法之嫌疑，除非银行等金融机构可以有此权利，否则，将复利与罚息计入担保主债权范围的做法，可能并不受到保护。

二是担保股权的从物和孳息范围。这也可视为担保股权变现的价值范围。一般认为，让与担保的效力当然也及于担保物的从物和孳息。根据民法从物随主物的基本原则，担保物为主物时除非担保人与担保权人另有约定，从物则随主物的所有权的移转而移转于担保权人，并归为担保债权优先受偿的范围。至于担保物产生的孳息，不仅是自然孳息，也包括法定孳息，亦应纳入担保债权优先受偿范围，让与担保的效力当然也及于担保物的孳息。① 当股权作为担保标的物时，因其与一般担保物有很大差别，担保股权从物及其相关孳息问题相对而言的确表现得更为复杂。首先，股权本身变现随着时机的不同而有着很大的不同，尤其如上市公司的股权，其价值变现时机似乎十分之关键。除此之外，担保股权在担保期间还可能发生配股与送股的问题，有时配送股价值可能还大于原始股权本身，配送股是否当然属于担保股权之从物范畴或是孳息范畴？基于配送股以原始对应持股为基础并以对应原始股所应获得的公司利润盈余而配送形成的基本特性，将其列为担保股权孳息范畴似乎更为符合人们有关从物的基本认知，事实上与当前股权质押效力一般及于配送股的做法也基本相符。当然，也可以借鉴《美国统一商法典》中有关"融入物"的概念处理配送股问题。所谓"融入物"，按照《美国统一商法典》第 9.336 条之规定，系指以物理方式与其他货物结合的货物，而且结合后的产品或整体中，原有货物失

---

① 梁慧星主编：《中国物权法研究（下册）》，法律出版社 1998 年版，第 1066 页。

去其本身特征。[①] 尽管股票是无形物，但结合配送股与原始对应股之法律融合特性（非物理融合），结合配送股与原股整合为一条的基本特性，引入融合物概念，将配送股归入担保股权标的及价值范畴，一并保障担保权人权益，亦非不可。

除配送股外，担保股权担保期间还可能对应发生公司分配利润的问题，甚至有些担保期内的公司利润已经形成但担保期间却并无实际的分配。围绕担保股权于担保期间甚至担保股权处置完成之前发生的对应公司利润，总体可以纳入担保股权法定孳息范畴，亦应归于担保权人可以优先受偿的范围。基于以上不同之情形，担保股权从物及其孳息问题，或所谓担保股权变现价值范围的问题，显然更为复杂。尤其在没有相应规定或法律依据的前提下，人们对诸如配股送股与担保股权的关系，是否可以按我们通常所谓的担保物与从物或者孳息的关系加以理解与把握，甚至与担保股权对应的公司分配利润问题，究竟是法定孳息、还是约定孳息，或是天然孳息，要从性质而论这些问题的确均有进一步讨论之空间。就此，我们可从相关国家或地区的一些相关规定中得到启示。如美国股票抵押制度下，担保权人可以享有该股票的所有权利，尤其是股息。[②] 如《日本公司法》第 151 条关于股份出质的效果即规定，股权质押效力及于附着该股权所产生的盈余分配以及剩余财产分配。[③] 如《韩国商法》第 340 条关于记名股份的质权登记规定：在将记名股份为质权标的的情形下，若公司依质权设定人的请求将其姓名及其住所附记于股东名册并将其姓名记载于股票，质权人可以从公司所得到的利益或者派息、剩余财产的分配或者根据前条的规定所得到的金钱，优先于其他债权人清偿自己债权。[④] 再如，依据我国台湾地区"民法"第 900 条之规定，股份可以作为质押标的，尽管

---

① 《美国统一商法典》，潘琪译，法律出版社 2018 年版，第 600 页。

② ［英］丹尼斯·吉南：《公司法 company law》，朱羿锟等译，法律出版社 2005 年版，第 182 页。

③ 《日本公司法》，吴建斌编译，法律出版社 2017 年版，第 68～69 页。

④ 《韩国商法》，吴日焕译，中国政法大学出版社 1999 年版，第 71 页。

质押权人并非股东因而不能出席目标公司股东会行使表决权，但质权人依"民法"之规定原则上有收取孳息的权利，而股份所生之法定孳息亦即公司之盈余分配，同时质权人依"民法"还可享有物上代位权，而当目标公司清算有剩余财产之分派时，股份质押权人应得类推适用对此亦有收取权利。① 不仅如此，当公司因减少资本而有偿消除股份或为股份合并而退还股款时，或因股份合并或公司合并或分割而换发新股时，股份质权人依物上代位权之规定，得就退还股份或换发之新股票行使权利。② 股权质押效力尚可如此，股权让与担保效力只应更加强于股权质押，自然亦能及于担保股权于担保期间所对应产生的公司利润、剩余财产分配以及基于担保股权而衍生的替代新股等。

总之，由于担保股权与其可能的从物、融入物乃至孳息目前尚难完全区分，以至于担保股权所可能对应的变现价值范围亦难免引发争议。但一个总的原则，正如《美国统一商法典》第 9.315 条第 2 项所主张的，担保权益可以附着于担保物的任何可分辨收益。③ 因此但凡基于担保股权对应产生的权益，尤其是经济利益，总体均可归于担保股权价值变现范围。关于担保股权变现价值还需特别指出的是，一旦变现价值不够满足作担保的主债权范围，则剩余主债权不再保留优先受偿之权利，只能转为对债务人的普通债权主张受偿，而担保人随着担保股权处置变现完毕，相关股权担保责任亦相应免除。与此相对应，当担保股权处置变现价值大于担保主债权时，则剩余价值无疑应当归还股权担保人。这一理念在《物权法》关于质权的有关规定中即得到体现。如《物权法》第二百二十一条即规定："质押财产折价或者拍卖、变卖后，其价款超过债权数额的部分归出质人所有，不足部分由债务人清偿。"作为股权让与担保，就担保股权价值优先受偿范围而言，完全可以比照质物变现价值的处置精神进行处理。因担

---

① 王文宇：《公司法论》，中国政法大学出版社 2004 年版，第 245~246 页。
② 柯芳枝：《公司法论》，中国政法大学出版社 2004 年版，第 195 页。
③ 《美国统一商法典》，潘琪译，法律出版社 2018 年版，第 570 页。

保物权所得优先受偿的范围不明引发不少争议，有些地方为此甚至专项制定相关规则，① 以便相关争议获得妥善处理，值得研读与借鉴。

3. 行使顺位及其放弃与转让

如果在同一物上并存数个抵押权或并存数个物权，即很可能产生优先受偿权的行使顺位问题，而这就是物权相互之间优先效力的关系问题。一般而言，关于优先受偿权行使顺位，均采法定主义，系由法律明确规定，故当事人之间无法约定。关于股权让与担保权人优先受偿权行使顺位的问题，实际涉及三个更为具体的法律问题：

一是股权让与担保权人优先受偿是否存在行使顺位之问题？当我们论及担保物权优先受偿行使顺位的问题，往往是以同一担保标的之上存在两个或多个优先受偿权等待实现因而需要按照一定规则缓解相关冲突。一般而言，如多个抵押权同时并存于一物之时，原则上按抵押时间之先后予以把握，在先者更为优先；而当抵押与质押并存时，因一般是抵押在先，否则所谓两者并存之情形较难发生，因此抵押权优先于质押权而实现；而当同一财产抵押权与留置权并存时，留置权人一般优先于抵押权人受偿。这是当前我国法律关于担保物权优先受偿顺位的基本规则。因让与担保尚属

---

① 上海市高级人民法院《关于行使担保物权所得价款优先受偿范围的统一裁判和执行尺度的操作意见指引》：针对当前司法实践中对债权人行使担保物权处置担保物所得价款优先受偿范围存在法律意见和执法尺度不一的情况，根据相关法律和司法解释规定，以及司法实践情况，经高院立审执衔接工作联席会议讨论及高院审判委员会讨论通过，现就有关裁判和执行尺度提出如下原则意见：（1）本指引适用于担保物权优先受偿范围登记不明确或者形式上仅登记债权本金数额的情形。当事人按照《民事诉讼法》第一百九十六条规定，向人民法院申请实现担保物权的案件，适用本指引。（2）当事人在登记机关已经登记了明确的担保物权担保范围的，行使担保物权所得价款优先受偿的范围以登记范围为准。（3）根据《物权法》第一百七十三条的规定，债权人行使担保物权所得价款优先受偿的范围应以当事人约定为准，当事人未约定的，担保物权的担保范围包括主债权及其利息、违约金、损害赔偿金、保管担保财产和实现担保物权的费用。（4）根据民事诉讼不告不理原则，法院在裁判和执行中以债权人起诉主张的物权担保范围（该主张应依据当事人约定或法定）为准，不能任意扩大至当事人约定或法定担保范围中债权人未主张的部分。（5）在审判、执行中要加强对当事人约定担保物权及其优先受偿范围合法性、合理性审查，结合案件具体情况，仔细甄别虚假诉讼、恶意设定担保物权及其担保范围以逃废债务等情形，以保护交易安全和他人合法权益。（6）最高额抵押权，抵押权人有权在最高债权额限度内就该担保财产优先受偿。（7）最高额质权，质权人有权在最高债权额限度内就该担保财产优先受偿。（8）权利质权在登记机关办理出质登记的，参照本指引关于行使抵押权所得价款优先受偿范围的相关规定。

非典型担保，对其优先受偿权的赋予当前亦仅仅是最高人民法院以纪要方式明确，因而严格依法而言，并无让与担保优先受偿实现顺位的讨论空间。不仅如此，从现实来考量，股权让与担保情形下，当担保股权变更过户到担保权人名下之后，还可能就同一担保股权设定抵押、质押，或者形成所谓的留置权利吗？这一点和抵押与质押的关系可能有所不同，抵押之后再予质押，可以操作，似无不可，质押之后难以抵押，亦为基本共识。让与担保之后，尤其是以股权提供让与担保之后，在实际已经发生变更过户情形下，担保人再行以担保股权向第三人抵押、质押等并无可能，否则，很难说相关第三人主观上存在善意，在后所谓抵押或质押之权利亦很难获得法律之承认。因此，股权让与担保情形下，一般不会发生与其之后同一担保股权之上抵押权、质权等冲突问题。但其可能与发生于其之前的抵押权甚至质押权的冲突，而这当然也仅仅只是初步的假设。现实之中，在先股权质押一般办理登记，尔后因让与担保再办理担保股权变更过户，这其中实际已经隐含着在先质押权人对于其质押权的放弃，因而亦无所谓股权让与担保和在先质押股权人的优先受偿冲突问题。至于与在先抵押权的冲突，正如笔者在第二章曾论述，现实而言，尤其依据我国相关法律制度，股权作为一种权利形态，通常只能质押而不能抵押，故所谓与在先股权抵押冲突的问题，一般也不会实际发生。除此之外，或许担保股权变更过户之后亦可能继续发生并不移转占有的股权让与担保交易情形，但因此类股权让与担保权人并不被赋予优先受偿之权利，故亦无所谓优先受偿权实现顺位之问题。

二是让与担保权人能否放弃优先受偿权利？如前所述，根据目前司法基本的裁判理念及可以遵循的规则，股权让与担保权人可以享有优先受偿的权利。既然是一种权利，并非不可放弃。但是，依照当前我国《物权法》《担保法》相关法律之规定，债权人放弃担保物权有可能面临不利之后果，或者相关协议主体将可以据此主张相应的免责。如按照《物权法》第一百七十六条之规定：在没有约定或约定不明确时，债务人自己提供物的担保的，债权人应当先就该物的担保实现债权。否则，按照《担保法》

第二十八条规定："同一债权既有保证又有物的担保的，保证人对物的担保以外的债权承担保证责任。债权人放弃物的担保的，保证人在债权人放弃权利的范围内免除保证责任。"或者按照《物权法》第一百九十四条规定："债务人以自己的财产设定抵押，抵押权人放弃该抵押权、抵押权顺位或者变更抵押权的，其他担保人在抵押权人丧失优先受偿权益的范围内免除担保责任，但其他担保人承诺仍然提供担保的除外。"同时，《物权法》第二百一十八条规定："质权人可以放弃质权。债务人以自己的财产出质，质权人放弃该质权的，其他担保人在质权人丧失优先受偿权益的范围内免除担保责任，但其他担保人承诺仍然提供担保的除外。"总之，依据当前我国相关法律规定，担保权人并非不可放弃相关担保物权，但放弃的后果不应影响到其他对此有信赖利益之主体。如混合担保情形下，债务人物保、第三人物保或人保并存，他们构成一个担保关系整体，债权人、担保权人不能随意取舍、随便放弃，原则上债务人提供的物保，无论是抵押还是质押等，均应当更为优先被实现，否则其他债务人以外的其他第三人所提供的物的担保，尤其是第三人提供保证时，很可能因为担保权人对于债务人物的担保优先受偿权的放弃而在所放弃的价值范围内相应免除担保责任。这样的立法精神，对于股权让与担保应当同样适用。即担保权人虽然有权放弃对于担保股权价值的优先受偿权利，但如果同时存在为同一债权提供担保的第三人保证时，该保证人亦应有权主张相应价值范围的责任免除。对此，担保权人必须十分谨慎。

三是让与担保权人优先受偿权能否转让？一般而言，因为债权可以转让的基本特征，基于主债权与担保物权的主从法律关系，故附着于债权至上的担保物权亦非不可一并转让。现实之中，当主债权发生转移而担保物权亦发生转移时，原本需要登记的担保物权实际不再进行担保权益主体的登记变更，因此，当主债权发生转让之时，受让人往往只凭借主债权转让凭证并依照原先所形成的担保法律关系向债务人、担保人等主张债权及其担保责任。股权让与担保情形下，担保权人获得担保股权变更过户之时，很可能经过了目标公司其他股东优先受让权的放弃过程，因此作为股权让与担保的担保权人，实际等于获得了目标公司其他股东接纳其为公司股东的潜在认可。因此，附着股权让与担保的主债权转让，可否一并转让其对于担保股权的让与担保权利，还是必须再获得目标公司其他股东的认可，这显然是存在争论之问题，而且现实的情形可能更为复杂。比如，有些股权让与担保明确赋予担保权人以归属处置的权利，而有些股权让与担保则明确限制担保权人不得随意或再行转让处分担保股权，还有些对此未作约定，也有些则可能限定担保权人对外转让担保股权的期限等。所以，现实之中，关于担保股权人能否转让其担保股权的问题，首先还要尊重当事人的意思自治。不管怎样，任何担保期限未到期或非正当对价转让处置股权，以及损害担保人回购权利等转让担保股权的做法，均不应获得法律的承认。而当没有当事人就此约定时，应当受到目标公司其他股东优先受让权的限制，原则上对于让与担保股权，债权人、担保权人并不得随意转让担保股权，尤其并非主债权转让而担保股权即随之发生转让的效力，毕竟担保股权与一般担保物的移转手续与法律程序并不相同。因而任何所谓主债权转让担保股权亦发生移转的主张，难以成立。与此对应，担保股权不能同时或随便移转，关于担保股权优先受偿的权利可否转让，因为优先受偿权实际并不直接发生担保股权的归属效力，仅仅是对担保股权变现价值优先得到偿还的一种利益，因而并非不可转让。因此，在股权让与担保情形下，主债权可以转让，担保股权并非当然伴随转让，但对于担保股权之优先受偿权并非不可一并转让。

第六章 股权让与担保和利益相关者

研究股权让与担保，除了必须关注担保权人与担保人之间的内部法律关系外，亦必须关注对于股权让与担保利益相关者之间所可能产生的影响问题。如果说本书前几章重点关注的是股权让与担保对内效力涉及的具体问题的话，那么本章重点关注的则是股权让与担保对外效力的相关问题。如本文之前曾指出，所谓股权让与担保的对外效力，系指股权让与担保协议当事人与其他第三人之间的关系，其所针对的是股权让与担保协议当事人与他们以外的第三人所必然或可能发生的权利义务关系。例如，与目标公司及其他股东之间的关系，与股权让与担保当事人以外其他相关债权人之间的关系等，这些可以统称为股权让与担保和利益相关者之间的对外效力关系。

第一节 对目标公司及其他股东之影响

股权让与担保因为其担保标的为"股权"之特殊性，使得其对外效力比一般物的让与担保的对外效力显然要更为复杂，而这其中最为主要的表现为其对目标公司乃至其他股东的直接影响，而这也是股权让与担保对外效力最为显著区别于其他让与担保因而也是最为值得关注的重点所在。股权让与担保不仅离不开目标公司及其他股东对其设立与履行的积极配合，而且可能对目标公司的治理运行机制产生影响，甚至对目标公司的治理机构乃至控制运营亦影响重大，而对目标公司其他股东之影响亦同样不能忽视。

一、对目标公司治理运行之影响

股权让与担保类型之不同对目标公司治理的影响亦不相同，那些移交占有型股权让与担保对目标公司治理的影响显然要大于不移交占有型股权让与担保。同时，随着股权让与担保协议有关担保股权行使约定的内容不同，随着目标公司参与股权让与担保协议签署或接纳认可程度的不同，甚至随着股权让与担保履行状况、履行阶段的不同，对目标公司相关治理的影响均可能有所不同。因此，股权让与担保虽然均会对目标公司治理产生影响，但所影响的广度与深度各不相同，其影响随个案之不同很可能千差万别，有些影响可能是表面的或几乎可以忽略不计的，而有些影响则是实质的甚至具有颠覆性。

1. 目标公司应当配合办理相关之手续

股权让与担保无论是否移交占有，尽最大可能地获得目标公司的认可显然是必要的，有些更是必须得到目标公司的配合，并需要目标公司配合办理相关手续。具体而言，表现为以下之方面：一是股权让与担保设立时。股权让与担保基于让与股权所有权担保的特性，无论其实际变更过户或预约性股权过户，对外而言均首先是以股权转让的形式而进行，股权让与担保协议甚至十分明确地约定必须以担保股权的实际过户才发生股权让与担保的协议效力，这均属当事人意思自治的范畴。依据当前我国《公司法》等相关法律法规之规定，有限责任公司股权转让需要到工商部门办理变更登记，而变更登记首先需要目标公司出具同意转让的相关决议文件，股份有限公司涉及发起人变更或者上市公司涉及前十大股东变更的，亦需要办理相关变更或者信息披露手续等，这些均涉及目标公司为责任主体需要予以配合的问题。即便不需要对外变更手续办理的话，任何股权让与担保经目标公司见证参与签署以示认可，同样是必要的。因此，股权让与担保一般从一开始设立即必然离不开目标公司的配合。不仅我国《公司法》对此有变更程序要求，事实上在欧洲，借助于欧盟公司法指令，我们也注意到若要在欧洲相关国家办理有限责任公司的股权让与担保，同样需要目标公司进行配合。如《欧盟公司法》第 1 号指令第 2 条第 2 项第 4 目即规定：作为有限责任公司之特征之一，应当包括这样的基本特征，即凡将有限责任公司性质的股份让与第三人时应当经过公司之批准，并且股份转让行为不得采取空白方式，每项股份转让行为都必须采取手写的书面形式，并由转让人和受让人签字，或者办理公证手续。[①] 尤其对于记名股票的转让，则必须办理变更股东名册的过户手续，否则股票转让只能在转让人与受让人之间发生效力，对公司不发生效力，股东资格和股东权利仍旧归转让人。英国就此即规定必须附有转让证书和正式过户申请，而不采用或很少采用仅以背书方式的转让；法国、德国、奥地利、瑞士等多数国家规定记名股票的转让必须办理过户登记手续，才对公司发生效力。[②] 在英国，股份大多是以登记股份的形式存在，[③] 其实当今各国公司的股份亦主要是以记名股份的形式存在，我国公司法下，几乎所有的公司股份都可列入记名股份的范畴。再如我国台湾地区，有限公司股东转让出资时，非将受让人之姓名或名称及住所或居所记载于股东名册，则不得对抗公司。在我国香港特别行政区，记名股票的股份受让人也只有在经公司依法登记后才能成为公司的正式成员。[④] 据此，在类似法律制度规定下，若拟就有限责任形态公司的股权设定让与担保，或者就记名股票设定让与担保，我国公司形态下所对应的股份原则上均可理解为记名股份，据此，目标公司的必要配合均不可少。二是让与担保股权回购时。对外而言，回购亦意味着股权

---

① 《欧盟公司法指令全译》，刘俊海译，法律出版社 2000 年版，第 9～10 页。
② 毛亚敏：《公司法比较研究》，中国法制出版社 2002 年版，第 236 页。
③ Dr. Joanna Benjamin, supra note4, p33.
④ 柯芳枝：《公司法论》，中国政法大学出版社 2004 年版，第 553 页。

的再次转让，只是转让的方向正好与设立时相反，实际亦是担保股权的回归。此时按当前我国《公司法》及其相关法律法规之规定，同样离不开目标公司相关决议或者手续之配合与办理。三是让与担保股权处置时。按照笔者之主张，让与担保股权处置并非不可采取归属处置的方式，即便担保权人可以归属，亦非担保权人单方即能办理归属手续，同样亦需要目标公司乃至担保人出具同意归属或接纳归属的相关文件，实际就是将原本虽然登记在担保权人名下但实为担保的股权剔除担保意图与色彩并完整确认为担保权人最终获得所有权的相关手续，否则只能通过司法或仲裁等方式确认其归属。而如果并不认可担保权人有归属处置担保股权权利的话，则如前述所论及，担保股权处置过程中更是需要目标公司对于清算担保股权价值及其最终相关处分可能涉及的变更等予以配合，目标公司为此受累必然难免。

2. 目标公司应当配合担保股权之行使

股权让与担保设立并变更过户担保股权后，目标公司遇到的难题之一，即究竟应当接纳谁来行使担保股权，是担保人还是担保权人？担保股权究竟应当由谁来代表行使，目标公司应当按怎样的原则来处理好这一选择，尤其是在目标公司需要担保股权行使或作出与担保股权利益密切相关的决策时，必然会面临相关选择所带来的困惑甚至障碍。例如，应当向谁发出股东会议的通知、应当由谁行使担保股权表决权、担保权人有无列席甚至否决相关会议的权利或有无必要的知情权、目标公司的利润分配应当向谁支付等，这些问题伴随相关股权让与担保设立后，均是目标公司相关会议召开与决策难以回避的现实问题。基于当前对股权让与担保的认知，实践中对此基本的处理模式有两种：第一种模式，即承认担保人为股东之模式，主要理由就是股权让与担保的性质为担保，因而担保人并不因提供股权担保而当然丧失其股东之身份，担保权人亦并不因此当然获得股东之身份，据此目标公司但凡涉及担保股权行使、相关利益配置或责任承担等之时，均对应担保人，即提供股权担保的原持股股东；第二种模式，即承认担保权人为股东的模式，主要理由是担保权人已经变更登记为股东，故无论标的股权是否为担保之性质，按照股权行使、利益与责任对应均应以登记外观为依据的基本原则及普遍做法，均应由变更过户之后获得担保股权的行使，哪怕是形式上的所有权亦不得排除担保权人对于担保股权的行使权利，据此目标公司应按担保权人为股东的精神进行相关会议或作出相关决策。显然，这两种基本的模式在现实之中均有所采用与体现，也并非均无道理，目前相对而言第一种模式更为理论及司法实践所支持。以相关个案为例，如在董家焜与福州盈兴房地产开发有限公司股东知情权纠纷一案中，[①]　一、二审法院均认为担保权人并非目标公司之真实股东，尤其是双方在相关协议之中曾经约定"（担保权人）不享有按股权比例分配利润的权益和不负责按股权比例承担亏损的责任"，故均不支持担保权人有股权行使股东身份才可享有的知情权，最终判决驳回了担保权人行使知情权的相关诉请。

那么，究竟应当按怎样的原则来处理目标公司面对担保股权行使选择上的困惑问题呢？按前述有关担保股权行使方面所作论述，无论股权让与担保性质如何，无论担保权人究竟是实质股东还是形式股东，不拘泥于这些所谓界限分明问题的困扰，担保权人可以行使担保股权是不容争辩的事实，但其基础来自股权让与担保协议之约定。以此为基调，目标公司配合担保股权行使的问题可按以下原则进行处理：

一是尊重当事人相关协议之安排。即意思自治是目标公司解决这一问题的关键所在。基于股权具体权能可以分割行使、可以委托行使、可以共同行使、可以部分或全部行使等相关特性，当事人基于股权让与担保交易而对担保股权之行使已经作出约定与安排的前提下，无论是按照委托行使或托管行使原理，还是按照权能处分原理，或是按照对价交易原理等，总之无实质违法或有损他人利益之危害，故均无不可。不同比例、不同需

[①]　参见中国裁判文书网，福建省福州市中级人民法院（2018）闽01民终4421号民事判决书。

求、不同交易背景下的股权让与担保，各方对于担保股权行使显然有着不同的利益需求与对价考量，目标公司对于形式上的原股东与新股东之间就股权行使所作的安排，除了原则服从于配合之外，并不应当过分的干预。因此，目标公司按照担保人与担保权人之间的约定维护担保股权的行使并实现担保股权的利益，即为最好的选择，亦是理当作出的选择。目标公司任何简单地认为担保人才是股东，或担保权人才是股东，并据此作出担保股权行使的选择与相关安排，甚至据此作出公司相关会议决策与利益分配等，均可能是冒险或武断的行为。尤其是，对于担保股权所曾进行的变更过户有过决议认可或事实同意的目标公司而言，更应对担保人与担保权人围绕担保股权行使所作出的协议安排充分地予以尊重，而这也是对自认行为的尊重与维护。

二是无协议相关安排时按公司股东名册的记载处理。担保权人之所以可以行使担保股权，一般并非无条件，意思自治乃其基础所在。据此，当相关股权让与担保协议并未对担保股权行使作出安排或并未明确排除担保权人对于担保股权之行使权利时，按之前相关章节之论述主张，则应由担保权人行使为妥，但应以在公司办理了股东名册的变更记载为准，或者以公司知道并认可股权让与担保为前提。前述我国现实之中两种模式下的选择困惑显然是由于当前没有法律规定而引起，同时关于让与担保应主要按担保特性对待的理念最终影响到了司法的取舍。目前，当相关协议对担保股权行使未能作出事先安排而目标公司又面临着担保股权行使难题时，最佳的处置方法依然是希望或要求担保人与担保权人就此作出协商和安排，如果依然不能达成时，则很可能按照股权让与担保总体为担保性质的基本精神进行处理。按照这样的精神处理，担保股权因属担保范畴的特性，担保权人的确不应视为获得担保股权的所有权，即便形式上已经取得了担保股权的所有权，但只是为了担保而才拥有，故正常担保期间，无论担保主债权是否获得实现，担保股权的真正所有权只能认定为担保人，目标公司基于各方认可股权用于担保的基本事实，只应选择也只能选择担保人为担保股权的行使主体。故有关公司会议的召开等但凡涉及担保股权行使时，均应指向担保人，即提供股权担保的原股东，即已经形式上并不持有担保股权但却持有以股权提供担保的相关协议与文件的原股东。由此推演，即便担保期满，在关于担保股权归属与处置并无约定或存在争议情形下，亦只能等待相关争议协调或裁处完毕，再按最终担保股权的归属主体维护实现其担保股权的权利行使。围绕担保股权的归属与行使争议可能是漫长的，而目标公司的会议与决策又必须是即时的，甚至是迫不及待的，由于担保股权行使的争议很可能使得目标公司的经营与决策陷入僵局之境地，如此也只能由目标公司现实地面对与承担。这或许是股权让与担保带给目标公司最不愿令人看到的影响与结局了。

以上理念，最为真实地反映了当前股权让与担保现实中的尴尬与困境地位，在当下中国之司法环境下，股权让与担保依然根深蒂固地被比照股权质押的精神进行着处理。因为股权质押情形下，质押权人不得行使担保股权显然是公认的原则。但股权让与担保毕竟不同于股权之质押，尽管不少方面股权让与担保和股权质押的确可以相互借鉴，但不少方面两者又难以相互借鉴。如是否流质或归属处理的问题，如没有约定情形下的担保股权行使问题，两者其实均存在着实质的不同。在笔者看来，在关于担保股权行使乃至归属处置方面，应当按照"担保所有权"之总体理念进行对待，实质是更多按照"担保所有权"的所有权特性处理，而不应仍受制于担保意图的约束。照此精神，当担保人与担保权人就担保股权行使并未约定情形下，目标公司应当按照其公司名册的变更记载通知变更后的担保权人行使相关股权。

3. 目标公司控制权可能受到担保股权之影响

就股权让与担保对于目标公司的影响而言，目标公司配合股权让与担保相关手续的办理往往是必须的，配合担保股权的行使在需要时也必须予以面对，但这些均不足以表明股权让与担保对于目标公司日常的、深度的影响。现实之中，基于股权让与担保的协议安排，担保权人深度介入目标公司治理，以至于目标公司控制权发生变化，这才是股权让与担保带给目标公司影响必须予以高度关注的问题。通常而言，担保权人借助于股权让与担保深度介入目标公司治理并掌握目标公司控制权主要有以下三种基本路径，且有时这三种路径一并约定、一并到位、一并介入：一是掌控法定代表人席位。即更换担保权人或其指定人为目标公司的法定代表人。正如人们所知，在中国当前法律制度下，公司法定代表人几乎就是公司的化身与象征所在，即便法律规定法定代表人应当按照法律与公司章程行使权利，[①] 但实际往往有着代表公司的绝对权利，而且这种代表与象征实际也很简单，几乎其签名即可代表公司对外发生意思表示的效力。正因如此，法定代表人席位之争往往成为公司控制权争夺的关键所在。二是掌控印章。即对目标公司印章管理与使用由担保权人或其指定人员进行约束的安排。在当前人们的普遍认识中，公司印章亦同样有着代表公司、象征公司的特殊意义与价值，某种程度而言，盖有公章即不仅视为公司知道，亦可视为公司认可与同意，盖章即为公司意思的表示，甚至有些时候人们还更倾向于"认章而不认人"，此系较为普遍的一般认知。因此，对于公司印章的控制同样成为公司控制权争夺的焦点所在。三是掌控高管人员席位。即指派自己或其指定人员担任目标公司高管人员。尽管公司的重大意志与决策来自公司之股东会议或董事会议，但无论是股东会议还是董事会议事实上均不能经常性召开，故对公司最为日常的管控显然来自高管人员的日常管理。因此，对于包含董事、监事、经理、财务等高管人员的任命或席位安排，显然也成为公司控制权之争必须予以重点关注目标所在。

　　就股权让与担保而言，应当说一般并不至于直接发生变更目标公司法定代表人席位、公司印章移交、董事等高管席位变化等影响力，事实上这

---

　　① 《民法通则》第三十八条规定：依照法律或者法人组织章程规定，代表法人行使职权的负责人，是法人的法定代表人。《民法总则》第六十一条进一步对此修改后规定：依照法律或者法人章程的规定，代表法人从事民事活动的负责人，为法人的法定代表人。法定代表人以法人名义从事的民事活动，其法律后果由法人承受。法人章程或者法人权力机构对法定代表人代表权的限制，不得对抗善意相对人。

种情形亦并非股权让与担保伴随发生的主流情形。但之所以发生目标公司法定代表人席位等相关变迁，显然只能通过协议的安排而发生，而且必须获得目标公司的绝对配合才有可能，任何担保人与担保权人之间基于股权让与担保协议的单独安排，显然是不可能引发目标公司法定代表人席位等相关变迁的。当然，人们亦必须注意到的是，目标公司之所以会配合这种法定代表人席位等相关变迁的安排，往往也是基于担保股权所占目标公司股权比例较高甚至干脆就是 100% 比例的股权担保，并且融资金额占比在目标公司项目所需资本中比例大、风险大等原因，担保权人权衡其主债权风险与担保人以及目标公司共同协商谈判的结果。这实际就是以主债权交易为依托，以股权让与担保为支撑点，进一步以法定代表人控制、公司印章控制、高管人员控制为对价而作出的一种交易安排，即目标公司控制权本身成为了辅助股权让与担保的再次交易对象。

　　对于这种涉及目标公司控制权变迁的安排，因为是基于各方协议谈判的结果，因而总体并无违法之处，但人们总习惯于在事后对此提出效力上之质疑。难道基于股权让与担保的安排可以如此地束缚目标公司的决策与经营吗？担保权人的担保权能够如此扩张吗？担保权利能够如此事实上完全替代原股东而不仅成为实质股东甚至还掌控目标公司吗？对此问题的质疑实际是并未分清担保与控制权交易并存的特点，仅以担保效力为支撑点而否定控制权交易乃至多方共商协议的效力。应当说，单就股权让与担保交易本身，的确不应有如此扩张之影响力，但如果基于股权让与担保作出的控制权安排，总体并非不合常理，并非对价不公，故并非不可维护其效力。当然，对此问题的回答，或者本书之所以将对目标公司控制权的影响单列出来并与其他影响力区分开来，实际也是考虑到基于股权让与担保所作的控制权辅助交易，可能并非完全只是个协议或意思自治的问题。如果说关于担保股权的行使安排可以属于意思自治范畴的话，则依托股权让与担保而对于目标公司控制权的辅助交易与安排，则的确要在必要时考量其正当性、公平性，甚至是否借助于股权让与担保而干涉目标公司经济自由的问题。这亦即本书前述多处曾有所论及的股权让与担保是否可能构成对目标公司"束缚"的问题，或者也可以视为一种"过度担保"，因此有必要对此进行司法干预，乃至进行必要的效力审查。如果确有借担保之名、行并购之实，尤其是趁债务人、担保人、目标公司之经济之危难与急迫，而有抢夺目标公司控制权之嫌疑，则并非不可否定这一辅助交易安排之法律效力。

二、对目标公司资产处置之影响

如果说前述对于目标公司治理的影响还主要是限于对目标公司自身影响的话，那么此处所谓对目标公司资产处置的影响，则直接涉及目标公司资产形态的变换甚至是贬损。这种对于目标公司资产处置的行为，既可能源自担保人的推动，也可能源自于担保权人的推动，直接表现的都是目标公司的参与和推动，其结果有可能涉及担保人利益的受损，也有可能涉及担保权人的权益实现等，当然也间接影响到目标公司相关债权人利益的实现与保护问题。因而，此处所谓对目标公司资产处置的影响问题，实际是股权让与担保背景下，依托目标公司资产处置而可能产生的多方面综合影响效力的问题。尽管对于目标公司资产处置的影响事件亦非股权让与担保交易的主流现象，但伴随股权让与担保而可能引发的公司资产处置情形亦不少见，并且这种资产处置行为不仅往往没有相关协议约定为基础，而且还往往伴随着相关主体的主观恶意，实质是对股权让与担保协议刻意违约的一种行为，是对股权让与担保法律价值刻意冲击的一种行为，一旦发生则对股权让与担保正常交易影响很大。现实之中，股权让与担保存续期间目标公司实施资产处置值得关注的情形，主要表现为以下方面：

1. 目标公司实施对外担保

就一般公司对外实施担保而论，因该担保行为对于公司而言总体属于无偿之行为，且对公司资产价值潜在影响重大，故属于公司法重点关注并加以规范的行为。为此，我国《公司法》第十六条对此作了专门规定，尽管至今对该条文效力及其具体适用规则尚存争议，如强制规范说、管理性规范说等分歧外，[1] 最高人民法院《全国法院民商事审判工作会议纪要》对此亦有规定。[2] 但不管怎样理解与把握，公司对外担保应当慎重并应符合相应要求与规范，乃为人们基本共识。"其实，不只是中国，美国历史上也有很多州限制公司对外提供担保（如 Brinson v. Mill Supply Co.）。此中的原因在于公司提供担保可能是完全无偿的，而不能为公司创收带来任何好处的无偿行为历来被视为有违公司作为一种商事组织的根本目的，因此，直至今日，纯粹无偿的行为在美国仍然可能被视为超越公司经营范围（ultra vires）。"[3] 尤其是当目标公司相应股权被设定让与担保期间，担保股权的价值对于目标公司资产价值的依赖程度可谓极高，目标公司任何类似对外担保等基本无对价的行为，均可能使得担保股权的价值受到严重影响，从而有违担保设立之初衷与目的。而这也是前述以担保目的保障为由主张担保权人可以行使担保股权的重要原因所在。根据前述保障担保目的之相关主张，对于任何明显或直接有损担保股权价值的目标公司行为，担保权人均应有相应的否决权利，或者从担保人角度而言，如果其保留对担保股权行使权利的话，亦应对有可能损害担保股权价值的公司决策或相关行为限制并约束行使其担保股权。与此进一步衔接对应，无论股权让与担保协议对于担保股权的行使是否作出安排，无论是担保权人还是担保人对应享有担保股权，无论担保人是否继续代表或控制目标公司，也无论担保权人是否基于担保股权而获得目标公司的控制权力，无论目标公司是否以

---

① 甘培忠：《企业与公司法学（第六版）》，北京大学出版社 2012 年版，第 462 页。

② 《全国法院民商事审判工作会议纪要》（法〔2019〕第 254 号）第 17 条关于【违反《公司法》第 16 条构成越权代表】规定："为防止法定代表人随意代表公司为他人提供担保给公司造成损失，损害中小股东利益，《公司法》第十六条对法定代表人的代表权进行了限制。根据该条规定，担保行为不是法定代表人所能单独决定的事项，而必须以公司股东（大）会、董事会等公司机关的决议作为授权的基础和来源。法定代表人未经授权擅自为他人提供担保的，构成越权代表，人民法院应当根据《合同法》第五十条关于法定代表人越权代表的规定，区分订立合同时债权人是否善意分别认定合同效力：债权人善意的，合同有效；反之，合同无效。"

③ 张巍：《追根求源说担保——评〈九民纪要〉》，载"清澄君"微信公众号，2019 年 11 月 28 日。

决议方式实施对外担保，包括目标公司在内的各方，在股权让与担保存续期间，目标公司对外担保行为均应保持高度的克制，均应原则上不得实施对外担保之行为。这也就是说，股权让与担保无形中等于给目标公司实施对外担保行为再套上一把锁链，否则，在附着于目标公司的相关股权存在让与担保期间，目标公司对外实施担保的行为作为一种潜在的或有性债务，必然使得担保股权价值受到潜在的或实际贬损，这种行为和一般物的担保期间相关当事人原则上均不得实施有损担保物价值行为的基本理念实乃一脉相承。① 当然，任何原则之上或许必有例外。股权让与担保期间，目标公司多为主合同对应债务人，当然也可能是协议之外的第三方主体，如果为了确保股权让与担保所对应的主债权获得实现，担保人、担保权人、目标公司及其他股东一致认为有必要以目标公司对外担保的方式，实际是以目标公司资产换得相关融资，再以此融资偿还股权让与担保所对应的主债权，实际是一个通过目标公司对外担保行为而满足与实现股权让与担保主从合同的必要环节，或许亦无不可，这一例外之前提与基础即是包含股权让与担保人和担保权人乃至目标公司及其新形成的担保关系当事人的环环协商乃至连环操作。总之，任何利用目标公司对外担保而掏空目标公司资产从而有损担保权人或者担保人利益的行为，均应限制或禁止。

2. 目标公司实施重大资产处置等关联交易

这一问题其实是两个公司法相关问题叠加形成的值得股权让与担保特别予以关注的问题。其一，公司重大资产处置问题。所谓重大资产处置，又称重大资产出售（sale of substantial assets），一般是指一公司非依营业常规将其部分资产或实质性资产出售给另一公司的行为，其实质亦可理解为营业转让。② 应当说，公司并非不可实施重大资产处置，但由于涉及重大

---

① 如《物权法》第一百九十三条规定："抵押人的行为足以使抵押财产价值减少的，抵押权人有权要求抵押人停止其行为。抵押财产价值减少的，抵押权人有权要求恢复抵押财产的价值，或者提供与减少的价值相应的担保。抵押人不恢复抵押财产的价值也不提供担保的，抵押权人有权要求债务人提前清偿债务。"

② 施天涛：《公司法论》，法律出版社 2005 年版，第 645 页。

资产的处置与出售，涉及公司营业性质的转让乃至事业可能之变化，故往往要求公司以特殊的决议程序、甚至高比例的表决票数通过才可实施。就我国当前公司法律制度而言，目前只对上市公司重大资产处置有基本条文规范，① 对于其他公司重大资产的处置尚无明确制度加以规范，以至于现实中多大价值或占公司资产多大比例的资产交易与处置才应归为重大资产处置范畴亦不明确。但可以相信，一般公司重大资产处置对价的公平性能够获得基本保证，除非受到关联交易的影响。由此又进一步引申出与此相关的下一个问题。其二，公司关联交易问题。所谓关联交易（connected transaction）是指企业关联方之间的交易，它是公司运作中经常而又易于发生不公平结果的交易。对于公司关联交易给予必要关注，这应是各国公司法规范普遍内容所在。仅就关联交易而言，作为市场经济条件下普遍存在的一种现象，并不都是应当限制和禁止的行为，法律限制和禁止的是不正当的关联交易行为。② 的确，关联交易本身并非必然具有不正当性，甚至不少的公司正是依托正当的关联交易而不断降低其经营之成本，因此只有不正当、非公允的关联交易才是公司法规制的重点所在。③ 就我国当前公司法律制度而言，关联交易应当受到规制并无疑问，④ 问题是什么样具体的关系才是关联关系，或者说什么样的关联关系可能构成利益冲突却缺乏具体的衡量标准，并不明确。尤其是，关联交易情形下，相关利益冲突主体如高管人员、股东等是否需要表决回避或进行必要披露等均未作明确要求，以至于对关联交易程序合法与否的衡量上同样缺乏明确标准。

---

① 如《公司法》第一百零四条规定："本法和公司章程规定公司转让、受让重大资产或者对外提供担保等事项必须经过股东大会作出决议的，董事会应当及时召集股东大会会议，由股东大会就上述事项进行表决。"

② 周友苏：《新公司法》，法律出版社 2006 年版，第 623 页。

③ 虞政平：《公司法案例教学（下册）》，人民法院出版社 2018 年版，第 1405～1411 页。

④ 如《公司法》第二十一条规定："公司的控股股东、实际控制人、董事、监事、高级管理人员不得利用其关联关系损害公司利益。违反前款规定，给公司造成损失的，应当承担赔偿责任。"第二百一十六条第四项进一步明确，关联关系，是指公司控股股东、实际控制人、董事、监事、高级管理人员与其直接或者间接控制的企业之间的关系，以及可能导致公司利益转移的其他关系。但是，国家控股的企业之间不仅因为同受国家控股而具有关联关系。

就股权让与担保而言，目标公司正常的重大资产处置行为或许需要担保人或者担保权人的介入与表决，这具体依据前述担保股权行使的主体确定标准来把握，这并非问题之关键所在，即目标公司并非不可实施重大资产处置行为。但如果公司重大资产的处置系与担保人及其关联人，或者系与担保权人及其关联人而进行，这就显然不仅涉及公司法关于公司重大资产处置规范，而且更涉及关联交易规范的适用与把握问题。一般公司依托关联关系而进行的重大资产处置即应为公司法关注的重点所在，而附着股权让与担保背景的目标公司，一旦与担保人或者担保权人及他们的关联人发生公司重大资产交易与处置，则无疑更应成为重点规制的对象。当目标公司与担保人及其关联人进行重大资产交易与处置，很可能利用其关联关系不正当地损害到目标公司资产的重大价值，因而必然连带损害到担保股权之价值，从而损害到担保权人之利益乃至担保主债权的实现；而当目标公司与担保权人及其关联人进行重大资产交易与处置时，往往是担保权人利用其获得的担保股权以及控制公司意思表示的机会而实施，此等情形则亦同样属于利用关联关系而损害目标公司资产价值的行为，最终即便担保股权回归，其实际价值亦受到贬损，从而有损担保人之利益。很显然，担保人身为原目标公司股东，担保权人身为担保股权哪怕形式上的股东，或基于股权让与担保协议而享有对目标公司控制权的主体，均无疑属于公司法规范下的关联关系对象，均属于法律上或契约上与目标公司存在关联之主体，因而他们与目标公司之间的交易均应受到关联交易乃至重大资产处置相关规范的法律约束与正当规制，甚至还应受到更为严格的法律乃至契约限制。

例如，在沈阳利顺通经贸有限公司（以下简称利顺通公司）与九星控股集团有限公司（以下简称九星公司）、马来西亚光兴集团、林某坤、林某汉、张某娜、宁某、刘某凤、沈阳兴泰铜业有限公司（以下简称兴泰铜业公司）损害公司权益纠纷一案中，[①] 最高人民法院即认为：九星公司虽然与利顺通公司签订《股权转让协议》将其持有的兴泰铜业公司的股权转让给利顺通公司，但根据该协议签订的背景情况及约定的内容，二审判决关于股权转让的主要目的和真实意思表示是九星公司为兴泰铜业公司实施的抵押担保提供反担保的认定依据是充分的；利顺通公司系光兴集团指定无偿受让九星公司的股权成为兴泰铜业公司股东，当事人均知晓利顺通公司受让九星公司股权的真实意思是提供反担保，在九星公司已经偿还完毕银行借款的情况下，利顺通公司、光兴集团在控制兴泰铜业公司期间，以低于案涉房产抵押贷款时评估价值 6351.0833 万元的价格，将案涉房产和土地以 5030 万元出售，并将出售房屋及土地款项 5030 万元直接偿还给光兴集团；二审判决据此认为利顺通公司等系滥用股东权利，违背诚实信用原则，判决其对因低价出售房地产给兴泰铜业公司造成的损失承担赔偿责任，依据充分，并无不当。

3. 目标公司实施增减资本

目标公司实施增减资本的行为，既可能影响到担保股权的价值，更可能影响到担保股权比例的变化，因而更为值得予以关注。任何公司都可能会有增减资本的需要，即便是股权让与担保存续期间亦不排除目标公司确有增减资本可能与需要。在我国当前公司法律制度下，据于资本确定、资本维持、资本不变的所谓资本三原则，[②] 对于公司增减资本设定了相对而言较为严格的规范，以至于公司增减资本并非容易之事。其主要或基本的环节，至少要相关公司会议决议，要照顾股东等比例认购新增资本或等比例调减降低资本的权利，还要相关的公示或通知程序等。正常的公司增减资本情形下，亦难免不引发相关的争议与纠纷，股权让与担保情形下的目标公司实施增减公司资本的行为，则更是难免不发生争议，尤其是在担保人与担保权人之间，他们对于目标公司增减资本的意向很可能是相反的。

---

① 参见中国裁判文书网，最高人民法院（2018）最高法民申 2405 号民事裁定书。

② 江平主编：《新编公司法教程》，法律出版社 1994 年版，第 73 页。

公司增加资本，虽然表现为公司所有者权益的增加，亦可基本意味着公司资产价值的增大，似乎对担保股权价值并无直接贬损之嫌疑；但关键是这很可能影响到担保股权所占目标公司比例的变化，尤其是没有保障担保权人或者担保人等比例优先认购新股权利的情形下，担保股权必然被稀释。而当公司减少资本时，公司所有者整体权益显然亦随之下降，公司资产亦总体呈现贬损趋势，尤其是当减资与公司股东回流相应资本相挂钩时则更是如此。当然，有些公司减资并非具有实质意义，即仅仅属于对公司已经亏损掉的资本形式上减资，对于公司有效资产并不直接发生贬损效应，但同样也会冲击并影响到担保股权所占公司股本比例的变化。总之，无论是公司增加还是减少资本，其对担保股权所占公司比例均可能产生破坏性影响。进一步设想，当担保权人凭借担保股权而控制目标公司之时，其积极推动目标公司增加资本，而此时的担保人又并无增资的实力与资本，如此所增资本由担保权人认购或实际提供，担保权人实际等于再次获得了新增资本的股东权利。形式上可以理解为担保权人系凭借其新增资本的对价而获得，但实际必然影响到担保人原担保股权所附着的比例利益。在本文前述修水巨通投资控股有限公司与福建省稀有稀土（集团）有限公司（以下简称稀土公司）等合同纠纷一案中，[①] 担保权人稀土公司即在获得担保股权后进一步利用其控制目标公司的权利推动目标公司完成增资，从而实际稀释了担保股权所占目标公司的比例，由原来的 48% 贬损至32.36%，后被有关法院宣告无效而撤销。同样，就减资而言，如果担保人在将其所持股权提供让与担保后，却继续利用其对目标公司的控制力推动公司增资，而担保权人可能因为担心进一步增资的风险，或者其原本就没有打算深度介入目标公司的投资与经营，因而放弃形式上股东原本所可以享有的增资权利，则最终担保股权比例同样被稀释，对于担保权人则可能不利。所以，无论是增资还是减资，既可能对担保人不利，也可能对担保

---

① 参见中国裁判文书网，最高人民法院（2018）最高法民终 119 号民事判决书。

权人不利，关键看哪一方控制目标公司以及哪一方有增减资本的实力。

那么，对于附着股权让与担保的目标公司增减资本问题，究竟该如何看待与判断？对此，关注的重点应为是否对担保股权比例构成稀释，是否实质影响担保股权比例之变化，以及是否各方当事人自愿并协商一致。否则，一旦并非各方意思表述一致，如果没有获得原来交易各方包括主债权人、主债务人、担保权人、担保人等共同一致的认可，一旦担保股权比例被实际稀释，如此按照原担保股权比例价值设定的股权让与担保交易结构，交易基础、交易的公平性即被打破，实际就是改变了原股权让与担保的协议框架与平衡，改变了原来的交易对价与基础，而这显然是对股权让与担保协议作出的重大调整，显然属于股权让与担保协议重大变更的行为，任何刻意推动这一行为而又未征得他方同意的主体显然应当承担擅自改变协议条款的违约责任；甚至可以视为一种故意的侵权行为，承担相应的侵权赔偿责任；而目标公司作为直接受影响而帮助实施违约或侵权行为的主体，无疑亦应承担必要的连带责任。

三、对目标公司其他股东之影响

股权让与担保除了对目标公司产生直接影响外，另一受到直接影响的利益相关者即是目标公司的其他股东。这里所谓的其他股东，显然是指担保人以外的目标公司股东。股权让与担保情形下，担保人提供担保股权所占目标公司股权之比例并无定型，尽管通常可能是大比例的，但也不排除小比例股权的让与担保，因而时常伴有其他股东存在的身影，除非是100% 比例的股权担保。而就其他股东与担保人的关系而言，有可能是与担保人密切关联的股东，也有可能仅是基于公司事业合作而走到一起的商业伙伴，既可能是关系亲密且行动一致的，也可能是关系疏远且相互制衡的，所以其他股东对于担保人提供股权让与担保的态度并非总是相同或一个样式。因此，当股权让与担保设立时、面临回购或处置时，其他股东是否必须配合，可否持有异议，或究竟享有怎样的权利，这当然必须予以关注。在当前我国公司法律制度下，就股权让与担保和其他股东之间的法律关系而言，最为值得关注的当属其他股东依法所享有的优先受让权利。因为我国绝大多数公司的现实形态为有限责任公司，而该类形态公司的股东依法均被赋予优先受让之法定权利。因此，如何准确界定其他股东优先受让权和股权让与担保之间的法律关系，或者说如何把握股权让与担保对于其他股东优先受让权之影响，这是一个问题的两个方面，乃该类问题的核心所在。

1. 其他股东优先受让权的法律价值

所谓其他股东优先受让权，又称优先购买权，是指有限责任公司股东在向股东以外的第三人转让其所持股权时，其他股东在同等条件下享有的优先于股东以外第三人受让该转让股权的权利。当前，各国关于股东优先受让权的立法差异是客观存在的，总体而言，主要有以下四种立法模式。一是法定模式。它是指公司立法中明确规定股东享有优先受让权的模式。在这种立法模式下，由于股东优先受让权具有法定强制的性质，一般并不允许当事人在章程中自行约定，否则无效。二是约定模式。它是指公司立法并不明确赋予股东优先受让权，但却允许公司章程对股东是否享有优先受让权作出选择性规定，章程赋予了的股东才可享有优先受让权，否则无。此种立法模式在当今世界范围内属于主流，具有普遍性。与法定主义相反，章程约定主义更能给予公司较大的自主选择权。三是约定优先模式。它是指虽然公司立法赋予股东优先受让权，但又许可公司章程可依特约而排除。在这种模式下，如果章程排除了公司优先受让权，则股份转让时，其他股东即无权主张优先受让权；如果章程没有特约排除，则股份转让时，其他股东即可以主张优先受让权。四是任意模式。它是指法律没有明确规定优先受让权，同时也没有规定公司章程可以约定或可排除优先受让权的任意模式。不管当代各国公司立法对于股东优先受让权采取哪种立法模式，可以肯定的是，该项权利作为公司股东，尤其是中小型公司股东或封闭型公司股东所可享有的权利均普遍为各国公司立法所认可，且早期均是采取法定模式加以保障与维护。① 这是因为，在各国公司阵营中，由关系密切者共同投资所组建的公司数量往往占据绝大多数，真正意义上的开放公司或纯资本结合的公司往往总是属于少数。这些绝大多数由关系密切者所组建的公司，其人合性十分紧密，对于陌生人介入公司具有天然的抗拒情绪，以至于这类公司多自发地在他们组建公司的协议乃至公司章程中，明确排除陌生人随意加入公司的行为与现象，由此股东优先受让权成为最佳选择，在各国公司立法早期亦均对该项权利加以立法的承认与保护。随着时代的发展，公司人合性不断受到资合性的冲击，资本结合带给公司盈利与发展的空间越来越重要，由此是否有必要在立法上硬性规定股东优先受让权受到人们之质疑，由此才有了当前各国关于该项权利的多种立法模式。相比较而言，尽管英美法系国家私人公司股份的转让与大陆法系国家有限责任公司股份转让相似，此类形态公司股份转让都受到限制，但大陆法系国家此类股份转让的限制一般来自法律的直接规定，因而限制更为严格，而英美法系国家股份转让限制来自章程或章程细则甚至股东之间或股东与公司之间的协议，② 因而相对较为宽松。不管各国就此立法模式怎样，目前中国公司法律制度下，对于股东优先受让权采取的依然是法定模式，对此有着明确之法条规定。③

2. 股权让与担保需要获得其他股东之同意

面对其他股东依法享有的优先受让权利，担保人以其所持股权提供让与担保时，是否需要征得其他股东之同意，首先要区分对内转让与对外转让之不同情形。现实之中，不少股权让与担保发生于股东之间，即一股东

① 虞政平：《公司法案例教学》，人民法院出版社 2018 年版，第 1003～1004 页。
② 毛亚敏：《公司法比较研究》，中国法制出版社 2002 年版，第 233 页。
③ 《公司法》第七十一条规定："股东向股东以外的人转让股权，应当经其他股东过半数同意。股东应就其股权转让事项书面通知其他股东征求同意，其他股东自接到书面通知之日起满三十日未答复的，视为同意转让。其他股东半数以上不同意转让的，不同意的股东应当购买该转让的股权；不购买的，视为同意转让。经股东同意转让的股权，在同等条件下，其他股东有优先购买权。两个以上股东主张行使优先购买权的，协商确定各自的购买比例；协商不成的，按照转让时各自的出资比例行使优先购买权。公司章程对股权转让另有规定的，从其规定。"

向另一股东提供其股权让与担保，这实际也很可能是担保人身为股东预先或准备退出目标公司的一种安排，不管怎样，对于股东之间相互进行股权转让，包括股权让与担保，其他股东并无优先受让之权利，对此并无争议。存在争议的是，担保人以其股权对外提供让与担保，即原本不是目标公司股东的外人拟受让担保人提供的股权担保，此时则必然涉及其他股东优先受让权的关照问题。对此，就法律逻辑推演而论，有两种基本的观点与主张：一是以担保之名排除其他股东的优先受让权。在人们的一般认识中，以自己享有所有权的东西对外担保，并不涉及所有权的最终处分，故几乎是自我作主、自行安排之事，他人无权进行过问或干预。股权让与担保，因总体属于担保范畴，任何形态下的公司股东均有权以自己所持股份对外提供担保，这并不属于其他股东优先受让权可以介入的范畴。据此，股权让与担保可以和其他股东优先受让权利毫无关联或冲突。二是以转让之名接受其他股东优先受让权的约束。与以上主张截然相反，股权让与担保，无论其实质或目的是否果真为担保，毕竟其形式上需要实际发生或可能发生担保股权所有权的移转，这种形式上的股权变更，为保护自身权益的需要，担保权人还多要求办理变更过户手续，而这几乎已经具备了股权转让全部所需的法律要件，不仅是形式上，尤其是依法衡量已经完全符合股权转让的法律范畴。如果说对于股东提供非让与性质的股权担保其他股东不能主张优先受让权的话，则在股权让与担保情形下，在股权已经依法属于股权转让范畴情形下，其他股东对于担保人向外提供的股权让与担保则显然享有优先受让的法律权利。照此主张，其他股东凭借优先受让权，完全可以实质阻碍担保人对外进行的任何股权让与担保。股权让与担保交易，面对以上两种主张与选择，究竟哪一种更应优先考虑，实际亦代表着人们对于股权让与担保法律性质的倾向性认知。对此，现实给予了最好的回答。即现实之中，如果是有限责任公司的股权对外提供让与担保，人们均会普遍安排获得其他股东的认可与尊重，对担保权人而言，实际基本都会要求担保人提供其他股东同意其提供股权让与担保的相关法律文件，其中最好的载体莫过于目标公司以股东会决议的方式征得全体股东的表决支持。因此，当前中国公司法律制度下，基于其他股东所享有的法定优先受让权利，但凡涉及有限责任公司形态下的股权让与担保，均不可以绕开、撇开或无视其他股东优先受让的权利，而这也实质表明股权让与担保更具有股权交易、股权转让、股权所有权预设变更的基本特性。至于其他股东优先受让权对于股权让与担保协议效力的影响，一般认为该类协议成立时即应产生债权效力，但如果未经其他股东行使优先受让权则并不发生物权效力或对抗效力。所以，当股权让与担保协议成立生效后，受让方真正取得目标公司股权，还应有赖于其他股东放弃优先受让权。[①] 在此值得注意的是，依据当前我国《公司法》第七十一条之规定，当股权让与担保需要其他股东过半数同意时，此处的过半数当是指其他股东人数的过半数，而非其他股东表决票之过半数，即此处采取的应是"人头主义（vote per person）"，以一人一票（one person，one vote）的方式进行计算。[②]

还有一个问题值得关注，既然其他股东可以对股权让与担保行使优先受让权，那么优先受让的对价如何确定？现实之中，基于股权让与担保的目的，股权让与对价往往只具有象征意义，由此人们经常可以看到不少转让对价设定于"1"元之交易，如果其他股东以让与担保情形下较低对价主张优先受让，则显然会带来很大问题。[③] 对此问题把握的关键在于"同等条件"的理解。依据我国《公司法》第七十一条之规定，其他股东行使优先受让权必须在同等条件下行使，而当前我国学界关于如何界定"同等条件"的观点，主要有"相对同等条件说""绝对同等条件说"以及"折中说"之分。[④] 无论哪种学说，当前审判实践中对涉及转让股东与第三人达成交易条件主观心态的认定及交易条件一般均会作出综合判断，对于

---

① 叶林：《公司法研究》，中国人民大学出版社 2010 年版，第 224 页。
② 施天涛：《公司法论》，法律出版社 2005 年版，第 316 页。
③ 虞政平：《公司法案例教学（中册）》，人民法院出版社 2018 年版，第 1197 页。
④ 虞政平：《公司法案例教学（中册）》人民法院出版社 2018 年版，第 1005 页。

"同等条件"的认定即便以股权转让当事人之间商定的转让价格为基准,也并不会单纯将协议约定的转让价格简单等同于"同等条件"。事实上,当事人之间的确可能会因为存在业务关系、或利益关系、或有如股权让与担保之情形等因素而确定一个相对优惠的价格,故此类因素在认定"同等条件"时均会予以综合对价进行考量。尤其值得注意的是,法律之所以设置"同等条件"之目的,更多是为了限制其他股东滥用其优先受让权,更多在于保障股东和第三人的合法权益。① 股权让与担保情形下,担保人与担保权人正常交易之真实对价当为主债权金额,故其他股东行使优先受让权的基本对价最起码与担保主债权金额相挂钩,对此不容置疑。当然,如果在其他股东愿意以超出担保人和担保权人之间达成的让与担保对价而行使其优先受让权,从而阻扰股权让与担保的进行,则亦无不可。

3. 其他股东在担保股权处置过程中的权利保障

如果说股权让与担保设立时,其他股东优先受让权难以回避的话,则在股权让与担保设立之后的履行乃至最终处置过程中,其他股东还可以主张优先受让权的行使吗?是否可以认为,当其他股东同意股权让与担保之时,即意味着也同时接受了担保股权最终任何可能的处置?对此亦会有不同的认识与主张:其一,其他股东不得再对担保股权处置享有优先受让权。因为,一旦股权让与担保设立之时,其他股东没有行使其优先受让权,没有表示反对而是同意设立让与担保的话,即实质等于同意了担保股权在后可能的转让与处置,既可意味着其他股东已经行使过其优先受让权,也可视为其已经放弃了对于特定担保股权的优先受让权。其二,其他股东依然可以对担保股权处置享有优先受让权。因为其他股东只是对于担保股权设立让与担保表示同意,否则,股权让与担保当然难以进行,甚至为其他股东所优先受让;但这并不意味着其他股东在担保股权面临最终处置时亦放弃了其优先受让权,毕竟让与担保股权设立之时依然还有担保之

---

① 赵旭东、宋晓明主编:《公司法评论》(2011 年第 2 辑),人民法院出版社 2012 年版,第 148 页。

实质含义，其他股东有理由充分相信担保股权事实上并不会最终面临处置，或有理由相信更多概率是回归担保人，或许正因如此，其他股东对于担保人于其股权之上设立让与担保才并不实质干预或真正动用其优先受让之权利。以上两种观点与主张实际难分对错，实质在于对法定优先受让权边际效应与范畴的把握而已。如果其他股东优先受让权并非法定权利，而仅仅是一种约定权利，则显然其权利边界应尽可能压缩，但当前我国公司法律制度下，其他股东优先受让权乃法定权利，以至于司法实践可能根据个案而享有很大的自由裁量权。对此，可以进一步依据让与担保股权面临具体处置的过程展开分析：一是当担保股权面临担保人回购时，其他股东显然难以行使，一般也不会主张行使其优先受让权，即并不会与担保人、同时也是担保股权的原股东来争夺担保股权的归属，即便争夺，人们亦有足够理由认为，此等情形下属于前股东将提供担保的股权赎回行为，并不实质属于对外转让股权，故其他股东对此并无行使与主张其优先受让权的法律空间。二是当担保股权面临担保权人行使归属处置权利时，因其他股东事先对于担保权人可能受让担保股权表示了认可，因而同样不会、亦难以主张行使其优先受让之权利。三是当担保股权面临处分拍卖时，这才是其他股东有可能再次主张其优先受让权的介入时机。如果说担保人属原股东，担保权人属现股东，因而他们若主张获得担保股权所有权的话，其他股东优先受让权似不应强加干预。但当担保股权既非担保人回购，又不是担保权人归属处置时，担保股权将面临被任何第三方外部主体而获得，此时其他股东主张行使优先受让权应有充分的法律依据。根据当前我国《公司法》第七十二条之规定，[①] 对于任何司法执行程序中所拍卖的公司股权，其他股东均享有优先受让。该法条规定并未对引发股权司法拍卖的原因作出区分，因此，无论是因股权让与担保而处置拍卖，还是因股东其他欠

---

① 《公司法》第七十二条规定："人民法院依照法律规定的强制执行程序转让股东的股权时，应当通知公司及全体，其他股东在同等条件下有优先购买权。其他股东自人民法院通知之日起满二十日不行使优先购买权的，视为放弃优先购买权。"

债而拍卖等，其他股东依法均可享有优先受让之权利。至于如何行使与主张，则显然并非本文有必要予以讨论之范畴。

第二节 对其他债权人之影响

股权让与担保除了前述对目标公司及其他股东产生特殊影响外，亦可能对其他债权人的利益产生影响，且与一般物的让与担保相比，也显得更为复杂。此处所谓其他债权人，显然是指围绕担保股权而引发的与担保人乃至担保权人利益相关的债权人，他们往往因为股权让与担保之设立而面临着利益保护的需求与权衡，为此应当予以关注。

一、对担保人之其他债权人之影响

担保人无论是公司还是自然人，在将其股权设定让与担保之前或之后均可能发生其他的债权债务关系。就担保人而言，如他对第三人享有债权，则其债务人显然并不会对身为债权人的担保人设立或处置担保股权有何权益主张。但当担保人对外欠债时，即担保人面临着其他债权人之时，因为担保股权乃担保人的财产组成部分，故作为担保人之其他债权人形式上对担保股权并非不可分享，但具体界限如何值得探讨。

1. 担保人之其他债权人对于担保股权可否追及

股权让与担保情形下，担保人一般就是让与担保所对应的主债务人，当然也可能是为主债务人提供担保的第三人，该担保人在以其股权提供让与担保时，既可能事先已经对外欠债形成事先债权人，也可能在设立股权担保后引发对外债务形成事后债权人。这里的事先与事后显然是以设立股权担保为时间界点。就事先债权人而言，除非其对该担保股权原本即享有合同上的或法定的优先权利，如担保股权的在先质押权人，如对担保人享有本书前述法定优先权的相关主体，除此之外，他们对于股权让与担保之设立，对于担保股权负担让与担保之责任与义务，显然并不可以进行阻碍与干扰，并无对股权让与担保进行阻止的当然权利。这也就意味着，即便担保人已有其他债务，已有其他在先债权人，担保人仍可合法进行股权让与担保。与此相对应，其实不言亦自明，担保人的事后债权人原则上更不得在事后对股权让与担保法律关系提出异议。

　　例如，重庆三峡担保集团股份有限公司武汉分公司（以下简称三峡担保集团武汉公司）与被曹某钰、柯某军确认合同效力纠纷一案，[①] 三峡担保集团武汉公司因替曹某钰担保而形成相关追偿债权，据此向法院诉请曹某钰与柯某军签订的相关股权让与担保协议无效。三峡担保集团武汉公司主张，曹某钰通过与柯某军恶意签订股权转让协议并转让其个人责任财产，损害了债权人三峡担保集团武汉公司的利益，故该行为无效。对此，相关法院认为：首先，从三峡担保集团武汉公司所提供曹某钰出具说明载明让与担保对应的债权为"曹某钰因于 2013 年 1 月向某刚担保公司借款8000 万元"，即曹某钰系为自身（或其控股的公司）债务所提供的担保，该担保行为形式上是曹某钰正常的经营行为，实质上也不必然发生"曹某钰个人责任财产的减损"。其次，前述让与担保合同关系形成于 2012 年 10月 23 日且办理了工商登记变更手续，应推定三峡担保集团武汉公司"知道或应当知道"，而三峡担保集团武汉公司却仍与曹某钰于其后的 2013 年3 月 20 日、6 月 19 日签订反担保合同，应视为其自愿承担该让与担保合同对反担保合同所产生的不利风险，现其在该风险发生后又主张该担保合同损害了其利益，与诚信原则不符。综上，三峡担保集团武汉公司主张曹某钰与柯某军签订的相关股权让与担保协议无效且损害了三峡担保集团武汉公司债权，没有事实及法律依据。

　　有一般即有特殊，担保人的其他债权人一般和股权让与担保并无直接法律关系，而且还要受到担保权人对于担保股权优先受偿权的制约，但这

---

　　① 　参见中国裁判文书网，湖北省高级人民法院（2016）鄂民终 570 号民事判决书。

并不意味着其他债权人对于股权让与担保即无任何可为空间。毕竟担保股权乃担保人资产与财富的重要组成部分，而担保人的债权人无论是事先还是事后形成，显然对于担保人的财产均有一定的追索权利与法律渠道。因此，当其他债权人有证据证明，所谓的股权让与担保其实是担保人转移资产而逃避其债务的一种手段与方式时，则显然可以主张撤销该股权让与担保。至于更为具体的法律理由可以是：其一，股权让与担保法律关系乃当事人恶意串通而形成。如各方明知担保人欠债而无任何必要、无任何对价的为第三人债务提供股权让与担保，明显规避其他债权人之到期债权偿还责任。其关键是有证据表明各方刻意串通，这种证据一般很难发现并提供，除非自认。其二，股权让与担保对价缺乏基本的公平性。如以极大价值的股权担保很小价值或显然不对称的主债权，并自愿赋予优先受偿乃至归属处置等与所融资本极不相称的权利等。其三，股权让与担保有名无实。即形式上在股权之上设定让与担保负担，以至于担保权人获得优先受偿权，并以此制约、阻止、妨碍担保人的其他债权人主张其债权；但实际上并无任何对应股权让与担保的主债权或主交易发生，担保权人或其对应的主债权人并无任何实际的对价付出，实际仅仅是代担保人以让与担保之名对担保股权管控起来。这当然也可以视为一种恶意串通的行为。很显然，这些意在明显损害担保人的其他债权人利益的所谓股权让与担保，应当赋予其他债权人主张排除其效力的法律权利，这依据当前我国合同法等相关法律的精神亦能得出同样的结论。除以上外，担保人的其他债权人，对于担保权人不当行使归属权，以及担保股权处置作价等相关环节均可以有所介入并提出相关异议，甚至有权提起执行异议之诉等，无需赘述。

2. 担保人之其他债权人对于出资责任可否追及

就设定让与担保的股权而言，原则上应当是已经完成实缴资本的股权，这应当是股权让与担保的主流情形。但按照当前我国公司法律制度的规定，公司资本并非必须得全部实缴，而是可以认缴，所谓认缴当然即意味着公司股权可能并未有实际缴纳资本为支撑。由此，担保股权根本未出资、未适当出资，以及出资后又抽回或抽逃出资等情形亦同样可能发生。①
而之所以会发生这样的情形，除了以上法律规定的原因外，担保权人疏于
尽职调查，或者担保人对此刻意隐瞒，甚至各方均明确知道担保股权并未
出资但因股权所附着的目标公司项目潜在价值巨大而依然接受等，原因各
不相同。但不管怎样，担保人对此显然是明知的或应视为明知，因担保人
多为原始持股人或前手受让人，对于担保股权所对应的资本充实应当承担
法律责任。但问题往往没有这么简单，尤其当股权发生让与担保之后，在
目标公司发生到期不能还债或资不抵债情形下，目标公司的债权人转而寻
求相关股东的出资责任以保障其债权的实现，此时原本属于目标公司的债
权人便进一步转化为对担保股权追及出资责任的债权人，由此身为提供股
权让与担保的担保人以及获得担保股权让与的担保权人，很可能均成为该
类债权人的追索对象与责任主体。那么，究竟是担保人还是担保权人应当
对担保股权承担出资责任呢？或者两者连带承担？

　　对此，不妨先考察一个相关案例。即孙良芬与中信信托有限责任公司
（以下简称中信公司）、绥芬河市澳普尔科技投资有限公司（以下简称澳普
尔投资公司）、绥芬河市澳普尔房地产开发有限公司（以下简称澳普尔房
产公司）执行复议一案。② 该案之中，因澳普尔投资公司、澳普尔房产公
司欠孙良芬3000万元及利息并经相关法院调解后未获执行，孙良芬遂以第
三人中信公司注册资金不实为由申请追加中信公司为本案被执行人。孙良
芬申请追加中信公司为本案被执行人的理由，在于中信公司系被执行人澳
普尔投资公司的现任唯一股东，澳普尔房产公司虽注册资金1亿元，但并
无任何实缴资本。中信公司提出的抗辩理由是，因澳普尔投资公司与中信
公司签订抵押贷款合同，澳普尔投资公司向中信公司贷款3.5亿元（年利
率25%），除以相关房屋、国有土地使用权提供抵押外，该公司原三名股
东即西安汉高科技发展有限公司、薛军、范学科还分别将各自持有的

---

① 赵旭东等：《公司资本制度改革研究》，法律出版社2004年版，第299～302页。
② 参见中国裁判文书网，黑龙江省高级人民法院（2016）黑执复57号执行裁定书。

51%、32%、17%共计100%股权让与给中信公司提供担保，因此其亦属澳普尔投资公司债权人且并非该公司原始出资人，不应承担相关出资责任。对此，一审法院牡丹江中院认为：中信公司并没有注销原股东的出资证明书，没有向新股东签发出资证明书，没有按照修改后的公司章程第七条规定履行1亿元的出资义务。因此，中信公司应当在出资不实的范围内承担责任。黑龙江高院则认为：根据《最高人民法院关于人民法院执行工作若干问题的规定（试行）》第80条规定，被执行人无财产清偿债务，如果其开办单位对其开办时投入的注册资金不实或抽逃注册资金，可以裁定变更或追加其开办单位为被执行人，在注册资金不实或抽逃注册资金的范围内，对申请执行人承担责任。本案中，中信公司不是被执行人澳普尔投资公司的开办单位，而是通过股权转让方式成为澳普尔投资公司股东。牡丹江中院追加中信公司为本执行案件被执行人的理由缺乏法律依据。综上，裁定撤销了牡丹江中院作出的关于中信公司应当承担出资责任的相关裁定。

类似的案例并不少见，不再列举。从上述案例可以看出，关于让与担保股权对应出资责任的承担问题，目前尚无针对性的法律依据，以至于相关法院只能依据关联法律进行裁处。关于出资瑕疵股权转让后，转让人以及受让人是否应当承担责任以及承担何种责任大体有四种观点与主张：就转让人（担保人）而言：一是转让人应当单独承担责任；二是转让人不应承担责任；三是转让人与受让人承担连带；四是转让人是否单独承担取决于受让人是否善意。就受让人而言，正好与此对应，一是完全不承担责任；二是单独承担责任；三是与转让人连带；四是是否承担取决于善意与否。[①] 在笔者看来，担保人对于担保股权的出资责任应无异议，尤其是担保人为目标公司原始股东之时。但担保权人应否承担担保股权的出资责任，不外乎两种分歧观点：其一，担保权人并非真正意义上的股东，故并

[①] 虞政平：《公司法案例教学（中册）》，人民法院出版社2018年版，第1162～1167页。

不应承担相关出资责任；其二，担保权人已经合法受让了担保股权，最起码系担保股权名义上的股东，或者是担保股权的合法受让人，故应当承担相关出资责任。对此，我国当前公司法律制度下较为接近并可以援引为处理依据的有《公司法解释三》第十八条之规定："有限责任公司的股东未履行或者未全面履行出资义务即转让股权，受让人对此知道或者应当知道，公司请求该股东履行出资义务、受让人对此承担连带责任的，人民法院应予支持；公司债权人依照本规定第十三条第二款向该股东提起诉讼，同时请求前述受让人对此承担连带责任的，人民法院应予支持。受让人根据前款规定承担责任后，向该未履行或者未全面履行出资义务的股东追偿的，人民法院应予支持。但是，当事人另有约定的除外。"依据该条司法解释规定，担保权人有可能比照一般股权之受让人，在其无法证明不知道或不应当知道担保股权并未实际出资情形下，承担相应的出资责任。如此处理，很可能使得担保权人（往往同时又为担保人之债权人），将因为担保股权并未实际缴纳出资的事实，而向担保人的其他债权人承担所谓的出资责任。如此结果，似乎让人感觉不公平，究其根源在于人们对股权让与担保的法律性质之认识总是处在摇摆之中。实际还是回到本书始终都在关注与探讨的问题，即股权让与担保到底是股权之担保还是股权之转让？全书探讨考察的结果，股权让与担保实际是集担保和让与于一身的综合法律现象，因而的确同时具备担保权和让与所有权的综合权利特征，即本书所称的"担保所有权"。正因如此，对于涉及股权让与担保的相关纠纷，并不能简单地只按担保性质处理或者简单地只按让与进行处理，而是必须综合对待、有效应对。基本处理原则，应当是内部之间按约定、无约定时可按担保所有权的特性对待，但对外部人而言，只能根据公示的外观作出判断或信赖，因而应当更按让与以及所有权进行对待，此即所谓"内、外区分"的基本原则进行处理。据此，笔者认为，对于担保股权涉及的出资责任问题，担保权人依然应当为第一责任人，这是因为担保权人应当对担保股权没有实缴出资的事实承担尽职调查的义务，一个接受股权让与担保却对担保股权实缴资本与否视而不见的人，因为其形式上为该担保股权的所有权人，按照对外公示证据优先的认定效力，事实上也不应要求目标公司的债权人对担保权人获得的股权是否出于让与担保的事实过多的信赖与了解，因此，任何因为担保股权而追及相关出资责任的诉请，均应担保权人优先承担。当然，这并不排除担保权人可以进一步向担保人追偿之可能。如此设计该类问题的处理原则，实际就是要求担保权人更为慎重地从事股权让与担保的交易，从而最大限度地避免此类问题的发生。因而，看似不公平甚至有点别扭的处理方式，或许并非不公平。考察我国香港特别行政区有关股份按揭的做法，也有类似的处理方法，即当担保权人已经注册变更为担保股权持有人之时，担保物权人要为股款负责，假如股款并未全额支付的话。[①] 在英国，如果股权之投资额尚未全部缴付，按揭权人须以自己的个人信用对未缴付的金额承担责任，即使公司知悉按揭权人仅将该等转让手续作为一种担保；[②] 甚至在目标公司破产情形下，按揭权人也应向公司资产缴付未足额支付的部分，即便按揭债务已经被清偿而按揭股份再次转让到按揭人名下，只要按揭权人的名字仍作为过去的股东成员列明在成员名单上，除非向按揭人的转让在公司解散前已经一年或更久。[③] 但如果按《美国统一商法典》处理，该法第 9.402 条款规定，受担保方（担保权人）并不承担债务人（担保人）的合同责任或侵权责任，[④] 这或许与担保权人原本亦是担保人之债权人的基本法律考量密切相关。

3. 担保人之其他债权人对于代持责任可否追及

股权代持问题在中国原本就是一个说不清、道不明的法律问题，而当让与担保股权又伴随着代持问题之时，则更是让人雾里看花、纠缠不清。担保人对于股权代持应当清楚，但这也只是一种假设。现实之中，代持人

---

① 何美欢：《香港担保法（上册）》，北京大学出版社 1997 年版，第 396 页。

② pennington's Company Law 4th Edition, P342, Robert R. Pennington, Butterworth & Co. (Publisher) Ltd, 1979.

③ Stephen Barc and Nicholas Bower, supranote 28, p 189.

④ 《美国统一商法典》，潘琪译，法律出版社 2018 年版，第 604 页。

或所谓名义股东、显名股东与被代持人或所谓实际出资人、隐名股东之间，即时常围绕股权归属、股权价值、利益分配而争论不休，因此即便担保人认为担保股权为其所有，但依然无法排除实际出资人以股权所有者身份或其他债权人之身份，对担保股权的归属或利益分配提出争议。而这显然亦冲击到担保权人的担保权益。

那么，目前处理这一问题的相关法律依据如何？或者，应当按照怎样的原则处理相关之争议？按当前《公司法解释三》第二十五条规定："名义股东将登记于其名下的股权转让、质押或者以其他方式处分，实际出资人以其对于股权享有实际权利为由，请求认定处分股权行为无效的，人民法院可以参照物权法第一百零六条的规定处理。名义股东处分股权造成实际出资人损失，实际出资人请求名义股东承担赔偿责任的，人民法院应予支持。"该条司法解释规定，基本可以援引作为处理股权让与担保涉及股权代持的相关纠纷。该条文之中所表述的名义股东"以其他方式处分"代持股权，显然即应视为包含了股权以让与担保所作出的处分方式。据此，正当而真实的股权让与担保情形下，担保权人显然应当视为支付了合理对价的善意受让人，主债权即为获得担保股权对价的证明所在，同时，基于办理担保股权变更过户的事实，甚至基于将要过户的约定以及其他股东、目标公司对于股权让与担保的同意与认可，担保权人被认定为担保股权的善意取得之人，当为多数，除非股权让与担保设定存在其他影响效力的因素，对此无需赘述。

二、对担保权人之其他债权人之影响

不仅担保人会有其事先或事后之其他债权人，就担保权人而言，亦同样会有如此的景象。当今世界就是一个相互交易而又彼此欠债的世界，对于商人而言更是如此。担保权人之其他债权人基于担保权人不能按时兑付其债权进而追及担保股权，从而和股权让与担保关联起来。

1. 担保权人之其他债权人对于担保股权可否追及

在担保权人已经合法受让与占有担保股权情形下，因形式上已经可以认为属于担保权人的名下财产，故当担保权人的其他债权人对该担保股权追及求偿时，依据对外公示证据效力优先的基本精神，担保权人似无任何对抗之余地。无论担保权人如何声明该担保股权系其让与担保获得，尚不能完全或真正视为其个人名下有权处分之资产，但担保权人的其他债权人显然不会予以理睬。事实上，当前司法对担保权人的此类主张依据一般证据规则亦难以支持。当前我国诉讼制度下，唯有担保人就此尚可寻求相关的救济途径：其一，以独立请求权的第三人诉请主张担保权人名下的股权仅系让与担保而暂时让渡，并非所有权真正归属担保权人，主张确认担保股权之所有权归属于自己。其二，以提出执行异议乃至执行异议之诉的方式，阻止担保权人的债权人对于担保股权之保全、查封、处置拍卖等执行，理由同样是担保股权系让与担保，并非真实股权转让。可以想象，对于担保人向担保权人提出的以上抗辩与异议，当前司法的态度无疑会进行一定的实体审查。如审查的结果是，担保人已经实质清偿了股权让与担保所对应的主债务，则其诉请或异议可能获得支持；但如果担保人并未实质清偿完毕其担保股权所对应的主债务，则担保人的以上诉请与异议无论如何难获支持。这实际意味着，股权让与担保情形下，担保权人的其他债权人一旦对担保股权发起求偿主张，担保权人自己显然很难阻止，而担保人若要进行阻扰则必须以其对担保股权享有合法回购权利且回购条件已经全部具备为前提，否则同样难有令人满意的结果。

2. 担保权人对外转让担保股权如何应对

这里所探讨的实际是担保权人转让担保股权而可能引发的相关问题。对此，基于对让与担保法律性质的不同认识，答案可能并不相同。就坚持所有权构成理论看来，担保股权基于变更过户即应当属于担保权人依法享有所有权的财产，因而并非不可处分。例如，在我国台湾地区第七百七十四号判决中，法院即认为，在让与担保中，由于担保权人已经基于转让协议真正获得该标的物的所有权，所以其当然享有对该担保物的处分权，故不论担保物的性质是动产还是不动产，也不论受让人善恶与否，受让人都能够获得该股权所有权。① 而若是按担保权构成理论衡量，担保权人对于担保股权并未获得所有权，至少是不完全的所有权，基于担保目的衡量，当不得擅自处分。目前一般认为，担保权的主要目的在于担保主债权的受偿，让与担保情形下担保权人即便已经取得担保物所有权，亦负有不得行使超过目的范围的权利，特别是担保权人占有担保物时，在被担保债权届满前，更不得处分担保物，这也应视为担保权人对于担保物应尽的基本保管义务，否则应当承担对担保人的损害赔偿责任。② 本书在让与担保股权处置部分论述中并未涉及担保权人以转让方式来处置担保股权的情形，也正是因为在正常的股权让与担保履行期间，原则上担保权人并无如此处分之权利，无论担保权人获得的是否法律意义的所有权，基于"担保所有权"相对受限的基本特性，应当受到这一约束。因为担保权人是否有权归属处置至今尚存在流押、流质的法律障碍，故何谈担保权人擅自对外转让担保股权呢？对外转让股权显然应以担保股权可以完全归属担保权人为前提，即便不能归属，亦应对担保股权清算处分，在此过程中才有可能以拍卖等方式实现担保股权向第三人的转让问题。所以，股权让与担保期间所谓担保权人对外转让股权，按照我们的观念理解，显然是难以接受的，原则上应当是禁止的。因为这无疑属于担保权人违背担保物保管基本义务的行为，属于和让与担保基本目的及价值相违背的行为，属于比流押、流质乃至归属更为极端的行为，系对股权让与担保交易单方擅自严重违约的行为，即便是担保人在担保期满而没有清偿主债务，又无力回购担保股权，亦不意味着担保权人可以对外转让的方式实现所谓的归属权利。对此，我

---

① 刘春堂：《动产让与担保之研究》，载《台北辅仁大学法学丛书——民商法论文集（一）》。

② 梁慧星主编：《中国物权法研究（下册）》，法律出版社1998年版，第1068页。

国《合同法》亦可以找到相关的法律依据。①

但值得一提的是，在我国香港特别行政区有关普通法按揭制度下，作为普通法所有权的持有人，受按揭人（担保权人）却有资格转让其普通法所有权，即使合同没有授予他这项权利，但他多半有权摆脱按揭人（担保人）的赎回权而出售，尽管这条规定受到批评，但普通法受按揭人的确有权按一般法庭程序取消赎回权。② 而在英国按揭制度下，按揭权人除可以转让担保股权外，还可以在按揭股份上再设置分按揭以担保按揭权人自己的负债，即所谓的再让与担保，但与此同时，按揭人也可以通过向分按揭权人（sub-mortgagee）清偿按揭人所欠按揭权人债务的方式从分按揭人那里赎回按揭并取回股份，即使按揭权人对分按揭权人的负债高于这个金额。③

现实之中，股权让与担保期间担保权人转让担保股权的现象并非不会发生，因为形式上其的确获得了担保股权的所有权。凭借该形式上的所有权，担保权人处分担保股权，至少对相关受让人而言难以苛责。一般认为，让与担保情形下，在主债权届满前，担保权人处分担保物的，例如出售担保物甚至在担保物之上又设定新的担保物权，与担保权人发生交易的任何第三人，均取得担保物的所有权或他物权。与此相对应，让与担保设定尤其是过户完成后，仅从形式上判断担保人已并非担保物的所有权人，故其不得处分担保物，否则属于无权处分。④ 所以，就股权让与担保而言，尽管担保权人在股权让与担保期间应无权处分担保股权，因而属于主观恶意之人，但这并非意味与此对应的受让人利益均不应获得保护。进一步区分此等情形下的受让人，大体又可分为两种不同的类型：其一，善意取得

---

① 《合同法》第七十九条："债权人可以将合同的权利全部或者部分转让给第三人，但有下列情形之一的除外：（一）根据合同性质不得转让；（二）按照当事人约定不得转让；（三）依照法律规定不得转让。"

② 何美欢：《香港担保法（上册）》，北京大学出版社 1997 年版，第 393 页。

③ Robert R. Pennington, supra note 59, p343.

④ 梁慧星主编：《中国物权法研究（下册）》，法律出版社 1998 年版，第 1069 页。

受让人。所谓善意取得受让人，系指合理信赖担保权人并支付正当转让对价且办理相关变更手续的人。亦即按照我国《物权法》关于善意取得的标准进行衡量，确实是真实而公平与担保权人进行股权交易的人。一旦受让人构成善意取得，不仅担保权人不能主张返还，担保人更难以追及主张返还，而这正是股权让与担保情形下担保人有可能存在的交易风险、商业风险尤其是法律上的风险。此等情形下，担保人即便享有担保股权的回购权利，亦实际不能获得有效实现。其二，非善意取得人。即并非真实的、支付正当对价的所谓受让人，该类非善意取得往往更伴随有担保股权的变更手续，但关键是支付对价的不公平，或者仅仅是形式上的支付而实质上转回，且往往伴随着与担保权人关联关系的存在。这种非善意取得情形下的股权转让，不仅是担保权人对股权让与担保恶意违约的行为，甚至其与所谓的受让人还可能对担保人、对担保股权构成恶意的侵权。对此，有观点主张，如若认可该担保权人对担保物享有真正的所有权，尤其对受让人是否善意不进行甄别，这会极大地侵害设定人即担保人的相关权益，因此，如若第三人出于恶意从担保权人手中受让该股权，因为这种行为侵害了设定人的合法权益，担保人对该第三人应当享有追及权。[①] 所以，担保人不仅有权据此追究担保权人的违约责任，而且还可依据非善意取得的事实主张担保股权之返还。对此，我们可从一个相关案例中进一步有所认识与了解，该案实质是对担保权人擅自向关联企业转让股权的行为效力给予了否定，主要理由即认定所谓的担保股权受让人并非构成善意取得。

例如，北京安鼎信用担保有限公司（以下简称安鼎公司）与亿仁投资集团有限公司（以下简称亿仁集团公司）、深圳市亿仁控股有限公司（以下简称深圳亿仁公司）、曹某华、浙江禾盛实业有限公司、浙江匠心投资管理有限公司股权转让合同纠纷一案，[②] 法院经审理查明：亿仁集团公司、

---

① 刘超：《论股权让与担保的效力》，湖南师范大学 2019 年硕士学位论文。
② 参见中国裁判文书网，广东省珠海市中级人民法院（2013）珠中法民二终字第 400 号民事判决书。

深圳亿仁公司原为珠海亿仁公司股东，持股比例分别为 14.29% 和 85.71%，珠海亿仁公司登记的注册资本为人民币 14000 万元。因其关联公司无锡亿仁医院需借款 6000 万元，2009 年 10 月 9 日，亿仁集团公司、深圳亿仁公司分别向曹某华、安鼎公司转让以上各自所持全部股权，并办理相关工商变更登记手续，且珠海亿仁公司的公章、财务章、营业执照等证件也交由新股东亦即担保权人保管。曹某华、安鼎公司在获得以上让与担保股权后，2010 年 8 月 17 日，曹某华和禾盛公司签订《股权转让协议》，约定曹某华将其持有的珠海亿仁公司 14.29% 的股份，以 2000 万元的价格转让给禾盛公司。同日，安鼎公司和曹某华以珠海亿仁公司股东名义召开股东会，作出相关决议同意以上转让，且安鼎公司愿意放弃优先购买权。当日，即完成相关工商变更登记手续，担保权人曹某华名下 14.29% 的股份即变更过户到禾盛公司名下。2010 年 9 月 22 日，另一担保权人安鼎公司亦与另一第三人匠心公司签署一份《股权转让协议》，约定安鼎公司将其持有的珠海亿仁公司 85.71% 的股份，以 2500 万元的价格转让给匠心公司，此后由于安鼎公司持有的珠海亿仁公司的股份因亿仁公司一方申请被法院查封，故该次股权转让没有完成工商变更登记手续。因此，匠心公司以第三人身份提出异议。相关法院审理认为：不论何种担保，其本意在于实现担保债权受偿的经济目的，法律基于公平原则禁止双方当事人约定债权无法受偿而直接获取担保标的所有权。同理，让与担保也并非为了帮助债权人因无法受偿而直接获得所有权从而变相获取暴利。因此，本案双方当事人应在理顺债务的前提下再行协商回购或变价清算受偿事宜。安鼎公司否认本案股权转让合同的担保真实意图，单方将股权转让给其关联公司，已超出担保权利的目的范围。禾盛公司与安鼎公司的法定代表人为同一人，曹某华与安鼎公司及禾盛公司皆属于关联方，各方对珠海亿仁公司是用于担保债权的用途不可能不知晓，曹某华超出担保目的直接转让股权的行为，属于当事人恶意串通损害亿仁集团公司利益的行为，该转让行为无效。

三、股权让与担保和破产

股权让与担保和破产之间的法律关系，是个较为特殊的法律问题。本书此处之所以单列作为一个问题，是因为不同的破产对象涉及不同主体的利益，对于股权让与担保当事人或其债权人乃至目标公司均可能产生影响。此处所谓的破产既可能是担保人破产，也可能是担保权人破产，或者是目标公司破产，总之是指围绕股权让与担保关系当事人及相关主体所可能发生的破产情形。

1. 担保人破产担保权人可享取回权

伴随股权让与担保存续期间，无论是正常担保期间或是担保期满，在担保主债权并未获得满足情形下，担保人被宣告破产的现象并非不会发生。这往往是由于担保人多头举债而相关融资项目最终失败而导致。在担保人破产情形下，破产财产原本有限，甚至担保股权成为唯一有价值的财产，担保权人以及担保人的其他债权人必然围绕担保股权的归属乃至剩余价值的分配产生争议。在担保权人看来，担保股权已经进行了让与担保，甚至已经变更过户到其名下，且担保主债权又未能获得实现与满足，故担保股权理应归属担保权人；而在担保人的其他债权人看来，担保股权仅仅是出于让与担保的目的而暂且过户到担保权人名下，并不代表担保股权当然归属于担保权人，担保股权依然应当属于担保人尚未处分的破产财产范畴，应按破产财产性质依破产程序进行处置。很显然，股权让与担保或者说其他财产担保交易的设置，尤其是所谓担保物权优先受偿权利的设置，并非只是为了满足正常履行的需要，更多时候是为了防范特殊情形下担保主债权所可能面临的法律风险，而这其中无疑就包括债务人、担保人破产之情形。那么，在担保人破产情形下，担保权人对于担保股权所享有的权利性质如何呢？大体可以有三种选择：一是按取回权处理。即担保股权已经属于担保权人所有，无论这种权利是"形式所有权"，还是所谓的"担保所有权""托管所有权""暂时所有权"等，只要担保股权已经让与过户到担保权人名下，且在担保人破产期间依然登记在担保权人名下，担保权人均有权主张将担保股权在担保人的破产财产中予以取回。例如，有学者即主张，担保让与的债权人的权利比质押权人的权利有更多实现的可能性，而这一点尤其表现在债务人破产的情形中，当债务人（担保人）破产时，质押权人权利作为限制物权其先要受顺位的限制，而让与担保的债权人（担保权人）因为拥有所有权，其权利不受顺位的限制。① 还有学者认为，担保人适用于破产程序时，担保物的所有权在让与担保后移转于担保权人，担保人并非担保物的所有权人而占有担保物时，担保权人可基于其所有权请求取回担保物。② 但也有类似或变通的观点认为，担保人适用破产程序时，因为担保权人仅有法律形式上的所有权，担保物仍属破产财产，担保权人不能行使取回权，但对担保物可以行使别除权。③ 以上所谓别除权与取回权的区别，实质在于对让与担保股权性质的认识。如明确股权让与担保情形下担保权人对担保股权享有的系所有权，则无疑应按取回权处理；如明确仅为担保权性质，则无疑应按别除权处理。因为破产程序中对于破产财产的所谓取回权即是指所有权人通过清算组取回财产的一种权利，而所谓别除权则一般是指担保权人就特定破产财产优先受偿的一种权利。④ 以《澳门商法典》为例，该法第九百二十七条规定："如让与人破产，信托让与所有人之权利得对抗破产财产。"⑤ 这其中的对抗，转换为内地语言，即可理解为取回权之对抗，亦可理解为别除权之对抗。二是按优先受偿权处理。即依照法律规定一般物权的担保权人都可以享有担保物的优先受偿权利，则股权让与担保情形下，无论担保股权实质归属是谁，关键是不应排斥担保权人对于担保股权优先受偿的权利。三是按一般债权处

---

① 孙宪忠：《德国当代物权法》，法律出版社 1997 年版，第 349 页。

② 梁慧星主编：《中国物权法研究（下册）》，法律出版社 1998 年版，第 1070 页。

③ 陈荣宗：《破产法》，我国台湾地区三民书局 1986 年版，第 222 页。

④ 顾功耘主编：《公司法》，北京大学出版社 1999 年版，第 167 页。

⑤ 中国政法大学澳门研究中心、澳门政府法律翻译办公室编：《澳门商法典》，中国政法大学出版社 1999 年版，第 259 页。

理。即认为担保股权实质归属于担保人，担保权人对于担保股权仅仅是享有形式上的所有权，这种挂在担保权人名下的担保股权应实质属于担保人的破产财产，应由处于破产状况下的担保人的全体债权人按破产财产分配方式进行处理，担保权人仅为其中的一般债权人。以上三种观点，担保权人显然更倾向于第一种，笔者亦倾向于第一种观点，而担保人的其他债权人显然更倾向于第三种。目前，最高人民法院则倾向于按第二种精神进行处理，这一点在最高人民法院相关部门法官会议关于以下一起案件的研究纪要中得到体现。

该案基本案情是：甲公司因资金周转困难向乙公司借款，借期一年。为担保借款合同正常履行，双方又签订《协议书》，约定甲公司将其持有的 A 有限责任公司 60% 股权过户至乙公司名下，"以股权转让的形式保证乙公司债权的实现"；待甲公司偿还全部借款本金及利息后，再将 A 公司股权变更回甲公司名下。经 A 公司股东会决议且 A 公司其他股东明确表示放弃优先购买权，A 公司 60% 股权变更登记至乙公司名下。借款期限届满后，甲公司未能依约还清借款本息。之后，甲公司进入破产程序，乙公司主张 A 公司 60% 股权优先受偿。对此，最高人民法院相关部门法官会议意见认为：让与担保系在法理及司法实践中得到广泛确认的非典型担保；根据合同自由原则和物权与债权区分原则，甲公司与乙公司就以股权转让形式担保债权实现而签订的《协议书》并不仅因让与担保为非典型担保而存在效力瑕疵；尽管诉争股权已按《公司法》相关规定变更登记至乙公司名下，由于甲公司与乙公司之间欠缺真正让渡诉争股权的合意，此种股权变更并非真正的股权转让，乙公司仅为名义权利人，并不实际享有股权；甲公司仍为实际权利人。换言之，诉争股权虽然已登记在乙公司名下，但仍为甲公司之责任财产。当甲公司破产时，诉争股权应归属于破产财产；对于乙公司就诉争标的享有的权利是否能够对抗甲公司其他普通债权人，应以让与担保是否已按照物权法规定的方式进行公示作为核心判断标准；如相关让与担保已以物权法规定的方式进行公示，让与担保权人已为担保标的公示的权利人，能够限制担保标的物的转让或其他法律上的处分，则其对担保标的之权利可以对抗第三人，有权就担保标的优先受偿；从实质公平角度而言，当甲公司破产时，认定案涉股权为破产财产，同时认定乙公司可依《企业破产法》第一百零九条对案涉股权享有优先受偿的权利，更有利于平衡甲公司、乙公司以及甲公司之普通债权人等相关各方的利益。①

2. 担保权人破产担保股权当属破产财产

与担保人一样，担保权人在股权让与担保履行期间，亦有可能面临破产。此时，同样引发让与担保股权归属和处置的问题，其可能的争议主体则是担保人与担保权人的其他债权人之间，所争议的路径亦基本是两种：其一，担保人主张担保股权归属自己一方。其中理由正如前述最高人民法院相关部门纪要所论述，担保权人仅为担保股权的名义所有人，担保股权当属担保人实质所有，故担保人甚至可以主张取回。其二，担保权人的其他债权人主张担保股权归属于担保权人的破产财产范畴。其中理由亦无非是担保股权已经登记在担保权人名下，故理当归属担保权人破产财产的范畴。有关于此的学说主张与担保人破产之情形正相对应。有学者认为，担保权人破产时，担保人对于担保物没有取回权，担保物应属破产财产；还有学者认为，担保权人破产时，担保人在清偿被担保债权后，担保物的所有权应当回归担保人，担保人对担保物有取回权。② 借助于类似问题的争论，实际是再次让人们不得不面对或回答股权让与担保的法律性质问题。正是由于股权让与担保集让与和担保于一身，因而才引发了一连串类似的争议，而且从哪方观点与主张看似乎均无不当，法律制度设计时常为此犯难，司法何尝不是如此。当然，有时候两难的境地只是一种表明现象，解决问题的关键或钥匙还是担保权人对于担保股权享有的优先受偿权。同样，无论担保股权归属于谁，在担保权人面临破产时，担保人并非当然有

---

① 参见《最高人民法院第二巡回法庭 2019 年第 1 次法官会议纪要——破产程序中股权让与担保人的权利》，载"儒者如墨"微信公众号，2019 年 11 月 25 日。

② 梁慧星主编：《中国物权法研究（下册）》，法律出版社 1998 年版，第 1069～1070 页。

权以原所有权人的身份主张取回，而是必须以其对于主债权的完全清偿剔除担保股权之上所附着的担保权人的优先受偿权利。言外之意，只有当担保人完全意义上拥有对担保股权的回购权利之时，其才有权参与担保股权的归属或利益分配。否则，担保权人的其他债权人有权代为行使担保权人对于担保股权所可享有的优先受偿权，并且凭借该优先受偿权利处置并分配担保股权之价值与利益。

3. 目标公司破产对股权担保履行构成重大障碍

担保人可能破产，担保权人可能破产，目标公司亦可能破产。他们的破产对于股权让与担保协议的履行显然都构成法律上的障碍，都足以引发人们对于担保股权归属与处置、价值与利益的担忧和争执。目标公司的破产总体意味着担保股权价值的贬损，但并不意味着担保股权的消失，除非目标公司破产毫无价值，甚至破产财产为"0"，如果是那样也无破产之必要。因此，目标公司破产主要引发关注的是担保股权价值贬损以及可能与此相关的《公司法》上的责任问题。就此，涉及以下主要方面：其一，当目标公司宣告破产时，股权让与担保协议面临法律上的重大履行障碍与担忧，此时担保权人无疑可以比照我国《合同法》上所谓的不安抗辩权法律精神，[①] 要求担保人及其所对应的主债务人进一步提供必要之担保或者提前履行，直至解除相关合同。其二，其有权凭借担保股权的让与所有权或者所谓名义股东的身份，尤其是优先受偿权参与目标公司的破产进程，并对与担保股权所对应的目标公司剩余财产价值获得优先分配，并以此冲抵所担保的主债权本息金额。其三，当目标公司剩余财产尚不足以满足目标公司其他债权利益时，担保权人不仅无法凭借对于担保股权之优先受偿权

---

① 《合同法》第六十八条："应当先履行债务的当事人，有确切证据证明对方有下列情形之一的，可以中止履行：（一）经营状况严重恶化；（二）转移财产、抽逃资金，以逃避债务；（三）丧失商业信誉；（四）有丧失或者可能丧失履行债务能力的其他情形。当事人没有确切证据中止履行的，应当承担违约责任。"第六十九条："当事人依照本法第六十八条的规定中止履行的，应当及时通知对方。对方提供适当担保时，应当恢复履行。中止履行后，对方在合理期限内未恢复履行能力并且未提供适当担保的，中止履行的一方可以解除合同。"

获得所谓的受偿，甚至可能因为担保股权所附着的出资责任而面临名义股东所应承担的责任，对此笔者之前已有相关阐述。当然，亦有主张认为，担保权人始终只是名义股东，故并不应当承担担保股权所对应的出资责任，当前不少案例亦是照此精神进行裁判处理。① 对此，确实值得进一步探讨。其四，无论目标公司剩余财产价值是否能够满足主债权本息金额，伴随目标公司破产程序之终结，股权让与担保协议均随之终结，担保权人对于担保股权之担保权益随之消亡；若仍有未获得清偿之主债权，则转入无担保债权范畴，主债权人可以按普通债权进一步向主债务人追偿，股权让与担保法律关系宣告终结。

---

① 湖北省仙桃市人民法院在执行申请执行人仙桃市新基业建材有限公司与被执行人湖北中亿房地产开发有限公司（以下简称中亿公司）、武汉市百富勤置业有限公司买卖合同纠纷一案时，百富勤公司提出异议，该院认为：何建顺将自己所有的中亿公司90%股权，作为担保向异议人借款，其与异议人之间的法律关系名为股权转让，实是借款行为；异议人以登记在自己名下的股权，为中亿公司提供担保向外借款，何建顺向中亿公司借款清偿自己所欠异议人的债务，在此过程中，中亿公司90%股权的实际权属未发生变化，仍属于何建顺所有，即系何建顺以自己90%股权担保中亿公司借款来清偿其个人债务，该行为未损害公司的偿债能力，何建顺仍应以自己的出资额对中亿公司承担有限责任。参见中国裁判文书网，湖北省仙桃市人民法院（2016）鄂9004执异19号民事裁定书。

结 束 语

中国股权让与担保法律制度之构建

股权让与担保作为一种自发的商业融资辅助交易模式，正源源不断地为我国诸多大小项目输送着资本的血液，在推动各类项目实施并完成的同时，亦实现着资本逐利与增值的梦想。股权让与担保无疑为商业的繁荣、市场经济的进步提供了重要助推力，赢得了商人极大的青睐，费尽了法律人一片苦心，股权让与担保正踏着新时代勃兴的步伐朝前迈进。

当商人以及律师们绞尽脑汁地设计其股权让与担保协议之框架和内容时，他们很难想象出现纷争之时居然几乎找寻不到任何法律上的相关依据。刚刚兴起的让商人乃至律师们引以为豪的、所谓新型的股权让与担保交易，由于司法裁判的不统一甚至冲突已经受到一定影响。股权让与担保正处在发展之关键时期，人们普遍期待着给予股权让与担保更多的法律关照、更多的法律空间、更多的法律规范、更多的法律支持。

当前，构建股权让与担保法律制度最为关键的是要定位好其基本法律性质，即让与担保情形下担保权人对于担保股权所享有法律权利之本质特征，对此必须准确把握，这是构建股权让与担保法律制度的基本前提或基础所在。综合以上全书之介绍与论述，可以看出，任何简单以"所有权构成"或"担保权构成"来定位让与担保，尤其是定位股权让与担保法律特性的主张，实际均难免使人们处理相关问题时面临尴尬甚至是矛盾之境地，更难公正权衡好相关主体之间的诸多权益。正因如此，本书提出了

"担保所有权"的理论主张,本书之前相关论述尤其是各具体观点之提出实际均是围绕"担保所有权"的观点来展开。所谓"担保所有权",实际就是将股权让与担保情形下担保权人对于担保股权之权利概括定性为集担保权与所有权于一身的综合性权利,而这显然是一种新型的权利形态,其既有担保权之特性,又有所有权之特性,可谓两种权利之结合体,与任何单个之担保权或单个之所有权均有着较大的不同。具体而言,本书所主张的"担保所有权"主要表现为以下之方面:其一,具有较为基础的担保权特性。就股权让与担保交易之担保特性而言,其同样出于促成主合同交易之担保目的,因而具有与普通担保同样的从属特性;同时,相较于普通担保权人对于担保股权处置可以享有的优先受偿权而言,让与担保权人显然亦可以享有,亦应当享有,这和人们对于让与担保权益首先属于担保权之基本认知亦为相符。可以说,担保权特性乃让与担保权基础特性之所在。其二,具有较为突出的所有权特性。相较于普通担保权,基于让与担保股权所有权移转的特点,让与担保权人受让担保股权时应当受到其他股东优先受让权的限制,以及可以对担保股权进行必要的管理与使用,尤其可以根据约定或在没有约定以及约定不明情形下,以股东身份行使担保股权,且目标公司应予配合,并由此使得担保权人对于目标公司治理产生较大之影响,这些显然均非普通担保权人所可享有、所能发挥;同时,担保股权处置过程中,担保权人可以基于约定而行使归属权,且不受普通担保禁止流押、流质的法律约束,这均表明担保权人对于担保股权之所有权特点;比如,担保权人应当承担担保股权瑕疵出资的补足责任,以及当担保人破产时,担保权人对于担保股权可以主张取回,而担保权人破产时担保股权应列入破产财产范畴等,这更进一步体现让与担保权之所有权特性。可以说,所有权特性乃让与担保权最为突出之特性。其三,具有担保权与所有权相融合之特性。让与担保权虽以担保特性为基础,但又并不仅限于、仅止步于担保,应当说显然要大于普通担保权,因为它除了普通担保权所可享有的权益外,更有与所有权相结合形成的所有权特性及其所对应之权益。不仅如此，让与担保权虽以所有权特性为其突出价值追求，但又小于普通所有权权能，或可谓受到限制的所有权。例如，担保权人对于担保股权所享有的所有权即受到担保人回购权之约束与挑战，担保权人对于担保股权之行使亦受到担保人之意思约束，甚至担保人在让渡担保股权之后也可以实际行使担保股权，继续控制目标公司等，只要当事人之间有着这样的约定与赋权，而这与普通所有权、与股权所有权之一般特征并不完全相符。担保权人可以享有担保股权之所有权但又受到一定限制的特点，同样十分之明显。正是基于以上考虑，单纯的担保权或单纯的所有权均难以概括让与担保权的全部特性，而这也正是本书以"担保所有权"定性表述的缘由所在。

在让与担保基本法律特性得以相对明确之基础上，为进一步提升股权让与担保之法律地位，人们必须使股权让与担保非典型的法律地位得以改观，而这完全可以通过以下的方式逐步实现：一是在民法典物权篇之中，将包含股权标的在内的让与担保法典化，明确赋予让与担保法律效力，剔除让与担保非典型的法律身影。二是进一步通过《公司法》认可股权让与担保的做法，并将股权让与担保和目标公司之间的法律关系作精要的规范，以此不仅完善公司法律制度的内容，亦与民法典物权篇相互呼应。三是由最高人民法院制定关于让与担保、甚至股权让与担保的专项司法解释，就股权让与担保可能涉及的主要问题统一司法尺度，避免就此类纷争自由裁量过宽现象的发生，同时亦为人们谈判股权让与担保交易提供规范指引。四是不断发布有关股权让与担保的指导案例，或者是典型案例、相关纪要、法官会议意见等，当前也正是在按这样的步伐迈进，以此对于现实之中纷繁复杂的股权让与担保交易以及所遇到的各种具体问题及时地进行司法指引，避免股权让与担保各种可能的不规范行为发生，进一步提供价值指引。

而就股权让与担保更为具体的法律制度内容构建而言，总体可按照本书提出的"担保所有权"的基本设想，设置好股权让与担保法律关系各方权利义务之具体边界。为此，明确以下方面是十分必要的：一是明确股权让与担保的基本类型，将实际移交过户的股权让与担保和非移交过户的预约性股权让与担保均纳入规范范畴，扩大股权让与担保交易的保护范围。二是充分肯定股权让与担保协议之法律效力，无论是移交占有型还是非移交占有型股权让与担保均应获得法律的承认，并按照原则有效、例外可予排除的立足点，给股权让与担保协议意思自治提供充分的法律保障。三是对于过度担保、甚至可能束缚担保人乃至目标公司经济自由的协议现象进行探索，至少给予必要的压制。四是赋予股权让与担保权人以优先受偿的法律权利，这是推动股权让与担保交易的关键所在，任何没有优先受偿权保障的股权让与担保必然成为空中楼阁而难以维系。当然，这应当仅限于那些已经完成担保股权过户或备案手续的股权让与担保权人。五是按照意思自治的总原则、总精神承认担保权人对于担保股权行使的可能，明确担保权人与担保人行使担保股权的原则，而不是依据所谓让与担保股权所有权构造说或所谓担保权构造说的机械原理，要么将担保权人推向完全所有权人的地位，要么将担保权人推向完全担保人的地位，任何单一法律逻辑思维观念显然并不符合股权让与担保的综合法律特性。六是设定担保人乃至担保权人的权利边界，担保人设定股权让与担保之后显然不得利用其继续控制目标公司的有利地位实施任何实质有损担保股权价值的行为，而担保权人亦同样不得利用其可能控制目标公司的机会而实施任何贬损公司资产或进行任何不正当的关联交易等。七是明确担保人依法享有回购担保股权的法定权利，尽管应当总体依照股权让与担保协议具体考量担保人回购担保股权之成就条件，但并不排除担保人以满足担保主债权实现的现实可能而支持担保人回购担保股权之主张。八是总体承认维护当事人关于担保股权归属处置的约定效力，避免以所谓流押、流质的传统观念强行干预让与担保归属处置条款的法律效力，以此提升股权让与担保的履行效力，避免非归属处置方式带给股权让与担保交易不必要的制度成本。九是对于未约定归属处置情形的担保股权处分与清算作出法律上的步骤安排，确保担保股权处分程序的公正，确保担保股权价值清算的公平。十是按照对内外区分原则，处理好股权让与担保和利益相关者之间的法律关系。总的精神是股权让与担保当事人，包含目标公司及其他股东在内，可按内部关系进行处理，比照意思自治以及协议进行处理；而当涉及担保人、担保权人、目标公司等以外的其他债权人利益需要保护与权衡时，按照外部公示证据相对优先效力的精神进行处理。

股权让与担保交易方兴未艾，伴随股权让与担保法律制度的构建，人们有充分的理由相信股权让与担保将步入更加规范的快车道。当有了法律的规范与指引后，当司法给予更大的宽容与推进后，伴随商业之繁荣乃至商业风险的提升，伴随公司制度以及公司规模在中国的完善与发展，在中国这块较为古老的法律文明土壤中，股权让与担保定能由当前非典型的担保朝着更加典型的担保地位与阵容迈进，人们对股权让与担保会越来越熟悉、越来越习惯的。

参 考 文 献

一、著作类

1. 江平主编：《民法学》，中国政法大学出版社 2000 年版。

2. 江平主编：《新编公司法教程》，法律出版社 1994 年版。

3. 江平、米健：《罗马法基础（三版）》，中国政法大学出版社 2004 年版。

4. 赵旭东：《企业法律形态论》，中国方正出版社 1996 年版。

5. 赵旭东主编：《公司法学》，高等教育出版社 2004 年版。

6. 赵旭东主编：《商法学教程》，中国政法大学出版社 2004 年版。

7. 赵旭东等：《公司资本制度改革研究》，法律出版社 2004 年版。

8. 王泽鉴：《民法总则》，北京大学出版社 2009 年版。

9. 王泽鉴：《王泽鉴法学全集（8）》，中国政法大学出版社 2003 年版。

10. 王泽鉴：《民法物权》，北京大学出版社 2017 年版。

11. 魏振瀛：《民法》，北京大学出版社 2000 年版。

12. 史尚宽：《物权法论》，我国台湾地区荣泰印书馆 1979 年版。

13. 谢在全：《民法物权论（下册）》，中国政法大学出版社 1991 年版。

14. 王利明：《中国物权法草案建议稿及说明》，中国法制出版社 2001 年版。

15. 王利明：《物权法研究》，中国人民大学出版社2004年版。

16. 王利明：《物权法》，中国人民大学出版社2015年版。

17. 梁慧星主编：《中国物权法草案建议稿》，社会科学文献出版社2000年版。

18. 梁慧星：《中国民法典草案建议稿·物权编》，法律出版社2004年版。

19. 梁慧星主编：《中国物权法研究（下册）》，法律出版社1998年版。

20. 梁慧星、陈华彬：《物权法》，法律出版社2010年版。

21. 尹田：《法国物权法》，法律出版社1998年版。

22. 尹田：《物权法》，北京大学出版社2013年版。

23. 孙宪忠：《德国当代物权法》，法律出版社1997年版。

24. 崔建远：《物权法》，中国人民大学出版社2015年版。

25. 叶林：《公司法研究》，中国人民大学出版社2010年版。

26. 高圣平：《物权法与担保法对比分析与适用》，人民法院出版社2010年版。

27. 高圣平：《动产抵押制度研究》，中国工商出版社2004年版。

28. 虞政平：《公司法案例教学》，人民法院出版社2018年版。

29. 蒋大兴：《公司法的观念与解释（1）》，法律出版社2009年版。

30. 李建伟：《公司资本制度的新发展》，中国政法大学出版社2015年版。

31. 朱庆育：《民法总论》，北京大学出版社2016年版。

32. 杨立新：《物权法》，法律出版社2013年版。

33. 陈华彬：《我国物权立法难点问题研究》，首都经贸大学出版社2014年版。

34. 李开国、张玉敏：《中国民法学》，法律出版社2013年版。

35. 王闯：《让与担保法律制度研究》，法律出版社2000年版。

36. 向逢春：《让与担保制度研究》，法律出版社2014年版。

37. 马俊驹、余延满：《民法原论》，法律出版社 2005 年版。

38. 马俊驹、陈本寒主编：《物权法》，复旦大学出版社 2007 年版。

39. 傅静坤：《民法总论》，中山大学出版社 2002 年版。

40. 梅仲协：《民法要义》，中国政法大学出版社 1998 年版。

41. 张俊浩主编：《民法学原理》，中国政法大学出版社 1997 年版。

42. 于海湘、丁南主编：《物权法》，中山大学出版社 2007 年版。

43. 甘培忠：《企业与公司法学》，北京大学出版社 2012 年版。

44. 顾功耘主编：《公司法》，北京大学出版社 1999 年版。

45. 周友苏：《新公司法》，法律出版社 2006 年版。

46. 施天涛：《公司法论》，法律出版社 2005 年版。

47. 王文宇：《公司法论》，中国政法大学出版社 2004 年版。

48. 柯芳枝：《公司法论》，中国政法大学出版社 2004 年版。

49. 陈荣宗：《破产法》，我国台湾地区三民书局 1986 年版。

50. 陈本寒：《担保物权法比较研究》，武汉大学出版社 2003 年版。

51. 刘保玉：《担保法原理精要与实务指南》，人民法院出版社 2008 年版。

52. 林建伟：《股权质押制度研究》，法律出版社 2005 年版。

53. 王红一：《公司法功能与结构法社会学分析》，北京大学出版社 2002 年版。

54. 刘丹：《利益相关者与公司治理法律制度研究》，中国人民公安大学出版社 2005 年版。

55. 胡康生主编：《中华人民共和国物权法释义》，法律出版社 2007 年版。

56. 杜万华主编：《民间借贷司法解释理解与适用》，中国法制出版社 2015 年版。

57. 贺小荣主编：《最高人民法院民事审判第二庭法官会议纪要——追寻裁判背后的法理》，人民法院出版社 2018 年版。

58. 中国人民银行研究局、世界银行集团外国投资咨询服务局、国际金融公司中国项目开发中心：《中国动产担保物权与信贷市场发展》，中信出版社 2006 年版。

59. 丘汉平：《罗马法》，中国方正出版社 2004 年版。

60. 王书江：《日本民法典》，中国人民公安大学出版社 1999 年版。

61. 吴建斌编译：《日本公司法》，法律出版社 2017 年版。

62. 吴建斌：《最新日本公司法》，中国人民大学出版社 2003 年版。

63. 《美国统一商法典》，潘琪译，法律出版社 2018 年版。

64. 吴日焕译：《韩国商法》，中国政法大学出版社 1999 年版。

65. 王淑文、许崇德、肖蔚云、回沪明主编：《最新香港民商法（公司法卷）》，人民法院出版社 1997 年版。

66. 何美欢：《香港担保法（上册）》，北京大学出版社 1997 年版。

67. 中国政法大学澳门研究中心、澳门政府法律翻译办公室编：《澳门商法典》，中国政法大学出版社 1999 年版。

68. 王军：《美国合同法》，中国政法大学出版社 1996 年版。

69. 沈四宝编译：《最新美国标准公司法》，法律出版社 2006 年版。

70. 胡果威：《美国公司法》，法律出版社 1999 年版。

71. 《德国商事公司法》，胡晓静、杨代雄译，法律出版社 2014 年版。

72. 《瑞士民法典》，殷生根、王燕译，中国政法大学出版社 1999 年版。

73. 许明月：《英美担保法要论》，重庆出版社 1998 年版。

74. 《欧盟公司法指令全译》，刘俊海译，法律出版社 2000 年版。

75. 沈大明编著：《法国德国担保法》，中国法制出版社 2000 年版。

76. 萧榕主编：《世界著名法典选编》，中国民主法制出版社 1988 年版。

77. 毛亚敏：《公司法比较研究》，中国法制出版社 2002 年版。

78. 张晋藩总主编：《中国法制史（第二卷 战国 秦汉）》，法律出版社

1998 年版。

79. 张晋藩总主编:《中国法制史 (第四卷 隋唐)》,法律出版社 1998 年版。

80. 张晋藩总主编:《中国法制史 (第六卷 元)》,法律出版社 1998 年版。

81. 张晋藩总主编:《中国法制史 (第七卷 明)》,法律出版社 1998 年版。

82. 张晋藩总主编:《中国法制史 (第八卷 清)》,法律出版社 1998 年版。

83. [日] 我妻荣:《新订担保物权法》,申政武、封涛、郑芙蓉译,中国法制出版社 2008 年版。

84. [日] 近江幸治:《担保物权法》,祝娅、王卫军、房兆融译,法律出版社 2000 年版。

85. [日] 四宫和夫:《让渡担保》,日本评论社 1972 年版。

86. [日] 铃木禄弥:《物的担保制度的分化》,法律出版社 2000 年版。

87. [日] 吉田真渡:《让渡担保》,法律出版社 2000 年版。

88. [日] 田高宽贵:《担保法体系的新发展》,日本劲草房 1996 年版。

89. [德] 迪特尔梅迪斯库:《德国民法》,邵建东译,法律出版社 2001 年版。

90. [德] 罗伯特·霍恩、海因·科茨、汉斯·G·莱塞:《德国民商法导论》,中国大百科全书出版社 1996 年版。

91. [德] 克努特尔:《德国民法典中自由之保障》,中国政法大学出版社 2006 年版。

92. 维尔纳,弗卢梅:《法律行为论》,迟颖译,法律出版社 2013 年版。

93. ［英］戴维·M·沃克：《牛津法律大词典》，北京社会与科技发展研究所组织翻译，光明日报出版社 1989 年版。

94. ［英］A. L. 科宾：《科宾论合同（上册)》，中国大百科全书出版社 1997 年版。

95. ［英］丹尼斯·吉南：《公司法 company law》，朱羿锟等译，法律出版社 2005 年版。

二、期刊论文类

1. 蔡立东：《股权让与担保纠纷裁判逻辑的实证研究》，载《中国法学》2018 年 6 月。

2. 高圣平、曹明哲：《股权让与担保效力的解释论—基于裁判的分析与展开》，载《人民司法·应用》2018 年第 28 期。

3. 董学立：《也论后让与担保》，载《中国法学》2014 年第 3 期。

4. 杨立新：《后让与担保：一个正在形成的习惯法担保物权》，载《中国法学》2013 年第 3 期。

5. 江平等：《论股权》，载《中国法学》1994 年第 1 期。

6. 姚辉、李付雷：《“理性他者”的依归——让与担保实践争议探源与启示》，载《中国人民大学学报》2018 年第 5 期。

7. 叶朋：《法国信托法近年来的修改及对我国的启示》，载《安徽大学学报（哲学社会科学版)》2014 年第 1 期。

8. 蒋学跃：《澳门民法物权制度对我国制定物权法的启示》，载《广西社会科学》2004 年第 9 期。

9. 徐佳咏：《上市公司股权代持及其纠纷处理》，载《中国政法大学学报》2019 年第 3 期。

10. 薛智胜：《以股抵债需要法律规则》，载《法学》2005 年第 3 期。

11. 最高人民法院民事审判第二庭新类型担保调研小组：《关于新类型担保的调研：现象·问题·思考》，载《商事审判指导》2012 年第 4 辑。

12. 高圣平：《论流质契约的相对禁止》，载《政法论丛》2018 年第 1 期。

13. 杨立新：《民法分则物权编应当规定物权法定缓和原则》，载《清华法学》2017 年第 2 期。

14. 陈亮、徐正：《论物权法定原则缓和的正当性》，载《经济研究导刊》2015 年第 9 期。

15. 高圣平：《物权法定主义及其当代命运》，载《社会科学研究》2008 年第 3 期。

16. 高圣平：《动产让与担保的立法论》，载《中外法学》2017 年第 5 期。

17. 刘黎明、张松梅：《"利益相关者"公司治理模式探析》，载《西南政法大学学报》2005 年第 2 期。

18. 虞政平：《构建中国多元化公司治理结构新模式》，载《中外法学》2008 年第 1 期。

19. 周林斌：《商事流质的制度困境与"入典"选择》，载《法学》2019 年第 4 期。

20. 刘贵祥：《〈物权法〉关于担保物权的创新及审判实务面临的问题（下）》，载《法律适用》2007 年第 9 期。

21. 陈群峰、左颖颖：《论让与担保制度的建立》，载《法制与经济》2015 年第 5 期。

22. 刘龙：《本案股权让与担保合同应认定为有效》，载《人民司法》2014 年第 12 期。

23. 向逢春：《德日动产让与担保制度构建比较研究及借鉴》，载《兰州大学学报》2011 年第 2 期。

24. 高圣平：《民法典中担保物权体系重构》，载《法学杂志》2015 年第 6 期。

25. 姚辉、刘生亮：《让与担保规制模式的立法论判释》，载《法学家》2006 年第 7 期。

26. 陈荣文：《让与担保的法律构成问题研究》，载《亚太经济》2003 年第 6 期。

27. 胡绪雨：《让与担保制度的存在与发展》，载《青年法苑》2006 年第 4 期。

28. 陈本寒：《新类型担保的法律定位》，载《清华法学》2014 年第 2 期。

29. 王闯：《关于让与担保的司法态度及实务问题解决》，载《人民司法》2016 年第 16 期。

30. 黄芬：《以商品房买卖（合同）设定的担保的法律属性与效力——兼评最高人民法院公报案例"朱某与山西某房地产开发公司商品房买卖合同纠纷案"》，载《河北法学》2015 年第 10 期。

31. 李媚：《流质契约解禁之反思——以罗马法为视角》，载《比较法研究》2013 年第 5 期。

32. 孙鹏、王勤芳：《流质条款效力论》，载《法学》2008 年第 1 期。

33. 王卫国、王坤：《让与担保在我国物权法中的地位》，载《现代法学》2004 年第 5 期。

34. 房绍坤、王洪平：《论担保物权法生的意思自治及规范选择——以担保法和〈物权法（草案）〉建议稿的比较分析为中心》，载《担保立法疑难问题研究与立法完善》，法律出版社 2006 年版。

35. 刘春堂：《动产让与担保之研究》，载《台北辅仁大学法学丛——民商法论文集（一）》。

36. 赵旭东、宋晓明主编：《公司法评论》2011 年第 2 辑。

三、学位论文类

1. 任昭宇：《论英国法的股份担保制度》，对外经贸大学 2019 年硕士学位论文。

2. 翟森宇：《股权让与担保研究》，长春理工大学 2019 年硕士学位论文。

3. 刘超：《论股权让与担保的效力》，湖南师范大学 2019 年硕士学位论文。

4. 桂娅婧：《司法裁判实缴下股权让与担保效力问题研究》，江西财经大学 2019 年硕士学位论文。

5. 李星：《我国有限责任公司股权让与担保效力认定问题研究》，河南大学 2018 年硕士学位论文。

6. 张岳令：《信用证项下进口押汇法律问题研究》，大连海事大学 2013 年博士学位论文。

7. 曹冬子：《融资融券担保研究》，武汉大学 2012 年博士学位论文。

8. 李峰：《应收账款担保法律制度研究》，复旦大学 2011 年博士学位论文。

9. 徐雅楠：《让与担保制度研究》，山东大学 2018 年硕士学位论文。

10. 闫晓川：《"买卖合同担保民间借贷合同"的定性及制度设计》，山东大学 2018 年硕士学位论文。

11. 徐军辉：《司法实践背景下的让与担保效力研究》，南京大学 2017 年硕士学位论文。

12. 石博：《中日动产让与担保比较研究》，山东大学 2017 年硕士学位论文。

13. 王成栋：《买卖"担保"借贷之研究——以民间借贷司法解释第 24 条为基础》，西南政法大学 2017 年硕士学位论文。

14. 王华：《买卖式担保的效力探析——兼评〈民间借贷司法解释〉第 24 条》，西北大学 2017 年硕士学位论文。

15. 刘阳：《买卖型担保效力认定的法律问题研究》，山西大学 2017 年硕士学位论文。

16. 张法佳：《让与担保合同的效力和履行问题研究——以三个典型案

例为视角》，贵州民族大学 2017 年硕士学位论文。

17. 马亚丽：《让与担保制度研究——以裁判案例分析为中心》，内蒙古大学 2017 年硕士学位论文。

18. 张鹏珍：《让与担保的效力研究——基于相关案例的实证分析》，山西财经大学 2017 年硕士学位论文。

19. 刘伟：《让与担保效力问题研究》，广西师范大学 2017 年硕士学位论文。

20. 葛林枫：《流质条款的司法现状分析》，昆明理工大学 2017 年硕士学位论文。

21. 张昇般：《试论我国设立让与担保制度的可行性》，中国政法大学 2016 年硕士学位论文。

22. 李政耀：《试论我国让与担保制度之构建》，华东政法大学 2016 年硕士学位论文。

23. 常澄：《"名为买卖实为借贷担保"的效力研究》，华东政法大学 2016 年硕士学位论文。

24. 童悦：《论我国现行法下让与担保的效力》，南京大学 2016 年硕士学位论文。

25. 杨晨：《让与担保合同效力研究——以民间借贷司法解释第 24 条为中心》，西南政法大学 2016 年硕士学位论文。

26. 吴金达：《权利移转型担保制度研究》，大连海事大学 2016 年硕士学位论文。

27. 刘霞：《论以物抵债的性质与效力》，西南政法大学 2016 年硕士学位论文。

28. 张喜来：《让与担保法律问题研究》，山东政法学院 2016 年硕士学位论文。

29. 李小红：《典当制度在司法实践中的法律适用问题研究》，华侨大学 2016 年硕士学位论文。

30. 梁海达：《论以物抵债》，江西理工大学 2016 年硕士学位论文。

31. 潘红光：《让与担保效力纠纷的类案分析》，华东政法大学 2015 年硕士学位论文。

32. 杨蕊：《民间借贷中的让与担保法律问题研究》，黑龙江大学 2015 年硕士学位论文。

33. 李红梅：《我国让与担保实务问题研究——框架规制为视角》，延边大学 2015 年硕士学位论文。

34. 吴婷婷：《论日本动产让与担保登记制度》，西南政法大学 2013 年硕士学位论文。

35. 朱昊强：《让与担保制度探究》，华东政法大学 2013 年硕士学位论文。

36. 赵晴：《我国构建让与担保制度若干问题研究》，吉林大学 2011 年硕士学位论文。

37. 樊健：《信托型担保研究——与典型担保之比较》，中国政法大学 2009 年硕士学位论文。

38. 侍孝祥：《债权让与之基础法律关系分析——以知识产权证券化为视角》，华东政法学院 2006 年硕士学位论文。

39. 罗贤勇：《按揭制度与让与担保制度比较研究》，江西财经大学 2006 年硕士学位论文。

40. 李江川：《浅谈让与担保制度及其应用》，华东政法学院 2004 年硕士学位论文。

41. 宋雁：《动产担保登记制度比较研究》，清华大学 2003 年硕士学位论文。

42. 许明月：《抵押权制度研究》，北京图书馆博士论文库馆藏。

43. 张毅：《让与担保之标的及公示方式研究》，重庆大学 2008 年硕士学位论文。

四、裁判文书类

1. （2018）最高法民终 506 号《洪宇峰、上海成城房地产有限公司保证合同纠纷二审民事裁定书》，载中国裁判文书网，http：//wenshu. court. gov. cn/.

2. （2018）最高法民终 119 号《修水县巨通投资控股有限公司、福建省稀有稀土（集团）有限公司合同纠纷二审民事判决书》，载中国裁判文书网，http：//wenshu. court. gov. cn/.

3. （2018）最高法民再 455 号《亚芯电子科技（上海）有限公司、上海久玮投资有限公司合同纠纷再审民事判决书》，载中国裁判文书网，ht-tp：//wenshu. court. gov. cn/.

4. （2018）最高法民申 2405 号《沈阳利顺通经贸有限公司、九星控股集团有限公司与公司有关的纠纷再审审查与审判监督民事裁定书》，载中国裁判文书网，http：//wenshu. court. gov. cn/.

5. （2018）最高法民申 1215 号《李新、绥芬河市澳普尔科技投资有限公司追偿权纠纷再审审查与审判监督民事裁定书》，载中国裁判文书网，http：//wenshu. court. gov. cn/.

6. （2018）闽 01 民终 4421 号《董家焜、福州盈兴房地产开发有限公司股东知情权纠纷二审民事判决书》，载中国裁判文书网，http：//wenshu. court. gov. cn/.

7. （2018）黑民终 47 号《李君、黑龙江凡奇房地产综合开发有限公司股权转让纠纷二审民事判决书》，载中国裁判文书网，http：//wenshu. court. gov. cn/.

8. （2018）苏 01 民终 3411 号《李云香与徐忠相、卢振东等股权转让纠纷二审民事裁定书》，载中国裁判文书网，http：//wenshu. court. gov. cn/.

9. （2018）苏 02 民终 954 号《江苏华汇投资集团有限公司与无锡汇

鑫置业有限公司、中国金谷国际信托有限责任公司二审民事判决书》，载中国裁判文书网，http：//wenshu. court. gov. cn/.

10. （2018）渝民初 113 号《杭州三华园房地产开发有限公司周珩与新华信托股份有限公司等股权转让纠纷一审民事判决书》，载中国裁判文书网，http：//wenshu. court. gov. cn/.

11. （2017）最高法民终 870 号《三亚三兴实业公司、北京金源新盛置业有限公司股权转让纠纷二审民事判决书》，载中国裁判文书网，ht-tp：//wenshu. court. gov. cn/.

12. （2017）最高法民再 210 号《厦门元华资产管理有限公司、林瑛民间借贷纠纷再审民事判决书》，载中国裁判文书网，http：//wenshu. court. gov. cn/.

13. （2017）最高法民再 171 号《陈晨、陕西宏润实业集团有限公司股权转让纠纷再审民事判决书》，载中国裁判文书网，http：//wenshu. court. gov. cn/.

14. （2017）粤 04 民终 1640 号《亿仁投资集团有限公司、深圳市亿仁控股有限公司侵权责任纠纷二审民事裁定书》，载中国裁判文书网，ht-tp：//wenshu. court. gov. cn/.

15. （2017）川民终 125 号《赫章县荣桦矿业有限公司与雷雨田、赵云铭民间借贷纠纷二审民事判决书》，载中国裁判文书网，http：//wenshu. court. gov. cn/.

16. （2017）苏 01 民终 8741 号《南京金榜麒麟家居股份有限公司与张斌、陈雷、陶绪斌担保物权纠纷二审民事裁定书》，载中国裁判文书网，http：//wenshu. court. gov. cn/.

17. （2017）吉 07 民终 1218 号《新华信托股份有限公司与乔东辉执行异议之诉纠纷二审民事判决书》，载中国裁判文书网，http：//wenshu. court. gov. cn/.

18. （2017）浙 07 民终 2074 号《许文胜、吴何文、张永坐与周淑梅股权转让纠纷二审民事判决书》，载中国裁判文书网，http：//wenshu. court. gov. cn/.

19.（2017）川 0502 民初 4255 号《杨小东与高峰、泸州中恒节能环保建筑材料有限公司、朱章玺民间借贷纠纷一审民事判决书》，载中国裁判文书网，http：//wenshu. court. gov. cn/.

20.（2017）鲁 0883 民初 1182 号《孙庆康、高华与邹城市盛源天然气有限公司侵权责任纠纷一审民事判决书》，载中国裁判文书网，http：//wenshu. court. gov. cn/.

21.（2017）粤民申 8926 号《深圳市淞瑞贸易有限公司与郑能欢等股权转让纠纷申请再审民事裁定书》，载中国裁判文书网，http：//wenshu. court. gov. cn/.

22.（2017）鄂 0281 民撤 2 号《刘世芬与冯馨、刘瑞华一审民事判决书》，载中国裁判文书网，http：//wenshu. court. gov. cn/.

23.（2016）最高法民终 435 号《李金喜、刘忠山民间借贷纠纷二审民事判决书》，载中国裁判文书网，http：//wenshu. court. gov. cn/.

24.（2016）最高法民终 240 号《中国葛洲坝集团房地产开发有限公司与海口恒天晟实业有限公司、海南葛洲坝实业有限公司借款合同纠纷二审民事判决书》，载中国裁判文书网，http：//wenshu. court. gov. cn/.

25.（2016）云 01 民初 107 号《重庆商社进出口贸易有限公司与云南高深橡胶有限公司、昆明高深橡胶种植有限责任公司、赵秀美股权转让纠纷一审民事判决书》，载中国裁判文书网，http：//wenshu. court. gov. cn/.

26.（2016）辽民终 84 号《滕波与滕德荣因股权转让纠纷二审民事判决书》，载中国裁判文书网，http：//wenshu. court. gov. cn/.

27.（2016）鄂民终 570 号《重庆三峡担保集团股份有限公司武汉分公司与曹宏钰确认合同效力纠纷二审民事判决书》，载中国裁判文书网，http：//wenshu. court. gov. cn/.

28.（2016）苏 03 民终 6281 号《吴超、胡继华、邢大年与新沂市通城商业有限公司股权转让纠纷二审民事判决书》，载中国裁判文书网，ht-tp：//wenshu. court. gov. cn/.

29. （2016）鄂9004执异19号《仙桃市新基业建材有限公司与湖北中亿房地产开发有限公司、武汉市百富勤置业有限公司买卖合同纠纷执行异议裁定书》，载中国裁判文书网，http：//wenshu. court. gov. cn/.

30. （2016）黑执复57号《中信信托有限责任公司、孙良芬、绥芬河市澳普尔科技投资有限公司、绥芬河市澳普尔房地产开发有限公司申请复议执行裁定书》，载中国裁判文书网，http：//wenshu. court. gov. cn/.

31. （2015）民二终字第204号《中静汽车投资有限公司与上海铭源实业集团有限公司股权转让纠纷二审民事判决书》，载中国裁判文书网，http：//wenshu. court. gov. cn/.

32. （2015）民申字第3620号《王绍维、赵丙恒与赵丙恒、郑文超等股东资格确认纠纷申请再审民事裁定书》，载中国裁判文书网，http：//wenshu. court. gov. cn/.

33. （2015）昆民五终字第86号《王惠莲与鲁鹏、鲁瑶、云南腾峰投资有限责任公司确认合同效力纠纷二审民事判决书》，载中国裁判文书网，http：//wenshu. court. gov. cn/.

34. （2015）粤高法民四终字第196号《港丰集团有限公司、深圳市国融投资控股有限公司合同纠纷二审民事判决书》，载中国裁判文书网，http：//wenshu. court. gov. cn/.

35. （2015）淮中商终字第00104号《张秀文与陈林生保证合同纠纷二审民事判决书》，载中国裁判文书网，http：//wenshu. court. gov. cn/.

36. （2015）辽民二终字第00266号《大连永欣香榭里实业有限公司与邵锴、邵伟、大连普吉酒店管理有限公司、王润祥民间借贷纠纷二审民事判决书》，载中国裁判文书网，http：//wenshu. court. gov. cn/.

37. （2015）洪民二初字第587号《蔡绍堤、黄璇婷与被告吴晓清、何柏义确认合同无效纠纷一审民事判决书》，载中国裁判文书网，http：//

wenshu. court. gov. cn/.

38. （2014）民二终字第 259 号《周飞与陶明、中住佳展地产（徐州）有限公司等买卖合同纠纷二审民事判决书》，载中国裁判文书网，http：//wenshu. court. gov. cn/.

39. （2014）民四终字第 38 号《湖北东星集团有限公司、JACKTHOMSON 股权转让纠纷二审民事判决书》，载中国裁判文书网，http：//wenshu. court. gov. cn/.

40. （2014）苏商终字第 0205 号《江苏亿豪房地产发展有限公司与南京中医药大学股权转让纠纷二审民事判决书》，载中国裁判文书网，http：//wenshu. court. gov. cn/.

41. （2014）闽民终字第 360 号《丁玉灿、吴俊与福建渝商投资有限公司、丁建辉民间借贷纠纷二审民事判决书》，载中国裁判文书网，http：//wenshu. court. gov. cn/.

42. （2014）宜中民二终字第 244 号《席方亮与丁岳飞、高安市鑫唐光电科技有限公司股权转让纠纷二审民事判决书》，载中国裁判文书网，http：//wenshu. court. gov. cn/.

43. （2014）鲁民一终字第 107 号《刘明军、济宁阳光木业有限公司与郑海涛民间借贷纠纷二审民事判决书》，载中国裁判文书网，http：//wenshu. court. gov. cn/.

44. （2014）盐商初字第 0303 号《江苏中瑞玮控股集团有限公司与王筱明股权转让纠纷一审民事判决书》，载中国裁判文书网，http：//wenshu. court. gov. cn/.

45. （2014）承民初字第 1702 号《白保库与承德县泰发矿业有限责任公司、承德鑫利矿业集团有限责任公司、李如坡、赵艳君、韩东明公司决议纠纷一审民事判决书》，载中国裁判文书网，http：//wenshu. court. gov. cn/.

46. （2013）民二终字第 33 号《联大集团有限公司与安徽省高速公路

控股集团有限公司股权转让纠纷二审民事判决书》，载中国裁判文书网，http：//wenshu. court. gov. cn/.

47. （2013）珠中法民二终字第400号《亿仁投资集团有限公司、深圳市亿仁控股有限公司等与北京安鼎信用担保有限公司、曹建华股权转让纠纷二审民事判决书》，载中国裁判文书网，http：//wenshu. court. gov. cn/.

48. （2012）辽民二终字第156号《营口企业信用担保投资有限公司与中国银行股份有限公司营口渤海支行储蓄存款合同纠纷二审民事判决书》，载中国裁判文书网，http：//wenshu. court. gov. cn/.

49. （2010）浙温商初字第11号《温州银桥信用担保有限公司与温州辉恒置业投资有限公司、厦门新鹭东方商贸有限公司股权确认纠纷一审民事判决书》，载中国裁判文书网，http：//wenshu. court. gov. cn/.

50. （2010）香民二初字第2704号民事判决书，载中国裁判文书网，http：//wenshu. court. gov. cn/.

51. 最高法民申543号民事裁定书，载中国裁判文书网，http：//wenshu. court. gov. cn/.

52. （2016）辽民申1115号民事裁定书，载中国裁判文书网，http：//wenshu. court. gov. cn/.

53. （2016）最高法民申1689号民事裁定书，载中国裁判文书网，http：//wenshu. court. gov. cn/.

54. （2016）苏民申1430号民事裁定书，载中国裁判文书网，http：//wenshu. court. gov. cn/.

55. （2016）闽民终1569号民事判决书，载中国裁判文书网，http：//wenshu. court. gov. cn/.

56. （2016）苏09民初199号民事判决书，载中国裁判文书网，http：//wenshu. court. gov. cn/.

57. （2013）民申字第161号民事裁定书，载中国裁判文书网，ht-

tp：//wenshu. court. gov. cn/.

58.（2014）盱商初字第0633号民事判决书，载中国裁判文书网，ht-tp：//wenshu. court. gov. cn/.

59.（2014）厦民终字第410号民事判决书，载中国裁判文书网，ht-tp：//wenshu. court. gov. cn/.

60.（2015）丹民四终字第00084号民事判决书，载中国裁判文书网，http：//wenshu. court. gov. cn/.

61.（2015）盐商终字第00093号民事判决书等。

五、网址及其他

1. 马加强：《人民法院对"让与担保"效力的认定规则》，https：//max. book118. com/html/2018/1212/8142014025001137. shtm。

2.《十届全国人大常委会第16次会议开幕，物权法草案三审稿全新亮相》，载 http：//www. npc. gov. cn/npc/oldarchives/zht/zgrdw/common/zw. jsp@ label = wxzlk&id = 338889&pdmc = 1502. htm。

3. 黄海：《以通谋虚伪表示理论分析〈民法总则〉第146条之适用》，载天同诉讼网。

4.《最高人民法院民二庭第4次法官会议纪要》，载 https：//www. thepaper. cn/newsDetail_ forward_ 4442497。

5. 姚志明：《债权人参与公司治理的探讨有哪些》，载华律网，ht-tps：//www. 66law. cn/laws/378540. aspx。

6.《最高人民法院第二巡回法庭2019年第1次法官会纪议要——破产程序中股权让与担保人的权利》，"儒者如墨"微信公众号，2019年11月25日。

7. 何雅婷：《让与担保优先效力之判例研究——兼评〈民间借贷规定〉第24条》，载天同律师事务所：《巡回观止》。

8. 张巍：《追根求源说担保——评〈九民纪要〉》，载"清澄君"微信公众号，2019 年 11 月 28 日。

9. 张瀚、王青艳：《股权让与担保中的股东权利行使问题》，载锦天城律师事务所：《金融法务论坛》2018 年 5 月 15 日。

六、外文参考资料

1. Gower and J. B. Cronin, Clower's PrZncfpies ofModern Companyhw, L. C. B. Stevens& Sons, 1979, 5'hEdition.

2. Bryan A. Garner（Editor in Chief）："BLACK'S LAW DICTIONARY"（Seventh Edition）.

3. Leonard A. Jones, A Treatise on the Law of Mortgages（5th ed. 1908）

4. E. L. G. Tyler, Fisher and Lightwood's law of Mortgage, note（h）.

5. A. James Casner/W. Barton Leach, Cases and Text on Property, Little Brown and company, 1984.

6. Stephen Barc and Nicholas Bower, supra note28.

7. Spurgeon v Collier［1758］.

8. Dr. Joanna Benjamin, supra note 4.

9. Cheshire and Burn's Modern law of Real Property, 13th. ed. p635.

10. Robert R. Pennington, Pennington's Company Law 4th Edition.

11. Butterworth & Co. Ltd, 1979.

12. Douglas Whaley, Secured Transactions, West, 2013.

13. Douglas Whaley, Problems & Materials On Secured Transactions, wolter Kluwer, 2010.

14. Philip R. Wood, Comparative Law of Security and Guarantees, Sweet & Maxwell, 1995.

15. Cousines E. , Law of Mortgage, Sweet & Maxwell, 1989.

16. Goode R. M. , Legal Problems of Credit and Security, Sweet & Maxwell, 1988.

17. Sykes, E. , Law of Security, Law Book Company Ltd. , 1986.

18. Ghent, Andra. How Do Case Law and Statute Differ? Lessons from the Evolution of Mortgage Law [J] . The Journal of Law and Economios, 2014, 57 (4).

19. Joshua Goodman. Adam Levitin. Bankruptcy Law andthe Cost of Credit: The Impact of Cramdown on Mortgage Interest Rates [J]. The Journal ofLaw and Economics, 2014, 57 (1).

20. Cem Demiroglu, Evan Dudley, Christopher M. James et al. State Foreclosure Laws and the Incidence ofMortgage Default [J]. The Journal ofLaw and Economics, 2014.

21. Neil Bhutta. The Community Reinvestment Act and Mortgage Lending to Lower Income Borrowers and Neighborhoods [J]. The Journal ofLaw and Economics, 2011.

22. Julie R. Caggiano, Therese G. Franzen, Jennifer L. Dozier et al. Mortgage And Predatory Lending Law Developments [J]. The Business Lawyer, 2009.

23. Cheryl Gray, "Creditors' Crucial Role in Corporate Governance", Fin. & Dev , June 1997.